U0894574

献给

伴人破浪的航船，我尊敬的师兄郝书辰教授。

作者简介

舒化鲁，著名管理学家，企业规范化管理理论方法体系创建人，山东财经大学研究员。

1956年生于屈原故里湖北省秭归县。中南财经大学硕士研究生毕业，从事企业规范化管理研究近30年。公开发表论文100余篇，完成省部级以上课题6个，公开出版专著13部。

他把源于西方的管理学、心理学、社会学、人类学、价值工程理论与华夏文化精髓相结合，创建了独树一帜的舒氏管理学理论。他在企业管理咨询实践过程中研究管理学理论，在管理学理论研究过程中探索发展企业管理实施的技术方法，由此独创了一套系统完整且行之显效的企业规范化管理理论和技术方法体系。

他所服务过的代表性客户：广西电网、辽宁电力、安徽电力、甘肃电力、丰城电厂、清江水电、中电财、苍梧电业、兖矿集团、汇森煤业、潍百集团、比优特集团、济南二机、环宇集团、长城集团、日泰集团、长天药业、郑州卷烟、包头钢铁、中远散货、（挪）斯考根、天发集团、中信建设、中铁十四局、中建八局、正元化工、济南化纤、冶金研究总院等。

企业规范化管理系统实施方案

Implementation plan of the normalized management system for company

舒化鲁◎著

文化建设管理

電子工業出版社
Publishing House of Electronics Industry
北京·BEIJING

内 容 简 介

企业文化是企业组织这个有机体的基因密码。本书要回答的问题，就是如何进行企业文化建设管理以实现企业组织基因的改造，以及如何全面构建出能保证企业持续快速发展、基业长青的强势企业文化。其内容主要包括文化建设管理规范化实施的思路、文化建设管理规范化的标准和文化建设管理规范化的方法三个方面。

图书在版编目(CIP)数据

企业规范化管理系统实施方案·文化建设管理/舒化鲁著. —北京：电子工业出版社，2012.3
ISBN 978-7-121-15237-5

Ⅰ.企… Ⅱ.舒… Ⅲ.企业文化-企业管理 Ⅳ.F270
中国版本图书馆 CIP 数据核字(2011)第 241435 号

责任编辑：雷洪勤
特约编辑：底　波
印　　刷：北京彩虹伟业印刷有限公司
装　　订：北京彩虹伟业印刷有限公司
出版发行：电子工业出版社
　　　　　北京市海淀区万寿路 173 信箱　邮编 100036
开　　本：787×1092　1/16　印张：22.75　字数：428 千字
印　　次：2012 年 3 月第 1 次印刷
定　　价：68.00 元

凡所购买电子工业出版社图书有缺损问题，请向购买书店调换。若书店售缺，请与本社发行部联系，联系及邮购电话：(010)88254888。

质量投诉请发邮件至 zlts@phei.com.cn，盗版侵权举报请发邮件至 dbqq@phei.com.cn。

服务热线：(010)88258888。

总　序

一、写给希望成为杰出 CEO 的人

《企业规范化管理系统实施方案》系列丛书，是写给 CEO 的书，更是写给希望成为杰出 CEO 的人阅习的书。CEO 一定不是夫妻店的老板，也不是因为一个偶然的机会发了大财的暴发户。杰出的 CEO，就一定不是仅仅创造了流星般短暂辉煌的 CEO，更不是由国家权力做后盾，依靠行业垄断把企业做大的 CEO。借用《基业长青》作者的话说，杰出的 CEO 不是报晓的雄鸡，而是制造时钟的匠师。“他们主要致力于建立一个组织，一个会滴答走动的时钟，而不只是找对时机，用一种高瞻远瞩的产品构想打进市场，或利用一次优秀产品生命周期的成长曲线；他们并非致力于取得高瞻远瞩领袖的人格特质，而是采取建筑大师的方法，致力于构建高瞻远瞩公司的组织特质；他们努力的最大成果不是实质性地体现一个伟大的构想，不是表现人格的魅力，不是满足个人的自尊或累积个人的财富，他们最大的创造物是公司本身及其代表的一切。”①这也就是说，杰出 CEO 只能像临危受命并拯救和创造了通用汽车长久辉煌的前通用汽车总裁斯隆一样，只能像早年成功创业并为日本企业管理确立规则的松下幸之助一样，只能像联想的柳传志、海尔的张瑞敏一样，必须是企业基业长青的缔造者，必须是保证企业基业长青的组织运行规则体系的建构者，必须是领导企业把以资源（包括人才）为载体的资源竞争力转换为以组织运行规则体系为载体的组织竞争力的时钟制造匠师。

CEO 面对的是一个由众人组成的社会经济组织，并且他作为这个组织的代表所面对的仍然是人，或者是由人构成的组织，或者就是自然人。所以，杰出的 CEO 最需要的知识就是有关人的本质特性的理论探索，最需要的技能就是协调融合人际关系的方法。汉高祖刘邦明白的最透彻的道理就是人的行为选择仅仅服从于他自身利益的满足，人最大的技能就是协调、融合与他周围人的人际关系。他正是凭借这两

① 詹姆斯·柯林斯，杰里·I. 波勒斯. 基业长青. 北京：中信出版社，2002. 第 28 页.

点打败了驰骋沙场无敌手的项羽，成为古今中外少有人超越的杰出 CEO。

由此可以说，高效管理的最大奥秘就在于明白：被管理者是一个主体性存在。

阅，就是了解；习，就是实践。希望成为杰出 CEO 的人阅习的书，就一定不是空洞、晦涩、陈腐的理论说教，就一定不是表格、制度的堆砌，更不是 MBA 教程专业方法的连缀，而是企业组织运行管理的理论方法体系，是构建企业长青基业的组织运行规则体系的理论方法体系。没有理论的方法是肤浅的，没有方法的理论是迂腐的。希望成为杰出 CEO 的人想阅而能阅的必须是基于对人的本质特征把握基础上的系统理论，想习而能习的必须是以系统理论为指导的具有可操作性的方法体系。

《企业规范化管理系统实施方案》系列正是立足于这一目标进行的探索，并且作者自信也能达成这一目标。

CEO 是企业的 CEO，所以杰出 CEO 就绝对不是单打独斗的西部牛仔式的英雄，必须有一批与 CEO 紧密配合且能起互补作用的助手——企业高层管理人员，以及一批相互认同且意志统一的操盘手——中层管理人员。这两类人员也是本系列书的目标读者。对应这三类目标读者，本系列书在内容上比较明确地分为三个大的方面：一是理论思路，二是标准要求，三是实施方法。尽管这三类目标读者都需要通读整个系列，但可有所侧重：希望成为杰出 CEO 的人必须重点阅读理论思路部分的内容，只有确立了明确的理论思路，才能把握方向；杰出 CEO 的助手必须重点阅读标准要求部分的内容，只有掌握了具体的标准要求，才能传递 CEO 的智慧，使企业组织具有执行力；杰出 CEO 的操盘手必须重点阅读实施方法部分的内容，只有掌握了系统的实施方法，才能保证操盘不失误、不走弯路。

二、看不见的手与看得见的手

人是一个主体性存在，具有自我意识和自我意志。他所拥有的能保证自身福利的资源，包括内在的体能、知识、才干和外在的物质与关系，都不会轻易假于人。但在漫长的人类社会发展史中，人的这种主体性被压抑在社会奴役关系中。拥有超经济权力的人可以随意将自己的意志强加于人，无偿占有他人的资源。也正是这种奴役关系延缓了人类社会的发展，奴役关系的存在降低了社会成员个人所拥有资源的使用效率。人类从旧石器时代至公元 2000 年，在公元 1750—2000 年的 250 年间，用 0.01% 的时间创造了人类历史总财富的 97%。之所以如此，是因为工业革命带来了以承认个人权利的合法性为基础的市场经济制度的普及，也只有市场经济制度的普及，社会奴役关系才开始有实质意义上的缓解。

承认每一个人所拥有资源不被侵犯的权利，直到市场经济发展成为社会经济中占主导地位的经济联系形式时才得以实现，即个人所拥有的能保证自身福利的资源的权利在市场交换中得到保障。但保障个人权利的市场交换是有成本的，这个成本就是科斯所言的交易成本。这种交易成本的存在把个人的时间和精力浪费在不创造财富的交易过程之中。如何避免这种浪费？在2000多年前的古罗马时期，人类就找到了答案，即通过组建公司，用管理协调代替市场交易。只是在那个时候，社会奴役关系占主导，绝大多数人的主体性地位被社会奴役关系的枷锁扼杀，所以直到工业革命之后，这一问题的答案才发挥作用。并且随着信息技术的发展和普及，信息化社会的到来，社会奴役关系更加缓解之后，公司制度才成为个人社会生活中最重要的内容。据统计，2009年，全球81%的人口的工作机会是由公司提供的，全球90%的经济力量都集中在公司。这一现实揭示了这样一个事实，管理协调已经成为与市场交易同等重要的资源配置方式。所以，美国企业史研究学者钱德勒说过："公司组织这只看得见的手已经取代看不见的手，接管了原先由市场执行的资源配置功能。"（参见中央电视台第二频道大型纪录片《公司的力量》第六集）市场交换和公司组织二者作为一个整体就构成了企业丛林。市场交换就是丛林本身，它起着看不见的手的作用。管理协调就是公司组织本身，没有管理协调就没有公司组织，它起着看得见的手的作用。公司组织也就是构成丛林的大大小小、高高矮矮的树，没有公司组织，就只能有市场交换的草原，不可能有市场交换的丛林。

丛林中的企业通过管理协调实现企业的存在和发展，即达成企业组织内、外部关系协调的有效性。企业组织达成的内、外部关系协调的有效性有多大，企业就能发展到多大，这种关系协调的有效性一旦消失，也就意味着企业死亡。联想成功地收购了IBM计算机业务，这就是联想投资人与IBM投资人、计算机消费者以及联想内部等相互之间多重关系协调的有效性的达成。美国雷曼兄弟公司破产倒闭也仅仅是因为它的投资人、经营者、管理者以及与商务伙伴、服务客户之间关系协调的有效性的丧失。

三、企业丛林的生存之道

所谓管理协调，就是通过公司价值目标的设定、发展战略的构建、措施计划的拟订、个人行为的约束，在公司组织成员（包括投资人、经营者、管理者和劳动者）相互之间达成意志、意识和行为活动的统一协调，以保证每一个成员都把自己所拥有的资源，交由公司统一支配。在这里除了投资人投入的资源，作为公司经营的物质条件或价值化的资金，是独立于主体之外的，其他成员投入的资源都是与主体同在，无法独立于其主体之外的，无论是作为劳动投入的聪明才智或体能技术，还是其所拥有的社会关系，都是如此。公司作为一个整体参与市场交易行为，其风险是以投资人的投资为担保的，因而使管理协调的内容主要集中到了投资人与经营者、管理者和劳动者之间，即如何让经营者、管理者和劳动者都最大限度地根据公司发展的需要把其所拥有的以主体人为载体的资源都贡献出来。管理协调所花费的管理费用也主要是花在对这一问题上的投入。寻找投资、达成合作则仅仅是公司成立的过程以及公司增容投资的过程。但投资人与经营者、管理者和劳动者之间的关系，并不是一个简单的两两之间的交换关系，而是相互交错、纠结在一起的社会、政治、经济、文化关系的综合。要达成这些所有关系协调的有效性，其管理费用必然会随着公司规模的增大而增加，因为这种关系的复杂程度会以公司规模增加的几何级倍数增加，这就使公司的规模被限定在管理费用低于交易成本这一范围之内。而随着社会化生产的发展，规模经济的限制越来越大。如果公司规模不能满足社会化生产发展的需要，公司的生产经营本身就只能是无效或低效的。

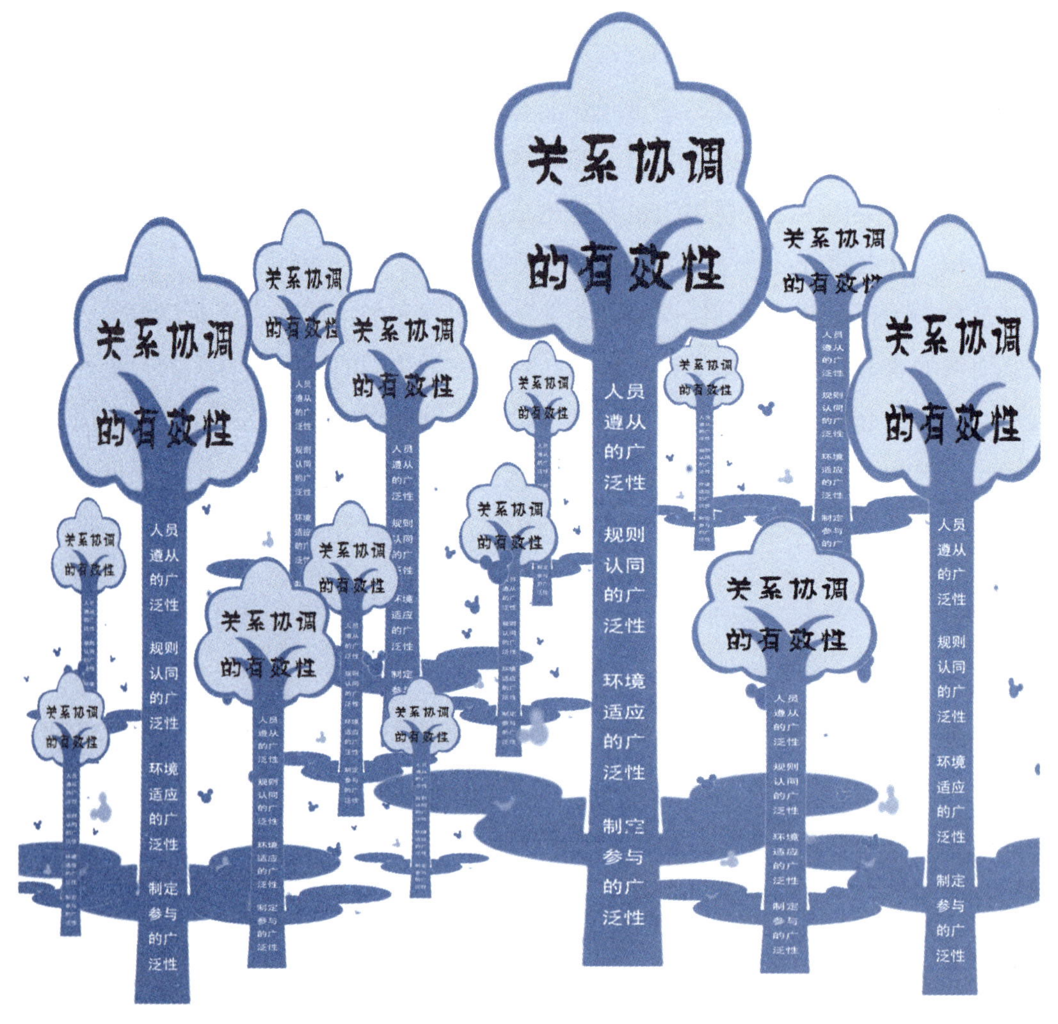

企业丛林

并不是在所有的情况下，管理协调所花费的管理费用一定小于市场交易投入的交易成本。这就是科斯交易成本理论所讨论的公司产生的原因，当管理费用低于交易成本时，公司才能产生和存在。

关系协调的有效性包括两个方面的内容：一是从协调的范围分析，所协调的关系对象必须充分广泛，即所协调的投资人、经营者、管理者和劳动者在量上足够大，能适应社会化大生产的需要。二是从协调的质量分析，达成的遵从程度必须充分高，至少能保证公司成员的绝大多数都服从公司所确定的价值目标、发展战略、措施计划、组织约束。公司的价值目标、发展战略、措施计划、组织约束等也都是对人的意志行为的一种约定。由此不难理解，关系协调的有效性越高，公司的意志行为约定就贯彻执行得越全面彻底，公司的发展也就越快越稳定。在此，关系协调的有效性也就直接表现为对公司的价值目标、发展战略、措施计划、组织约束的人员遵从的广泛性，即让广泛的人员（投资人、经营者、管理者和劳动者）全面地遵从公司价值目标、发展战略、措施计划、组织约束的约定。

如何才能实现人员遵从的广泛性呢？其途径有三条：一是等级权力管控，二是规则约束协调，三是前两条途径的组合。第三条途径从性质内容上分析又可归入前两条途径，所不同的仅仅是它们各自所占比重的大小不同。

所谓等级权力管控，就是以权威为基础，在公司内部有一个拥有至高无上权力的人，他的意志也就是公司的意志，他提出的行为要求也就是公司的行为要求，没有人敢违抗，也没有人能违抗。当这个公司规模大得他两眼不能普照时，就只能由他一级一级地委任意志代言人，进行等级控制。这就像4000多年前埃及法老胡佛修建他的陵墓——胡佛金字塔一样，把4000人的庞大施工队伍按照工程四边分成四个二级负责人，每一个二级负责人再以此下分，直到每个施工作业班组达十人为止。这就像所建金字塔一样，形成了多级的等级权力结构。在此，管理协调就通过这种等级权力结构达成了目的。在这个等级权力管控结构中，任何一个下级对于上级都只能无条件地服从。

但这一形式的管控协调存在三个无法突破的限制。

一是权威人士的健康和生命限制。再权威的人都不可能因为权威而永远健康，长命百岁。建立在权威基础上的等级权力管控如果发生了权威人士死亡或健康问题，这一结构的秩序也就不存在了，关系协调的有效性也就没有了。

二是权威形成的限制。权威不是自封的，他必须有超人的见识或建树，而这种超人的见识或建树，往往还得由时间检验。一个权威人士的退位，无法保证有另一个权威及时替补上来，否则关系协调的有效性也就中断了。

三是权威人士不可能全知全能。斯隆曾经说过："在独裁者的公司，一个机构是不能发展成为成功的组织的。如果独裁者知道所有问题的所有答案，那么独裁制度是最有效的管理方式。但没有一个独裁者能做到这一点，将来也没有人能做到。"（参见中央电视台第二频道大型纪录片《公司的力量》第六集）

规则约束协调的规则包括两大要求：一是公司的价值目标、发展战略、措施计划、组织约束内容的必要性、合理性和不容违背性；二是公司的价值目标、发展战略、措施计划、组织约束形成程序的合情、合理、合法性。达成人员遵从广泛性的规则约束必须以规则认同的广泛性为条件：不仅公司组织内部成员大多数，甚至全部都认定规则约束的必要性、合理性和不容违背性，而且与公司发展相关的资源拥有人也都认定规则约束的必要性、合理性和不容违背性。只有公司发展利益关联主体的大多数，包括内部的和外部的，都对规则约束的内容和形成程序的认同，规则才具有权威性，也才能被自觉遵从，并形成相互监督的机制，以保证每一个利益关联主体都遵从，不发生违背的事件。在此，规则约束协调，也就通过规则权威性的获得而达成了人员遵从的广泛性。

很显然，规则认同的广泛性又直接是以环境适应的广泛性为前提的。如果其规则不具有环境适应的广泛性，也就是规则内容的必要性、合理性和不容违背性没有被广泛的认同，或者是规则形成程序的合情、合理、合法性没有得到广泛的认同。这也就是说，环境适应的广泛性必须以规则制定参与的广泛性为前提。所谓规则制定参与的广泛性，也就是让与公司发展相关的所有利益关联主体都参与到规则的制定过程中来，一方面集思广益，以保证环境适应的广泛性；另一方面又通过相互妥协达成意志意识的统一协调。

在企业的丛林里，有的企业百年长青，之所以能长成参天大树而仍然枝繁叶茂，是因为它有以规则制定参与的广泛性支持的环境适应的广泛性，进而获得了规则认同的广泛性，又由规则认同的广泛性支撑人员遵从的广泛性，进而获得了关系协调的有效性，即使得公司发展壮大和强盛。相反，有的企业仅仅因为偶尔的不确定的外部原因给它带来了在企业丛林中冒尖出头的机会，得到了阳光雨露，获得了短暂的枝叶茂盛后就叶落根败，落红成了无情物，化作春泥护他花，是因为它们或者是建立在个人权威基础之上，因为权威的限制而无法延续繁荣，或者是其支撑企业发展大树的树干中规则制定参与的广泛性、环境适应的广泛性、规则认同的广泛性、人员遵从的广泛性四段中的一段或几段没有达成而脆折所致。

四、企业丛林繁荣之路的探索

如何达成规则制定参与的广泛性、环境适应的广泛性、规则认同的广泛性、人员遵从的广泛性呢？这也就是探索企业在丛林中的繁荣之路的问题。这一问题的解，就是本系列丛书所讨论阐述的全部内容。

企业规范化管理，是通过一套公开透明、上下认同、系统完整、行之有效的游戏规则实现的，目标严格指向企业价值增值和积累的管理。“目标严格指向企业价值增值和积累”，强调管理实施目的是达成关系协调的有效性，能在充分整合内部资源的基础上整合充分多的外部资源以实现企业的发展；“通过游戏规则实现”，强调管理实施不是通过建立在能人权威基础上的等级权力管控达成公司内部管理协调的目的，而是通过规则约束达成公司内部管理协调；“行之有效”，强调所确定的规则具有充分的合情、合理、合法性，以及建立在这种合情、合理、合法性基础上的不可违背性；“系统完整”，强调规则是成体系的，不是支离破碎的要求，是环境适应的广泛性要求的达成；“上下认同”，强调这套规则体系是在规则制定参与的广泛性基础上实现的，具有形成程序上的合情、合理、合法性；“公开透明”，强调这套规则体系是相对稳定的，不是任何一个凌驾于公司发展要求之上的特权人物可“暗箱操作”、随意删改的。

所以，企业规范化管理实施的过程，也就是规则制定参与的广泛性、环境适应的广泛性、规则认同的广泛性、人员遵从的广泛性，以及关系协调的有效性实现的过程。

《企业规范化管理系统实施方案》的体系结构直接建立在把企业组织作为一个有机系统分析的基础之上。从系统的角度分析，企业组织是由目标体系、组织结构、岗位员工、运行流程和企业文化等五部分构成的有机体。目标体系是这个有机体的血液养分，组织结构是这个有机体的骨骼骨架，岗位员工是这个有机体的细胞组织，运行流程是这个有机体的神经血管，企业文化是这个有机体的基因密码。《企业规范化管理系统实施方案》整个系列分为六个相对独立的部分，每一部分独立成书，并且都有其理论思路、标准要求、实施方法的探索讨论。在这五个有机构成部分之前有一个基本理论思路的清理探索，即《企业规范化管理系统实施方案·理论思路清理》，回答的是为什么需要规范化管理及如何整体实施规范化管理的问题。目标体系是决策制定的结果，其所管理协调的是决策制定问题，所以有《企业规范化管理系统实施方案·决策制定管理》，其所回答的问题是如何避免企业决策制定失误，如何提升决策质量，以最大限度地保障企业持续、快速发展。另外四个部分依次为：《企业规范化管理系统实施方案·组织架构管理》，回答的是企业组织架构怎样才能铁骨铮铮，保障企业组织执行力，提升组织竞争力的问题；《企业规范化管理系统实施方案·岗位员工管理》，回答的是如何才能让每一个岗位员工有能力素质、有意志意愿、有热情耐心，以保证完满地履行所赋予职责的问题；《企业规范化管理系统实施方案·运行流程管理》，回答的是如何才能保证每一个岗位员工都做正确的事、正确地做事、负责地做事的问题；《企业规范化管理系统实施方案·文化建设管理》，回答的是如何进行企业文化建设管理，以实现企业组织基因的改造，全面构建出能保证企业发展持续快速，基业长青的强势企业文化的问题。

《企业规范化管理系统实施方案》系列书的研究探索，吸纳并整合了源于西方的MBA课程的专业化研究成果，但超越了MBA课程专业相互独立的局限，填平了专业分割所划分的鸿沟。其研究探索的是紧紧盯住企业整体和企业发展过程中进行的，不仅看清了企业组织有机体的手、臂、脚、腿、身躯，而且是在完整的企业组织有机体基础上对企业组织运行的规律和过程进行的研究。所以，它可直接为公司CEO提供经营管控的完整框架和思路、方法。各类MBA，如果想快速满足合格乃至杰出CEO的知识技能要求，必须补上《企业规范化管理系统实施方案》这一课，即使只想做CEO的助手或操盘手，也必须补上这一课。盲人摸象式的企业管理知识和技能，即使不葬送企业的发展，也难以保障企业的发展。不能起到保障企业发展作用的CEO助手或操盘手，也是不合格的CEO助手或操盘手。

当然，《企业规范化管理系统实施方案》系列丛书还仅仅是一个开创性的探索。为丰富完善这一探索，笔者主持创建了内容丰富、体系完整的信息交流平台——“中国企业规范化管理网”（网址为：www.hwaaaaa.com，或者www.hwaaaaa.net），旨在为专家、学者以及各类MBA交流批评、补充意见提供方便。并且笔者也殷切希望有更多的专家、学者及各类MBA加入这一研究探索中来，提出批评，进行补充，以丰富完善本系列丛书所确立的理论方法体系。

舒化鲁

2011年11月

本书内容概要

企业组织是由目标体系、组织结构、岗位员工、运行流程和企业文化等五个部分紧密联系、相互渗透、相生相克构成的有机整体，与企业管理规范化的实施必须相互对应。企业文化是企业组织的基因密码，企业能否实现持续快速发展、基业长青，与其企业文化关系甚为密切。企业组织发生任何形式的困厄和挫折，都可从其文化中找到端倪和必然性。基因决定论在企业发展上也是真理，因而文化建设这一基因工程相对于任何一个希望持续快速发展的企业都是不可拖延的项目。

企业文化就是企业组织共同价值观念、共同思维方式、共同行事习惯等“三个共同”形成的。企业文化是由核心层的价值观念，理论层的伦理哲学和科学技术，实体层的流程标准、规章制度、伦理道德、风俗习惯，以及表象层的语言艺术、形象艺术共四个层次九个要素构成的。文化建设必须盯住“三个共同”，通过四个层次九个要素的构建达成目标。企业文化的任何一部分都是由复制因子这一元素构成的，文化建设的过程就是对“三个共同”和四个层次九个要素的构成元素——复制因子进行聚合优化的。

企业所需要的仅仅是能推动和促进企业持续快速发展的强势企业文化，文化建设也就是不断把能推动和促进企业持续快速发展的复制因子聚合到企业组织的“三个共同”中来，并且提升其复制能力。只有同时满足性质上的先进性、特征上的实用性、体系上的完整性、发展上的自动性、理论上的严密性、形式上的简洁性、表现上的艺术性等七个方面要求的企业文化才是强势企业文化。

文化建设的实施包括规划、备料、施工和完善四个阶段的工作。规划就是选择设计确定文化建设的目标模式，本书在此分析介绍了七种可供备选的强势企业文化模式及其选择确定的具体方法。备料就是对企业文化构成要素进行集合构建，本书在此对应四个层次的构成要素，分别分析、介绍了其具体构建方法。施工就是把要素集合构建所形成的文本文案转换为企业组织运行实施和成员的思想行为，本书在此对应企业组织构成的另外四个部分分别分析、介绍了其整合实施的具体方法。完善就是把企业文化分为多个模块，不断进行优化完善，本书把企业文化分为内部管理、外部营销、商务合作三个模块，就其完善的思路方法进行了分析、介绍。

内部管理模块，是运用权力、组织、文化三种工具，构筑尊重人、信任人、关怀人、教诲人、激励人、约束人六种不同的情境，以影响、作用于组织成员的行为选择的过程。外部营销模块是运用品牌、服务、广告、渠道、价格、人员五种工具，构筑理解、关怀、引导、欺骗、强卖五种不同的情境，以影响、作用于客户行为选择的过程。商务合作模块是运用管理、资金、技术、物料和市场五种工具构筑委曲请求、利益诱导、优势引导、接济牵引、虚利哄骗五种不同的情境，以影响、作用于商务伙伴行为选择的过程。本书通过这种结构式分析，使文化建设管理工作变得简单、有效而不再神秘了。

目　录

第一篇　文化建设管理规范化实施的思路

第二篇 文化建设管理规范化的标准

第三篇 文化建设管理规范化的方法

第一篇

文化建设管理规范化实施的思路

企业组织是由目标体系、组织结构、岗位员工、运行流程和企业文化等五个部分紧密联系、相互渗透、相生相克构成的有机整体，与企业管理规范化的实施必须相对应。企业文化是企业组织的基因密码，企业组织发生任何形式的困厄和挫折都可从其文化中找到端倪与必然性。基因决定论在企业发展上也是真理，因而文化建设这一基因工程相对于任何一个希望持续快速发展的企业都是不可拖延的项目。企业文化就是由企业组织共同价值观念、共同思维方式、共同行事习惯等“三个共同”形成的。企业文化是由核心层的价值观念，理论层的伦理哲学和科学技术，实体层的流程标准、规章制度、伦理道德、风俗习惯，以及表象层的语言艺术、形象艺术等四个层次九个要素构成的。

第一章

不良企业文化早晚会把企业推向死路

企业文化是企业内部行事方式的沉淀。企业发展了一定时间之后，企业组织中有影响成员的行事方式就会被众多成员所模仿，进而固化为共同的行事习惯。自发形成的企业文化以及企业领导人自主选择构建的企业文化，都很可能在性质上与企业领导者的愿望相背离。本章通过安然的企业文化导致自身毁灭，以及小鸭追赶海尔计划失败两个实例进行分析说明。

一、企业文化在性质上有良莠之分

任何一个企业只要连续存在了一定时间，并且这个时间足够长，达到三五年以上，就会形成其企业文化。企业文化是企业内部行事方式的沉淀。企业连续存在一定时间之后，企业组织中有影响成员的行事方式，就会被众多成员所模仿，进而固化为共同的行事习惯。这种行事习惯及其所包含的价值观念，以及由已经形成的思维方式，就会演化为企业组织众多成员的共有思维方式以认知企业内、外部所发生的事件，固化为企业组织众多成员的共有价值观念以评判企业内、外部所发生的事件，这就形成了企业这个小社会的文化，即企业文化。

企业文化，如果没有人自主地努力去建设创造它，它也会发展出来。只不过这种企业文化是否有助于企业发展，则完全是另外一回事。作为共同的行事习惯和共同的思维方式、共同价值观念的企业文化不会成为真空，只要这个社会存在下来，就一定会有相应的企业文化自发地发生发展而形成。

但是，无论是自发形成的企业文化，还是企业领导者自主选择构建的企业文化，都可能在性质上与企业领导者的愿望相背离。有的企业文化有助于企业发展，这就是良性企业文化；有的则相反，可能会把企业送上死路，这就是恶性企业文化。

企业文化作为企业组织众多成员的行事习惯、思维方式和价值观念的自然沉淀，不是喊一喊标语口号就能喊出来的。喊的与做的不一样，这本身就可能形成一种弄虚作假、言行不一、相互欺诈的企业文化。即使喊的与做的一致，也可能因为企业文化核心层的价值观念选择不当而使企业难以从这种企业文化中获得发展的支持，甚至还可能遭受其不当作用而使企业发展走弯路。

二、安然的企业文化导致安然的毁灭

企业文化不是一池秋水，其性质不能一眼见底。有些企业文化，表面上是积极的、健康的，对企业发展是有积极作用的，但可能因为内部协调不好使其产生负面作用而制约企业的发展，甚至葬送企业本身。亚细亚的企业文化是明显病态的企业文化，就是这种病态的企业文化把它送上了不归之路。世界500强排名前10位的安然公司的企业文化，在它陷入信誉危机濒临破产前，对它的企业文化称道的却绝对是主导，很少见到对它的批评，但它也是栽在它的不良企业文化上。

美国《华盛顿邮报》2006年1月27日刊发了一篇署名文章，该文是乔·斯蒂芬斯讨论企业文化对企业发展带来灾难的案例分析文章，题为《安然企业文化导致毁灭》。

在安然公司，有两个非常重要的价值观念：一是只能成功，二是只看结果。

从表面看，这两个价值观念反映出来的似乎是一种务实认真的企业文化，这本身似乎也没有什么不良问题存在，但它却埋下了不良的种子。

正是安然公司的企业文化中过分强调“只能成功”这一价值观念，因而使它实际上成了诱使人们作假的原因。

在安然公司，企业文化的核心价值就是“赢者获得一切”，失败是绝对的耻辱。不允许失败，失败者只能中途出局，成功者才能留下来。当企业已实实在在难以通过自己的主观努力取得发展时，就会迫使人们在两种选择中作出决策：要么自认失败走人；要么弄虚作假，暂时保住自己的地位，图谋寻找机会，扭转乾坤。安然公司的后一届领导者就作了后一选择。

该公司的一些员工说，必须保持安然股价持续上升的压力，诱使高级管理者在投资和会计程序方面冒更大的风险——虚报收入和隐瞒越来越多的债务。当这种假账被揭穿后，安然公司被社会和投资人唾弃，就不得不破产。

在安然破产前几个月，美国众多知名大公司因为做假账而受到指控，这不仅动摇了人们对企业 CEO 的信心，而且动摇了人们对美国经济的信心。这不是经理人的道德问题，而是不良企业文化迫使他们作出了犯罪的冒险选择。

在安然公司的企业管理中，过程不被重视，做事的人也不被重视，所重视的仅仅是结果。这就不免使人们不择手段地寻求结果，甚至不惜放弃做企业和做人的基本准则——诚信。做假账可维持企业的“好业绩”，使之在股票市场获得“好表现”，从股民手中骗钱。尽管做假账是饮鸩止渴，但毕竟暂时止了渴。骗来的钱也是钱，至少可以用它维持企业一段时间的虚假繁荣。这总可以缓解经营领导人的即刻危机，使之还有机会改变现实。不做假账，就会立马走人，连这种机会也没有了。

这样，把结果与过程分离，也就把企业经营领导者的利益与企业发展的真实利益分离了。有了这种虚假繁荣，企业经营领导者的利益也就有了保障。但这种虚假繁荣却不仅不是企业的真实发展，而且是企业发展的癌变，长大的不是肌体组织，而是损害肌体组织的癌细胞。每个人的行为，都仅仅根据自己的利益来选择。在这种把结果与过程分离的企业文化中，做假账也就是他们的最优选择。

三、小鸭追赶海尔计划失败：忽略了文化的作用

1997 年，济南小鸭也还算是一个比较优秀的企业。当年销售收入达到 14 亿元，并且主要是由一个单一的产品——滚筒洗衣机实现的。

也就在这一年，他们制订了一个追赶海尔的计划，计划在 2000 年达到海尔 1997 年的水平，即销售收入达到 108 亿元。在 20 世纪 90 年代初期，海尔的销售收入与他们 1997 年的水平也不相上下。

但 3 年过去了，到 2000 年底，小鸭销售收入仅仅增长了 2 亿元，达到 16 亿元，相隔海尔 1997 年的水平还非常遥远。

为什么会如此？

小鸭制订这种追赶海尔计划时，仅仅是在规模上进行了一些大体的比较，而忽视了一个重要资源积累上的差别，即企业文化的建设。海尔从 1984 年张瑞敏入主开始，到 1992 年用了 7 年的时间进行探索，才完整地形成为海尔所独有的，以 OEC 管理模式为核心的海尔文化。而小鸭不仅不具备这种文化，相反，在其内部还存在多种多样的制约企业发展的不良文化内容。

一个企业没有形成自己所独有的强势企业文化，所拥有的物质资源都是死的，不能整合起来创造价值，也就不可能获得与拥有独特强势企业文化的企业同等的竞争力和发展水平。

从这个意义讲，是否已经形成自己独特的强势企业文化，比是否具有某一种资源优势显得更关键。资源所构成的条件，也就是天时、地利，如果没有人和，天时、地利也就难以发挥作用，所以才有“天时不如地利，地利不如人和”。

不仅如此，在 20 世纪 90 年代，许多企业都在学海尔，也制订追赶海尔的计划，尽管不是所有的学海尔、追海尔的企业都以失败告终。这些企业大多没有达到海尔的辉煌水平，有的甚至还倒退了。这更是说明了人和条件的决定性作用。

小鸭集团在后来的发展中一再陷困，股票价格也一路走低，最后被 ST。如果不是中国重汽集团伸出援助之手救市，也许现在也就只能到工商局的档案室去找小鸭了。

一个企业要谋求持续快速发展成为基业长青的企业，也就必须首先想到在企业文化上的发展，在企业文化上的新生，以构建出自己的强势企业文化。企业的竞争，最终是由文化竞争力决定胜负。

所以有很多有识之士，认定企业文化就是企业的核心竞争力，其道理也就在此。

第二章

基因决定论在企业发展上也是真理

这里的基因不是生物体中的基因，而是企业组织的基因——企业文化。企业文化在企业的发展过程中，所起的作用也就是基因密码的作用。动物的基因很难改变，企业文化要改变也要付出很多努力，相比动物基因的改变却要容易得多。企业需要的只是强势企业文化。没有强势企业文化的企业仍是乌合之众，用自我约束取代外在约束是达成人和的最佳途径。

一、看不见的战线：企业文化竞争

蝗虫、蚯蚓、老鼠、猪、狗、马、猴子、人，都是动物，但动物与动物相比却不一样。人是人，狗是狗，猴子是猴子，蝗虫是蝗虫。

为什么会有这样巨大的差别？

是因为它们的基因不同，造成这种物种的差别是基因。

同样是人，有的人高大，有的人矮小；有的人壮实，有的人瘦弱；有的人聪明，有的人愚蠢。

除了环境差别的原因外，造成这种个体差别的，也主要是基因的不同。正是这种基因上的差别，把同类动物的不同个体也区分开来了。

企业与企业之间也有差别。有的发展稳定，有的大起大落；有的昙花一现，有的辉煌百年……

企业为什么也会有如此大的差别？

也是基因使然。不过这里的基因不是生物体中的基因，而是企业组织的基因——企业文化。企业文化在企业的发展过程中，所起的作用也就是基因密码的作用。不同的是，动物的基因很难改变，尽管科学技术的发展使基因技术开始普及，但要改变一个物种，一个个体的基因，仍然是很难的。但作为企业组织基因密码的企业文化，要改变也要付出很多努力，比上一个项目，进入一个行业要难很多，但它比动物基因的改变，要容易得多。

动物，包括人，都无法选择自己的基因，但企业文化却是可以根据企业领导者和企业组织的共同意愿自主塑造构建的。这是动物基因与企业组织基因之间的一个重要区别。

因而要使自己的企业具有市场竞争力，仅仅有决策竞争力、组织竞争力、员工竞争力、流程竞争力、品牌竞争力、渠道竞争力、价格竞争力、伙伴竞争力、创新竞争力是不够的，必须打造企业的文化竞争力。这也使企业在基因上胜对手一着。

图1-1 看！强势企业文化的威力

物种的竞争，实际上就是基因的竞争。一个物种如果能够随着环境的变化而不断改变基因构成，这种物种也就具有不朽的生命力。曾经在地球上称王称霸达几千万年之久的恐龙之所以消失，这也直接与它太强大有关，它强大得无须改变自己的基因，因而无法适应变化了的地球环境，最后就只有从地球上灭绝。基因的本能就是谋求自身的永恒，为了这种永恒的实现，它会表现得极度自私。恐龙从地球上灭绝，也可以说是它的基因的失败。

企业在市场上的竞争也是如此。这种竞争并不是与对手之间的竞争，而是与自我之间的竞争。企业能不断否定自己、超越自己，形成快速适应环境、驾驭环境的能力并随着市场环境的变化，不断发展这种能力。那么，它也就可以在这个市场上成为霸主，主宰一方。

因此，真正会做企业的，是在企业组织内部竞争，以强化自己的企业文化，不会做企业的才只会仅仅在市场上吆喝。就像动物的个体竞争一样，雄性动物要把自己的基因传递下去，仅仅对着雌性吼叫没有用，必须有把与自身竞争的同类雄性赶跑、打垮的能力才行。这种能力从哪里来？基因优势加营养。

一个企业如果仅仅盯住市场进行吆喝，那是无法健康长寿的。历届标王中，大都没有长大，也没有长命。其原因就是它们只知道对着市场吆喝。

潍坊亚星化学股份有限公司是一个有着 80 多年发展历史的老企业，但进入稳定的高速发展期却是在 20 世纪 90 年代中期之后。90 年代初，化工产品市场走俏，众多的化工企业都是大手笔地上项目、建工厂，而它却集中精力进行管理创新，实现企业组织基因的改造。它建立了以财务管理为中心的企业组织运行新机制，其中购销比价管理法还被国家经贸委认定，并在全国推广，列入国家建立现代企业制度的基本规范。进入 90 年代中期之后，化工产品市场走低，大手笔地上项目、建工厂的企业活不下去了，找上门来把工厂白白送给它。亚星没有花费自己的有形资源，就整合了数倍于自有资源的有形资源，实现了跨越式大发展。

蒙牛新生之后，也不是首先对市场吆喝，而是从内部完善管理规范，从构建自己有竞争力的企业文化着手，这是蒙牛走向成功的奥妙之所在。它甚至在竞争对手向自己使出恶毒的手段时，也仍然持宽大容忍的态度与之相处。它就是在这种对外的宽容中发展自我、完善自我并通过这种宽容争得时间，使自己逐渐变得强大起来的。它甚至在价格上也不和竞争对手进行正面交锋，同类产品的定价，它总要比竞争对手高出一两分，而直接把这种竞争定义在市场之外。“三聚氰胺毒奶事件”之所以成为蒙牛发展上的滑铁卢，也是其文化所致。蒙牛文化的美好理念与它在“三聚氰胺毒奶事件”中的表现形成鲜明对照，让社会公众感到受了欺骗，而并不是它的这一表现是同行中最丑的。

只知对着市场吆喝的企业，是没有摆脱地摊小贩子的经营思路。这种企业是既不可能稳定发展，也不可能实现经久辉煌的。

二、企业需要的只是强势企业文化

企业组织的基因就是企业文化，但企业所需要的仅仅是能推动和促进企业持续快速发展的强势企业文化。

笔者反反复复地讲过一个观念，企业文化并不是企业组织自主建设了才有，就像人在不懂基因之前，但这种基因早已在人体中存在一样。

企业文化是什么？

不要把它神秘化了。它就是企业组织行为活动的一种历史沉淀。一个企业组织只要连续存在三五年，它的企业文化也就逐渐形成了，尽管没有人倡导进行企业文化建设。只不过这种企业文化是不是它所需要的那种企业文化，则是另外一回事。

这就像任何一个人都希望自己拥有健康长寿的基因，使自己抵御病灾的能力强，能保证自己健康和长寿一样。企业所需要的企业文化也是如此。企业是由人所构成的一个社会经济组织，这个社会经济组织中的每一成员的利益的实现，都依赖于企业的发展。因此，企业所需要的企业文化，也就仅仅是具有推动和促进企业持续快速发展作用的企业文化，这也就是强势企业文化。

如果企业文化不是强势企业文化，不仅起不到推动和促进企业持续快速发展作用，相反，还会把企业频繁地陷于危机之中。那么，这种企业文化相对于企业而言，则是有害的。就像遗传病一样，只要在外部环境稍微不利的情况下就会让人陷于病痛之中，甚至直接夺走人的生命。

企业文化如果不是能推动和促进企业持续快速发展的强势企业文化，那么它就会放大它在外部环境竞争中的劣势，使企业在这种竞争中处于更加不利的地位，最终因短命而关闭。

在20世纪90年代末，有一个国有油墨生产厂，因为油墨市场趋于饱和，不得不强化市场营销的力度，进行适度的广告投入。这个时候，企业组织的“两心”的一把手——经营中心的厂长和领导核心的党委书记，都争着要分管广告业务，以便从这种广告投入中谋取个人的好处。两个一把手各不相让甚至大打出手，使这一工作一再拖延。因为“两心”的一把手之间的矛盾加重了企业劣势，市场一再萎缩、库存加大、资金周转不灵，最后被一个私营企业收购。

而这家工厂在被收购前，却已经有了40多年的历史。也正是它的基因——企业文化上的缺陷，放大了它市场竞争的劣势，导致最后败绩。

没有强势企业文化的企业，是不可能有凝聚力的，而企业市场竞争力，直接与企业凝聚力成正比。没有凝聚力的企业，是不会有市场竞争力的。史玉柱的巨人集团，在巨人大厦的运作上刚刚发生困难时，下属员工就作了鸟兽散。树还没有完全倒下，猢狲就已经散去。

图1－2 有强势企业文化的企业凝聚力才大

也只有当企业具有强势企业文化时，企业发展即使遇到某种困难或者挫折，人们的心才能仍然聚在一处，同舟共济、共同努力，困难和挫折也就只能让路。企业也只有拥有强势企业文化，才能保证企业从危机中走出来。也只有当企业文化能够把人的心凝聚在一块，才能够真正对外部环境的变化，做出及时有效的反应，使企业发展免遭重大挫折。

三、没有强势企业文化的企业，仍是乌合之众

一群人走到一块，通过对他们进行差别分析和界定，确定他们相互之间的关系后，组织也就形成了，但这远不能把一群乌合之众变成有战斗力的生力军。这里的关键是如何让这个社会群体之中的每一个人都认同所界定的差别，以及由这种差别所确定的相互关系。没有这种认同，彼此之间互不买账，所做的这种相互关系界定也就没有多大的意义。

而要让这一群人中的每一个成员都认同这种差别，仅仅有强制是没有用的。这种强制的力量无法从外面把这种差距固定下来。

从前，有一个富人的孩子，又愚蠢又懦弱。他和另外一群穷人的孩子在一块玩，没有人尊重他，没有人把他当回事。这个孩子的父亲看着心里很是难受。他警告这群穷人的孩子说：

“你们的父母都是给我做工的，我的儿子也就是你们的老板。你们必须把他当做老大，听他的指挥，更不允许欺负他。”

他在场时，这群孩子都默不作声。一旦他走开，这群孩子仍然我行我素，把他的儿子晾在一边。没有打他，就算是对他的宽容了，还能把他当做老大？

这里的关键问题是在这群孩子中并没有形成认同这个富人的孩子高人一等的价值观念和思维方式。即使他的父亲把他界定为高人一等的孩子头，也没有人买他这个账。这种意识是不能从外面强加进去的，只能在他们各自的心中慢慢形成。

传说，明朝开元皇帝朱元璋小时候就是一个孩子王，并且经常模拟做皇帝，其他的孩子都跪在地上行三叩九拜之礼向他称臣。在这群孩子中，也包括朱元璋主人的儿子。

朱元璋的主人看到这个场面很不高兴，把朱元璋拉下来，把他的儿子扶到孩子们用石头立的皇位上，强迫孩子们称臣朝拜。可这个地主老子——朱元璋的主人——一走，他们就把他的儿子拉下来，狠狠揍了一顿。在这群孩子心中，这种差别是从外面加进去的，不能对他们构成约束。

在企业内部也如此。所以从这个意义上讲，没有构成强势企业文化的

企业，在内部实际上也就很难真正形成谁服谁的差别心理。他们仅仅是因为一种临时的利害关系走到了一块，这种企业一旦遇到挫折，也就必然树倒猢狲散。这种企业，不是乌合之众是什么？

四、达成人和的最佳途径：用自我约束取代外在约束

成就事业最关键的条件是人和，但要达到人和的目的，没有强势企业文化的，至少这种人和是难以长久的。

人和的关键是心和，也就是在意志目标达成共识的基础上，行动协调、步调一致。在这里仅仅有组织的约束和等级分类权力的强制，也还远远不够。文化则是在统一人的意志目标的基础上，让人们进行自我约束。

有了共同的价值观念，对事物也就有了共同的评价标准，人们的心也就容易想到一起。有了共同的思维方式，在思考问题的立场方法上相同，那么在意志目标以及达成意志目标措施的选择上，也就容易达成共识。有了这种共识，人们也就会形成一种内在的自我约束。

在一个社会组织内部，只有每一个成员都自我约束，使自己的行为活动与组织要求保持一致，这才是真正的人和。

如果有了共同的行事习惯，用不着外在约束，人们的行事方式就统一协调起来了，该冲锋的时候冲锋，该拼命的时候拼命，该献身的时候献身，不用他人号召，也不用多加思考，这也就达成了行动步调的一致。这样的企业组织，在市场竞争中也就必然所向无敌。

在这里最重要的是人的意志、意识要和。和并不是完全相同，它是让每一个成员都刚好恰当地充当企业需要他充当的角色。就像打麻将，停牌了，差的就是一张牌，有了这一张牌就和了，或者自摸，或者他人放炮，得到了这张牌，这就是和。人和也是这个道理。企业组织作为一个社会经济组织，要在市场竞争中站稳脚跟、实现发展，企业组织需要多种多样的角色。现在每一个角色都有了，如果他们都自动自觉地努力履行他所承担角色的职责，保证全面满足企业发展的需要，这也就是和了。

但人和并不是指一团和气，更不是绝对的平等。即使打麻将和清一色，也不可能每张牌都一样。每上张牌只有四张，而要和清一色，仅仅靠某一张牌是不可能和牌的。《易经》讲的太和，也就是“天尊地卑，乾坤

定矣。卑高以陈，贵贱位矣。动静有常，刚柔断矣”。这种和，是以差别的存在为前提的，但得使这种差别得到共同的认同，使这种差别不再有人存有任何异议，这就是“和”。

要使人们在差别的基础上达成共识，形成人和，也就只有在共同的价值观念、共同的思维方式、共同的行事习惯的基础上才能形成。

没有共同的价值观念、共同的思维方式、共同的行事习惯，是不可能有真正的人和的。正是从这个意义讲，要达成成就事业的目标，创造出人和的条件来，也就必须高度重视企业文化建设，并真正把共同的价值观念、共同的思维方式和共同的行事习惯修炼出来。

第三章

企业文化的科学内涵

企业文化的内涵包括共同的价值观念、共同的思维方式和共同的行事习惯三个不可或缺的构成部分。共同的价值观念是指人们在事物判断上形成了共同的善恶选择取舍标准。共同的思维方式，是指人们在长期的行为活动中形成并且所遵循的思考问题的模式。共同的行事习惯，是指人们在做事的过程中，会对一些活动习以为常后，不自觉地因循固守。

一、企业文化的定义

20 世纪 80 年代初，美国哈佛大学教授特雷斯·迪尔和麦肯锡咨询公司顾问阿伦·肯尼迪出版了《企业文化——企业生存的习俗和礼仪》一书，很快引起广泛的响应，并成为最畅销的管理学论著之一，还被评为 80 年代最有影响的 10 本管理学专著之一。研究企业文化的著述也因此一发不可收，论文、专著真正是汗牛充栋。企业文化，由此成为企业老板和管理人员高度重视的一个管理工具。随着中国社会经济的对外开放，西方管理学理论的进入和普及，企业文化也成为国内企业界的热门话题，很多企业投入巨大的人力、物力、财力进行企业文化建设。

但他们的企业文化就是几句响亮且雷同的口号，煽情而无实的文章，漂亮而牵强的标志，统一而别扭的制服，高亢而乏味的歌曲，庄重而忸怩的仪式……

究竟何为企业文化？究竟为何要构建企业文化？企业文化是由什么构

成的？其内在关系是怎样的？很少人作过系统探索，也很少有人能完整而准确地作出回答。

什么是企业文化？

企业文化的内涵，包括三个不可或缺的构成部分，即共同的价值观念、共同的思维方式和共同的行事习惯。

共同的价值观念，是指人们在事物判断上形成了共同的善恶选择取舍标准。即在企业组织内部，对于是与非、美与丑、善与恶的界定，有了共同的标准。它是直接指导人们的行为选择的依据。

人和猪不同。是食物，猪就会去吃，而人不会，他强调要有道。所以孔子强调“非礼勿视，非礼勿听，非礼勿言，非礼勿动”。毛泽东也说过“嗟来之食，吃下去肚子要痛的”。

任何一个人都有自己的价值观念，不符合自己价值观念的东西，都会拒绝。

有一个故事讲，在印度，有一个人饿得实在受不了，另外一个人把他的食物送给了他吃。他回家后，用指头深深地探入自己的喉咙，把吃下去的食物抠出来，让自己胃肠吐空，一直到吐得没有食物时为止。因为这个人是高种姓人。在印度有一种陈规陋习，高种姓人是不能与低种姓人交往的，更不能吃低种姓人提供的食物。他当时因为饿得受不了，由生物本能的驱使，吃了低种姓人的食物。回家之后，越想越不对，他就又把食物从胃里挖出来，以践行他已有的价值观念。

共同的思维方式是人们在长期的行为活动中形成的，并且是为大家所遵循的思考问题的模式。从哪个角度思考、站在何种立场上思考、如何进行思考等，这就是思维方式的内涵。

中国人遇到惊险，会不自主地发出尖叫，常常说：“我的妈呀！”而西方人遇到惊险时则常常说：“我的上帝！”

这就是一种思维方式的差别。中国人是祖宗崇拜民族，有喜事则认为是祖宗的保佑和荫庇，有灾难也认定是祖宗的诅咒和惩罚。因此，中国人过年过节得先祭祖宗，骂人最恶毒的话也是：“忘宗背祖的家伙！”而在西方国家大部分人都信基督教，他们认为是吉还是凶、是福还是祸都是上帝的安排。正是这种思维方式，决定了他们在对外部世界的反应上的不同方式。因此，中国人家乡观点浓厚，喜事节日都在家里过，而西方人则喜欢冒险，家乡意识不浓厚。

共同的行事习惯，是指人们在做事的过程中，会对一些活动习以为常后，不自觉地因循固守。

在海尔走路都划有道道，靠右行也就是他们走路的习惯。他们强调赛马不相马，二十来岁的毛头小子担任要职，管理几亿甚至几十亿的业务，没有人会觉得奇怪。在这里裙带关系没有作用，也没有人图谋通过裙带关系往上爬。因此，在海尔要出人头地，就是努力、努力再努力。

一个企业也只有这“三个共同”都形成之后，才算建成了自己的企业文化。

有一本书叫做《潜规则》，它认为，企业都有自己的潜规则，但这种潜规则是潜在的，并不是写在纸上的制度规章，而它往往比写在纸上的制度规章还贯彻得彻底，没有人敢向这种潜规则挑战。

这种潜规则实际上就是一个企业组织的成员，在长期合作、交往过程中形成的企业文化。只不过这种潜规则，并不是哪一个领导人主导把它构建出来的，而是不自主地形成的。这种潜规则，也有好坏之分。如果没有自主的设计和构建，这种潜规则对企业发展更多的是起阻碍作用。

正是从这个意义上讲，企业必须自主地进行企业文化建设，并且只能是强势企业文化建设。

企业文化建设就是要最终让企业组织成员在价值观念、思维方式和行事习惯上达成统一后，在为达成企业发展目标上，让全体成员形成一种“流水下滩非有意，白云出岫本无心”的一致努力的状态。

流水下滩是水自然流动的规律，它没有意志主导。水是液体的，由于地球引力的作用，它必然会由高向低流动。只有达到最后的平衡才会静止下来。白云出岫，也是水的一种运动形式，但这种水由液体变成气体，它的密度比空气还低，所以它会向上升腾而出岫。

人是有意志和意识的主体性存在，他是按照自己的意识进行判断后，形成自己独有的意志来主导自己的行为。强势企业文化的建成，也就是全体成员形成了“流水下滩非有意，白云出岫本无心”的一致努力状态，无论在意识中还是在意识下，他们同样都是为企业发展努力作贡献。

二、企业文化不等于企业形象识别系统

从20世纪末开始，企业形象识别系统（以下简称CIS）走红成了热门话题，因而很多人把它与企业文化联系起来，甚至把二者混为一谈。这就模糊了企业文化的真实内涵。

CIS是Corporate Identity System的缩写，意思是企业形象识别系统，是由统一的企业理念、行为规范、视觉形象三大要素构成的。统一的企业理念是企业的经营宗旨、经营方针和价值观念的总和；统一的行为规范是企业管理规章制度和员工行为准则的总和；统一的视觉形象是企业基本要素（企业名称、标志、标准字、标准色、造型等）和应用要素（产品造型、办公用品、服装、招牌、交通工具等）的全部视觉形象的总和。它所寻求的目标是形象识别，即把自己企业与其他企业区别开来，以在客户和社会公众心中确立一个与人不同的形象，以为客户在市场上进行购买选择时提供一个清晰明确的辨识依据。

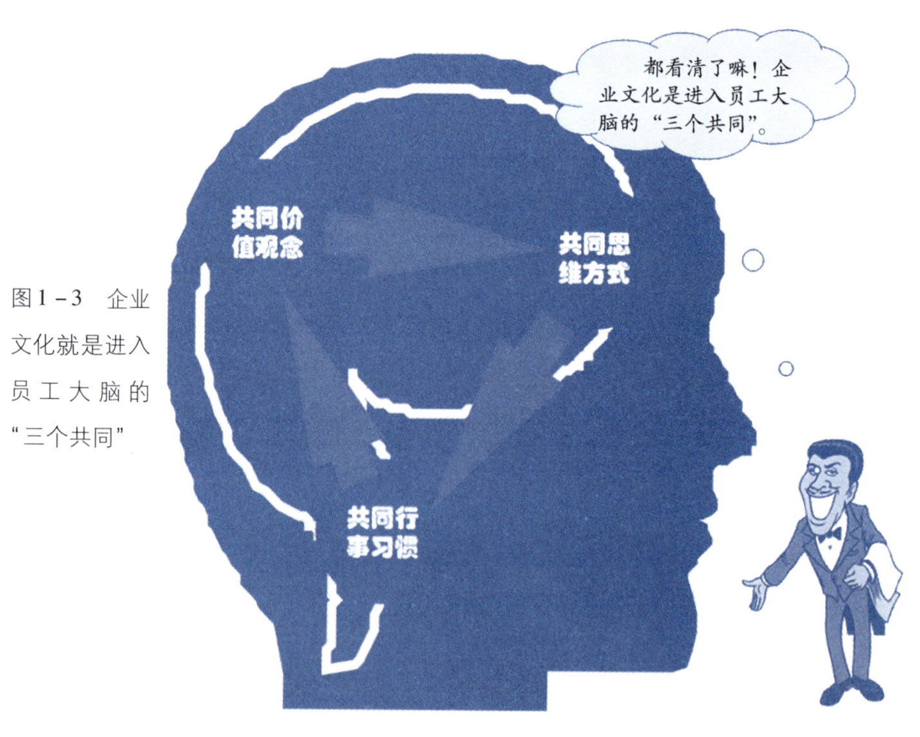

图1－3 企业文化就是进入员工大脑的“三个共同”

但很多企业的CIS设计仅仅是在统一的视觉形象上做文章，也就是设

计一个引人注目的形象标志，甚至这个形象标志与企业的经营理论和行为规范的要求毫不相关。即使设计了理念识别系统，也不过是找了几个好听词语进行的自我装饰，远远不是其经营理念和行为规范的概括性展示。也许企业形象识别系统从提出这个概念一开始就是一个错误，因为这个概念把企业组织的关注点定位在外在的形象上，而把内在的经营理念当成了附属物。这是为了让人识别，自己在自己脸上画了一个彩绘，标了一个记号，所以补充的统一的企业理念和统一的行为规范，无论怎么完善都难以把它与企业文化相提并论。

企业文化是企业组织的共同价值观念、共同思维方式、共同行事习惯，是企业组织的基因密码，直接主宰着企业发展的方向、策略，而 CIS 不过是从外部涂上的油彩，可以说是其所主宰的策略的一个方面的内容。因此，无论 CIS 这一外部涂上的油彩怎么精细雅致，也无法与内在的基因——企业文化相提并论。

三、企业文化四个层次的存在分析

企业文化的定义有文献可考的有两百多种，但都没有把其内涵准确、全面地界定出来。根据笔者的研究，其内涵可简单地概括为“三个共同”，即共同价值观念、共同思维方式和共同行事习惯。就其内在结构分析，这“三个共同”又是体现在四个层次、九个要素的构成中。在此仅做简要介绍，后面再专章讨论。

（1）核心层：一个构成要素，即价值观念。它是共同价值观念的存在。

（2）理论层：两个构成要素，即伦理哲学、科学技术。它是共同思维方式的存在。

（3）实体层：四个构成要素，即流程标准、规章制度、伦理道德、风俗习惯。它是共同行事习惯的现时存在和未来存在。

（4）表象层：两个构成要素，即形象艺术、语言艺术。它是“三个共同”的艺术化存在。

企业文化“三个共同”的内涵，加上“四个层次，九个要素”的“四个存在”方式构成，就概括性地揭示了企业文化的真实内涵和体系特征。

企业文化除了表象层的两个构成要素——形象艺术、语言艺术之外，都是看不见、摸不着的，但这并不能说它不存在，就没有作用。生物体的DNA能看得见、摸得着吗？不能，但它决定了动物种属和个体的特征和形态，以及智力状况等重大差别。是老鼠，还是人，不过就是作为基因的DNA不同，甚至不同的程度还不过10%。可就是这不到10%的基因的不同，让老鼠与人有着天壤之别。决定企业的特征和形态，以及发展的现实和未来的也是基因，只不过不是由蛋白质构成的基因，而是由企业文化元素构成的基因。或者说，企业组织的基因就是企业文化，它虽然看不见、摸不到，无迹可寻，但是却可以感知到并且无处不在。

四、没有“三个共同”，就没有企业文化

“三个共同”是企业文化内涵中三个不可或缺的构成部分。企业文化建设的终极目标，也就是要构建出能推动和促进企业持续快速发展的“三个共同”来，让企业组织成员的心之所想、情之所系、爱之所发、行之所动都保持一致，上下同欲、步调一致。

1. 共同价值观念的三层内涵

所谓价值观念，简单地说，就是一个人对于事物的是与非、美与丑、善与恶的判断标准的概括，是直接指导人们行为选择的依据。价值观念必须回答三个方面的问题：

（1）什么是应该的，必须选择的？什么是不应该的，必须扬弃的？这是选择与否的问题。

（2）什么是重要的，有重大价值的？什么是不重要的，没有价值的？这是选择的优先顺序问题。

（3）什么是可敬的，值得尊重的？什么是可鄙的，不值得尊重的？这是情感导向的问题。

匈牙利著名诗人裴多菲“生命诚可贵，爱情价更高。若为自由故，二者皆可抛。”的诗句就包含了价值观念的完整内涵：他强调生命、爱情和自由都是必须选择的；强调相比生命，爱情应该优先选择，相比爱情，自由应该优先选择。他还隐含着把自由看得重过爱情和生命的人才可敬的情

感，诗人所爱的就是为了自由而不惜牺牲生命的人。

1928 年 3 月 20 日清晨，汉口余记里刑场，反动的桂系军阀将在这里杀害忠诚的共产主义战士夏明翰。在最后时刻，刽子手问夏明翰："你还有什么遗言吗？"夏明翰高声说："有，拿纸笔来！"于是就有了"砍头不要紧，只要主义真。杀了夏明翰，还有后来人。"这令所有仁人志士都会热血沸腾的诗句。这诗中就包括了共产党人对于上述三个问题的回答。正义（主义真）和生命（头）都是应该选择的价值，但正义更重要（砍头不要紧），我（夏明翰）的行为是值得尊重的，"后来人"会效法。

共同价值观念，简单地说就是在一定社会范围内，人们在对一定事物判断的标准上形成的共同的善恶取舍标准。

2. 共同思维方式的三层内涵

所谓思维方式，简单地说就是人们思考问题的特有立场、角度和方法。人与动物不同，其行为不是由本能驱动的，而主要是由他的意志驱动的，而意志又是建立在他对自我和周围事物的认知、判断基础上的。因此，当他感知一个事物发生变化时，他就会思考这事物变化对他的影响，应该采取何种措施、办法应对这一变化的问题。这从特定意识感知到行为选择的过程，也就是思考的过程，而这种思考往往总有一个相对稳定的立场、角度和方法，即：

（1）从什么角度思考？回答我所感知和面对的事物变化，应该从什么角度来分析、评价和判断的问题，它与我所寻求的目的和目标是什么关系的问题。

（2）站在什么立场上思考？回答自我现在的处境是怎样的，所感知和面对的事物变化对我现在的处境有什么影响的问题。

（3）如何思考？回答我应该怎样应对所感知和面对的事物已有变化和可能变化的问题。

共同思维方式，简单地说就是在一定社会范围内人们在思考问题的方式、立场和角度上的一致性。

3. 共同行事习惯的三层内涵

所谓行事习惯，简单地说就是人们不加详细思考就进入行为过程的一种固有活动模式。从心理学分析，它是一种非完全意识行为，行为主体没有作深思熟虑的思考判断，就选择按照已有过的特定行事方式行动，且仅是一种已有过的行事方式的重复。其内涵有三个方面：

（1）面对相同的情境，有相同的行为选择。

（2）对曾经的行为活动的重复。

（3）行为选择无须作深思熟虑的思考，因循已有的行为方式。

共同行事习惯，也就是在一定社会范围内，在其生活、工作、学习过程中对于人物关系和人际关系处理上其行为选择方式相同。

图1－4 企业文化核心层的价值观念的完整内涵示意图

五、企业文化“三个共同”之间的关系

企业文化的“三个共同”彼此不是分割独立的，而是一个互相关联的有机整体。共同价值观念决定着共同思维方式，反之，共同思维方式也影响共同价值观念；共同思维方式决定着共同行事习惯，反之，共同行事习惯也影响共同思维方式。正因为如此，这三者作为一个整体构成了企业文化，一起决定企业组织成员的行为特征和企业发展的兴衰特征。下面对其相互之间的关系略做分析。

1. 共同价值观念对共同思维方式起着决定作用

现在很多人都在讨论北京人口积聚过快的问题，认定北京聚积的人口超越了它资源的承载能力。所以有人提出，对新来人员从资产、学历等方面进行限制，甚至把汇集低层次工人的劳动密集型企业都从北京迁出去，但当统一到人人平等的价值观念上之后，提出这种解决问题思路的人就不再坚持了。

改革开放后，发展成了硬道理。也正是发展这一价值观念把对改革开放有疑虑、抱有抵制情绪的各种思路和想法都统一到了改革开放的大旗下，造就了我们今天国强民富的新局面。如果对发展这一价值观念没有一致的认同，关于改革开放的争论永远也无法中止，我们仍然闭关锁国、固守落后，我们就只能生活在穷困之中被世人看不起。我们不能说对改革开放政策持怀疑抵制态度的人，一定是对我们党、我们国家、我国人民别有用心的异己，而仅仅是因为他们当时忽略了“发展才是硬道理”这一基本的价值判断。当改革开放政策被证实是实现快速发展、摆脱贫穷落后的必由之路后，也就没有人再对改革开放说三道四、持怀疑和抵制的态度了。

2. 共同思维方式对共同行事习惯的决定作用

联想由杨元庆执掌以后，北京总部取消了班车制度，理由是联想各地员工实行的是统一薪资制度，北京员工无权享受特权，如果员工有坐班车的需要，可以自己组织“自助班车”，公司可帮助联系落实“自助班车”的商务事宜。开始员工的意见非常大，有人在公司网站论坛上发帖子，说取消班车是公司高层全都有专车接送、不用坐班车，而不知道没有专车的普通员工挤公交车的艰辛。帖子被杨元庆看到了，他并没有大发雷霆，更没有气急败坏地找发帖子的人，而是立即宣布取消高层主管的专车接送待遇，由自己解决上下班问题。

这事在联想为什么会如此处理？因为公司上下形成了平等与尊重的共同价值观念，并由平等与尊重的共同价值观念形成了高管也不能例外的思维方式。因此，杨元庆得知有人提出质疑后，马上取消了高管所享有的特权。

可以肯定，上述事件如果发生在国有企业，企业领导者的反应很可能与之相反，即使不训斥提意见的员工，也会搬出毛泽东所起草的《古田会议决议》进行辩护："毛主席也讲过嘛，'长官骑马，是工作的需要'，高管用专车接送，是让高管们有更多时间和精力服务于公司发展的需要。"

在海尔工业园上班的员工都会自觉地靠右行，不会乱窜。因为海尔工业园内人多、车多、设备物料多，不靠右行，不仅难行，而且不安全。所以有了这样的思维判断，用不着强制，都会自觉地靠右行。相反，在有些国有大煤矿，因为有钱，所以在煤矿机关门前修有宽阔的大马路。又因为要树形象，也学海尔要求靠右行，可是采取罚款惩处也制止不了靠左行的人和事。这是为什么？因为在这里没有海尔工业园的环境约束非靠右行不可。如果没有难行问题和安全问题，靠右行的理由就不存在了，所以即使强制，也难以保证让人都靠右行。

3. 共同行事习惯对共同思维方式的反作用

共同思维方式对共同行事习惯虽然起着决定作用，但是一旦形成习惯，它则会限制行为主体的思维活动。人是一个理性动物，但不是每件事都在深思熟虑后才有行为的选择。最典型的是下棋，即使是世界冠军，最多也只计算 10 步，没有人会把 50 步、100 步都计算清楚后再落子。

有三个年轻的大学讲师，口才都很好，讲课眉飞色舞、口若悬河、出口成章、文辞优美贴切，让学生激动不已，甚至有好多学生成了他们的粉丝。他们的科研也都很出色，不仅都有独立专著出版，论文也常常在核心刊物上发表。可在职称评定过程中，三人都没被评上副教授。他们三人惺惺相惜，相约一块出去旅游散心。

他们来到一个地方，不经意间看到不远处有一座规模不小的寺庙。三人相约去找一个得道高僧给以开导，让自己净净心、平平气。经人指点，他们三人来到一个最有学问的老年和尚斋房。老和尚给他们每人泡了一杯茶，茶还没沾嘴，三人就争先恐后地说话了。个个引经据典、旁征博引，抑扬顿挫，讲说自己的成就、作为和不平。三人轮番讲，中间没有任何停顿，一个未终了，另一个又插上来了，你一通，我一折。庙里钟声响起来了，三个多小时已经过去了，他们不得不终止滔滔不绝的演说，辞别老和尚下山回宾馆休息。回到宾馆后三人才想起来忘记让老和尚指点迷津了。三人的行事习惯限制了他们的共同思维方式，用习惯行为取代了应该有的行为选择。

我有一个典型的经历。在上研究生入校不久，我被任命为研究生会主席，在一次研究生大会上作了一个报告。这个报告不到一个小时的时间，可掌声多达十几次之多，并且每次掌声都经久不息，连我自己也因此而陶醉于报告的成功之中。可会后很多同学问我，你讲的什么，引起那么好的反响？我很奇怪。他们说因为我方言太重，大都没听懂，其中包括我的师弟。我问师弟没有听懂怎么会有那么多的人鼓掌，并且每次鼓掌都还很久呢？他告诉我："我怕别人没听懂没有反应，让你没有面子，所以特意每隔一会儿就先鼓掌，大家就不自觉地鼓起掌来了。我不停息，大家也就跟着不停地鼓掌。"

4. 共同思维方式对共同价值观念的反作用

尽管人思考问题的方式方法会受到价值观念的决定性影响，使他不自觉地按照已有价值观念进行判断后思考。但价值观念也是通过思维判断而形成的，所以只要有机会让人思考，他就会对自己所有的价值观念进行反思后再进行判断。思维方式对价值观念的反作用，实际上是人获得新信息后，对原有价值观念的检验和修正。

统一战线是中国共产党取得民主革命胜利的三大法宝之一，可在十年动乱中遭到歪曲和否定，甚至连各级统战部也遭受厄运。但十年动乱一结束，人们重新对它的作用、意义进行了反思和论证，很快各级党政领导对于统一战线所包含的价值观念又达成了共识，现在我国社会主义经济建设的统一战线得到了前所未有的巩固和加强，其道理就在其中。

价值观念可能是被人灌输的一个口号，因为谎话被重复的次数足够多、频率足够高时，也会让人信以为真。但是，当这种重复的频率下降给人留下思考的余地时，人们就会对被反复灌输的价值观念进行思考、提出质疑。我国十年动乱中的阶级斗争观念在十年动乱结束后很快被否定，就是由少数人的思考质疑到共同思考质疑实现的。如果说共同价值观念是用嘴巴喊出来的口号，那么共同思维方式则是用大脑思考完成的论证。也正是这一原因，没有逻辑力量的价值观念一定是虚弱无力的，一遇到质疑反思就会土崩瓦解。也正是这个原因，企业文化建设必须有理论层的构成要素支持。

六、企业文化的"三个共同"与共同情感、情绪的关系

人作为一种主体性存在，往往却被自己的情感和情绪所奴役，失去自

我意识对自我行为选择的主导作用。尤其是遇到重大变故时，人会变得非常脆弱，甚至导致正常判断力的丧失，智商归零，因而做出不受自己意识控制的傻事。人和动物的区别是，人的行为活动主要是由情感情绪驱动的，而动物的行为活动则主要由其本能驱动。人之所以会有某种行为活动，除了动物本能的驱动作用之外，情感、情绪是其主要驱动力。所以，在此就有必须讨论一下"三个共同"与情感、情绪的关系。

图 1－5 "三个共同"与共同情感、情绪的关系

1. "三个共同"对共同情感、情绪形成的影响作用

所谓共同的情感、情绪，就是在一定社会范围内，社会成员大多数对同一事件有相同的爱憎和喜、怒、哀、乐反应，而这种共同情感、情绪的形成，是以"三个共同"为前提的。没有无缘无故的爱，没有无缘无故的恨，共同的爱和恨更是如此。没有无缘无故的喜、怒、哀、乐，共同的喜、怒、哀、乐，必须是同一缘故引起，并且必须以共同的心理评价标准和思维方式为前提。

在企业或组织中，"三个共同"一旦形成，它又会形成巨大的惯性，让人脱离理性的轨道进入共同情感情绪之中，让人放弃思考而一致行动，这就是由"三个共同"的作用形成了共同的情感、情绪，而这正是企业文化建设的意义之所在。

人类在感知外部世界的发展变化时，总会因为外部世界的这种发展变化与自己价值需求关系的性质不同而产生不同的心理反应。这种心理反应也就是他的情感、情绪。爱与恨的情感是如此，喜、怒、哀、乐、忧、惧等情绪也是如此。它们都是面对世界特定发展变化而形成的不同心理反应。这种心理反应上的一致性，也就是共同的情感、情绪。

在一个社会组织之中，因为价值观念、思维方式和行事习惯相同，因而对外部世界发展变化的心理感受也会高度一致。在这里，“三个共同”对这个组织中的成员个人情感、情绪的形成和性质就起着引导作用。

1976 年 9 月 9 日，一代伟人毛泽东逝世了。噩耗传出，全国人民都陷入了极为悲痛的情绪之中，数以亿计的人，包括老人、孩子、工人、农民、士兵和知识分子，都为一代伟人的离去而流泪，好久好久都沉浸在深深的哀思之中。可这并没有人号召，更没有人强迫，但情绪反应却高度的一致。之所以如此，是因为他们都认定毛泽东是大救星，都认为毛泽东的逝世就是天之将倾，所以好多人都不由自主地失神瘫坐下来，悲由心出、泪流洗面。都认定毛泽东是大救星是共同价值观念，都认为天之将倾是共同思维方式，都失神瘫坐是处于极度悲哀中的共有行为表现，流泪号啕和失神瘫坐仅仅是他们此时情感、情绪的表现方式。

2. 共同情感、情绪对“三个共同”的反作用

情绪的作用让越来越多的人改变了他们原有的价值观念和思维方式，否则不足以解释事件参与人数的呈阶段性递增的事实。共同情感情、绪对“三个共同”的作用方式主要有强化、分化和异化三种。

强化作用是指组织成员的共同情感、情绪与“三个共同”在所体现的意志努力方向上一致时，会使组织成员更加认同、遵循“三个共同”。分化作用是指组织成员共同情感、情绪与“三个共同”在所体现的意志努力方向上产生偏差时，会导致组织成员对“三个共同”的怀疑和不理解。异化作用是指组织成员共同情感、情绪与“三个共同”所体现的意志努力方向上完全对立时，会使成员对“三个共同”进行彻底否定，完全转变原有价值观念和思维方式的性质和方向。共同情感、情绪对“三个共同”作用的途径主要有遵循、怀疑和抵制三种，其中遵循针对的是强化作用，怀疑针对的是分化作用，抵制针对的是异化作用。

3. 共同情感、情绪对“三个共同”的强化作用

强化作用，是由于组织成员共同情感、情绪与“三个共同”在所体现

的意志努力方向一致，所以组织成员会更加严格遵循，把自己的身心都融入“三个共同”之中去。在民主革命时期，我们部队的战前动员会，往往都有一个阶级压迫和阶级剥削的典型报告会，或者我们的人民和同志惨遭杀害的报告会，其目的是激发各个参战人员对于敌人的仇恨和愤怒。这就是共同情感、情绪营造的过程。通过这一过程激起的仇恨和愤怒情感、情绪就会明显起到强化“三个共同”的作用。

有一个流传很广泛的企业管理故事。故事是说丰田的老员工，无论什么时候，在什么地方，只要看见丰田汽车沾有灰尘或者存在污渍，也无论车主是谁，都会不由自主地上去擦掉灰尘、清掉污渍。这就是共同情感、情绪对共同行事习惯的强化作用。丰田老员工对丰田的深厚情感使之认定丰田的产品就应该是光彩耀眼而没有污渍的，所以作为丰田的员工应该无条件地维护丰田的产品本色，有灰尘、污渍必须及时除掉。丰田老员工之所以会不由自主地去拂拭丰田车上的灰尘、清除丰田车上的污渍，是他们的情感强化了他们对丰田产品光彩耀眼本色的认知，激起了他们拂拭丰田车上的灰尘、清除丰田车上的污渍的行为。

4. 共同情感、情绪对“三个共同”的分化作用

分化作用，是由于组织成员共同情感、情绪与“三个共同”所体现的意志努力方向发生偏差，组织成员对“三个共同”产生怀疑，从而使之对“三个共同”失去信心。

惩办声讨贪官污吏的事件中，事件的态势呈阶段性地变化，由温和的诉求到强烈的抗议，再到直接的对立，体现的就是共同情感、情绪对“三个共同”的分化作用。《三国演义》中有一个非常动人的故事，这就是关羽义释曹操。当时曹操兵败赤壁，仅仅剩下为数不多的残兵败将北逃。他们一路被追杀和遭伏击，早已筋疲力尽，加之天公作对，使之更加狼狈不堪，好不容易才逃到华容道。而一进入华容道关口就遇到关羽的堵截部队，曹操已经不抱逃离的希望了，最后关羽却没放一箭、没挥一刀，就让曹操通过了。为什么？是因为曹操对关羽有恩在先，所以关羽的恻隐怜悯之心很快上升为主导情绪。可以说，是情感、情绪对行事习惯的分化作用，让关羽放了曹操。关羽义释曹操，是他感恩之心的情感和恻隐之心的情绪，让他淡化了敌我对立的价值观念，失去了正常的思维判断，纵任敌首逃离北归。

5. 共同情感、情绪对“三个共同”的异化作用

异化作用，是由于组织成员共同情感、情绪与“三个共同”所体现的意志努力方向完全相悖，因而导致组织成员对原有“三个共同”产生抗拒心理而作的抵制性的行为选择。

在民主革命时期，我们部队俘获了敌方人员，都会通过一些他们部队和政权如何残害人民的典型事实介绍，激发他们对被残害人民的恻隐之心，激起他们反思以改变原有的与敌方一致的“三个共同”，进而使之调整价值观念、思维方式和行事习惯，以与我方“三个共同”统一起来，并最后转化为我们的同志。

刘备在赤壁之战的时候，联合东吴，大破曹操八十万大军，创造了以少胜多的经典战例。由此形成了三国鼎立的格局，同时也由此强化了他只有联吴抗曹才能取得对曹斗争胜利的价值观念，因而使之在与东吴的利益冲突和分歧中总能保持克制。但是关羽和张飞的被害，使他失去了理智，彻底否定了联吴抗曹才能取得对曹斗争胜利的价值观念，相反把东吴当成了第一位的敌人。他冲冠一怒，倾蜀国之力，发动七十万大军进攻东吴，下场是兵败人亡。这也是情感、情绪对价值观念的异化作用所致。

第四章

文化的构成元素——复制因子

进行企业文化建设仅仅知道它的内在构成是不够的，必须研究探索它的构成元素为何物，并确定它的构成元素。仅仅知道汉堡包上面是一块面包，下面是一块面包，中间夹有菜和肉，永远也生产不出汉堡包。企业文化作为一种社会组织文化，仅仅是人类社会文化的一个亚类，但其构成元素却是完全相同的，就像所有的物质都是由原子构成的一样，如果说构成不同物质的元素在原子上还存在差别，那么在构成原子的电子和原子核上就没有差别了；如果在电子和原子核还有差别，那么在光子、质子上就没有差别了，光子、质子就成了所有物质的公约数。研究企业文化进行企业文化建设，重组企业组织的基因就必须找到企业文化构成的公约数。

一、“三个共同”的构成元素：复制因子

如果说企业文化就是企业共同价值观念、共同思维方式、共同行事习惯的总和，那么，社会文化则是这个社会群体的共同价值观念、共同思维方式、共同行事习惯的总和。而构成共同价值观念、共同思维方式、共同行事习惯的是什么，必须从光子、质子的层次作出解答。而价值观念、思维方式、行事习惯也都无非是人的思想活动和行为活动，并且行为活动又主要是由思想活动驱动的。或者说在人的行为活动中大部分是由人的思想活动驱动的，而另外一部分则是由人的动物本能驱动的。人们一般把由思想活动驱动的行为活动称为意识行为，把动物本能驱动的行为称为非意识

行为。在意识行为中，又可分为完全意识行为和非完全意识行为。

意识行为是行为主体人在自我意识指导下完成的服务于自身价值需求满足的行为，是主体人对于人与人之间、人与自然之间关系的有意识反应和调整。完全意识行为是一种最优行为选择，非意识行为则是没有最优意识约束的行为。

意识行为与非意识行为比较容易分辨，意识行为是通过大脑进行信息加工处理后作出的行为选择，这种行为选择是以保证行为主体价值需求满足最大化为目的的，尽管事实上远没有达成价值需求满足最大化的目标。非意识行为则是行为主体的大脑并没有参与到行为活动中来，而仅仅是由动物本能所具有的机能完成的行为。

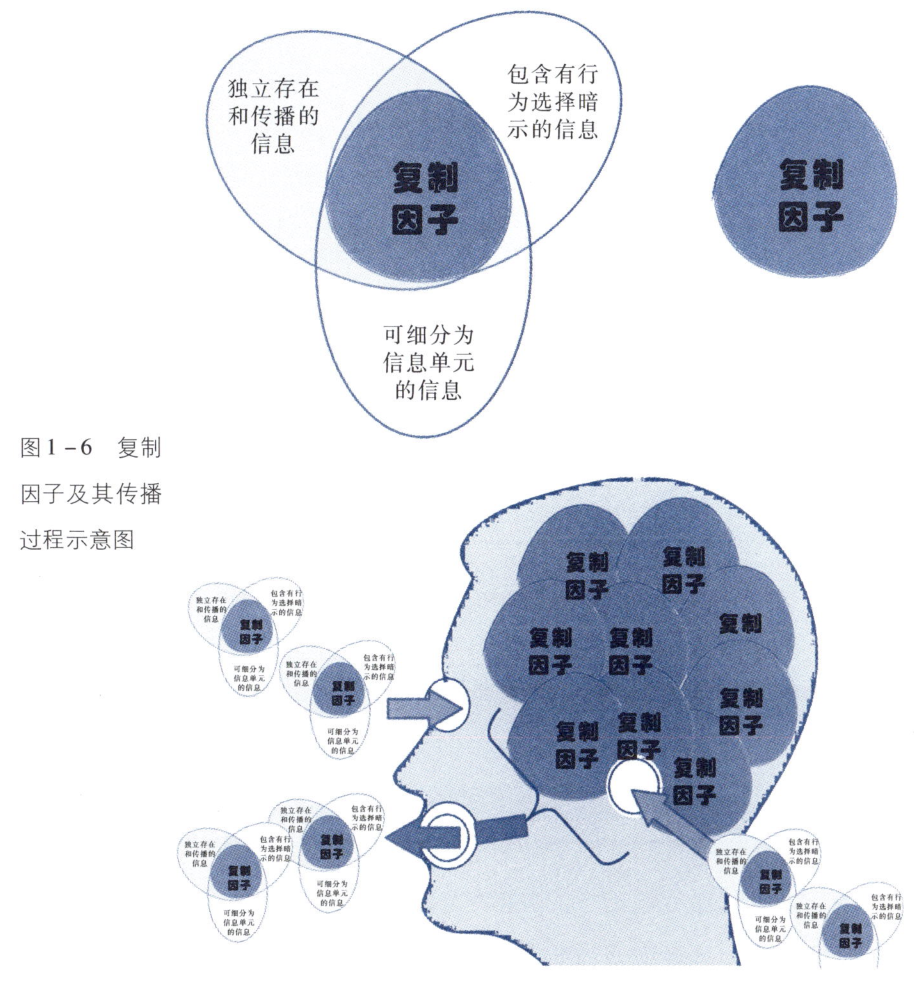

图1－6 复制因子及其传播过程示意图

但完全意识行为与非完全意识行为的区分就不容易了。完全意识行为与非完全意识行为的区分是从量上对意识进行的区分。所谓非完全意识是指还有部分意识没有参与到行为主体的行为选择过程中来。这里的问题是，参与进来的是什么？没有参与进来的又是什么？解答这一问题，也是直接解答企业文化构成元素的问题。任何形式的文化都是其社会群体的意识及其意识行为的沉淀。所以这两个问题其实就是同一个问题，即构成意识的是什么？

对于这一问题，《自私的基因》一书的作者里查德·道金斯在该书的最后一章进行了回答，答案是：复制因子。

二、何为复制因子

所谓复制因子，也就是能够传递一定思想观念的，并且相对独立、相对完整的信息束。其要点有四个：

（1）它是信息。每一个复制因子都能对是什么、为什么、怎么样、为何等问题或者其中之一做出解答。郑人买履就是一个复制因子，它回答了是什么的问题。这就是成语故事讲述的郑人买履的过程情节。

（2）它是能相对独立地存在和传播的信息。《郑人买履》的故事能为我们所知，是因为它为我们传递了郑人买履的过程情节这样一个相对独立的信息。又正是因为这个故事是能独立存在的，所以才流传下来，为我们所知。

（3）它是包含有行为选择方向的暗示的信息。《狼来了》的寓言就是一则独立的信息，并且故事中明确包含有做人要诚实、不能撒谎的行为选择暗示。

（4）它或许还可以进一步分解为一系列信息单元，所以叫信息束。《郑人买履》这一成语故事中包含有郑人、买、履等三个信息单元，尽管这三个信息单元之和不等于郑人买履的故事。

一般而言，一个故事、一个成语、一支歌曲等都可能是复制因子。判断是否是复制因子的关键是能否独立存在和传播。能传播的就是信息，能独立存在是能传播的前提。传播就是复制，只有能独立存在和传播才能被复制和自我复制。“郑人买履”四字单独分开就不是复制因子了，因为这四个字分开后就不再能独立地回答一个问题了，尽管从信息的角度，除了

“人”之外，都可以进一步继续分解为多个信息单元，郑、买、履三个字都是由多个部分构成会意字，都可分解为构成会意的单一信息。

生物体为了传承、繁衍、发展和进化，把本身的信息通过遗传基因复制给后代。遗传基因就是携带有生物体信息的DNA，它把遗传信息复制并传递给后代，使后代出现与亲代相似的性状。遗传基因是生命的密码，记录和传递有生命遗传的信息。生物体的生、老、病、死等一切生命性状都与基因存在有直接或间接的关系。

复制因子则是传承文化的DNA，它记录和传递文化的信息。文化通过它把信息传递给他人和后代，使他人和后代能够复制和运用。文化的生、老、病、死等也都与复制因子的构成性质、结构、特点紧密相关。

三、复制因子的两类载体

生物体的遗传基因之所以能够传递，就是因为DNA（脱氧核糖核酸）分子上具有遗传信息的特定核苷酸序列。由于核苷酸的排列顺序（碱基序列）不同，这就决定了不同的基因含有不同的遗传信息。复制因子能够传递，同样也需要一定的信息载体。我们把能够记忆、记录和重复一定信息的器官、物件或艺术品等物质媒介，称为复制因子的载体。正是复制因子载体的存在，才使文化能够一代代地传承下来，一层一层地传播开去。也正是这种载体的存在，才使社会文明得以积累、发展和进步。反之，也只有有了复制因子的载体，才能让复制因子的存在成为可能。

复制因子的载体要满足两个条件：

（1）载体要能够记忆、记录和重复一定信息。如果不能记忆、记录和重复一定信息，就不能保存这特定的信息。并且所记忆、记录和重复的信息，在保存过程中会发生损减和变异，导致所保存信息失真和不完整，那也不能成为载体。一张令人非常喜欢的照片，把电子版复制到计算机软盘上，可过了一段时间之后都变成乱码了，这张软盘就没有起到载体的作用，就不是载体了。这是从功能上限定的。

（2）载体要有物质媒介，器官如大脑，物件如书籍、磁盘、古董、岩壁等。如果没有物质媒介存在，信息载于何处，复制和传播也就成了不可能。这是从功能依存物上的限定。

复制因子载体尽管五花八门，但总体上可以归纳为两大类：

（1）主动载体，它可让复制因子实现再复制和再传递。这主要是具有主体性的人。一个人学会了一支歌，他可以通过吟唱，让他人也学会唱这支歌，甚至他还可主动地教给他人。除了人之外，由人开发的计算机程序也逐渐拥有了主动载体的部分功能，病毒就是一个典型例子。

（2）被动载体，它是承载有复制因子——信息束的特定物质，它自己无法自动复制，必须借助主动载体的作用才能复制传递。它所承载的信息束只能静静地安睡在那里，等待主动载体提取、激活。被动载体承载的信息，只有当主动载体参与进来，提取、激活之后，才能发挥复制因子的作用。三星堆文明遗址所承载的文化，如果三星堆遗址不被发掘出来，并通过研究后作出辨识，三星堆遗址所承载的文化就不存在。

四、“三个共同”都是复制因子

价值观念是人们判断事物的标准，它不仅向人们传达善恶取舍的信息，回答什么是对、什么是错、什么是善、什么是恶的问题，还回答为什么要如此的问题，并且能把这些信息完整、明确地表达传递出来，所以每一个价值观念都是一个复制因子。“欠债还钱”这四个字就是一个价值观念，它也是一个复制因子。首先这四个字表现了人们善恶取舍的伦理思想信息。借了别人的钱，就要归还，这是对的；如果不还，这就是错的。别人借钱给你，是帮助你，这是善的；你不还钱，是以怨报德，就是恶的。其次它指导欠债的人如何做——必须还钱，如果不还，就要受到社会他人的谴责，甚至包括自己良心的谴责。所以这四个字后面往往又跟了四个字“天经地义”。这就是说犹如天地运行的自然法则一样，约束着人们的行为，成为人们共同遵循的价值观念。

不仅价值观念是复制因子，思维方式也是复制因子。思维方式是人们思考问题的立场、角度和方法。它传达了思考问题的立场、角度和方法的信息，回答了从什么角度进行思考、站在什么立场上进行思考，以及怎样思考的问题，并且能把这些信息完整、明确地表达和传递出来。辩证法就是一种思维方式，无论是归纳还是演绎，是分析还是综合，是抽象还是具体等，都回答了从什么角度、什么立场进行思考，以及怎样思考的问题，并且所回答的内容也可让他人仿照——复制和遵循。所以辩证法这一思维方式也就是一个复制因子。

同时，行事习惯也是复制因子。行事习惯是人们习以为常的行事方法。它传达了行事方法的信息，回答了如何做、为什么做、有什么结果的问题，并且也能把这些信息完整、明确地表达和传递出来了。所以一个行事习惯就是一个复制因子。例如回民禁吃猪肉。首先它明确了回民如何做的问题：不吃猪肉。为什么要这么做：因为穆斯林教的信仰认定，猪是肮脏的动物。为了获得真主的保佑，就必须保持自己身体的洁净，所以必须守禁不吃猪肉。回民禁吃猪肉的习惯就是一个复制因子。

五、情感、情绪是由复制因子激活的

不仅价值观念、思维方式、行事习惯都是复制因子，而且人的情感、情绪还得由复制因子激活，才能形成特定的情感、情绪。

情感是一个人对一定事物形成的爱憎心理反应，如父母对子女的爱。情绪则是被外部世界的发展变化引起的心理反应，并且这种心理反应是因为外部世界的发展变化给个人和以个人为圆心展开的社会的价值需求满足关系的性质的状况激起的。

午餐时间早过了，可公司食堂还不开门，等在食堂门口的员工就会不由自主地表现出他们的不满，并且随着时间的延伸，这种不满还会演变为愤怒。2010 年 9 月 7 日，日本巡逻船撞击我国在钓鱼岛海域捕鱼的渔船，并非法扣押渔船，抓扣合法作业的渔民，拘押船长 17 天。这是藐视中国主权，践踏中国人权，因而激起了中国人民的强烈不满。这两种不满情绪都由相对独立的两个复制因子——信息束激活的。去食堂就餐的员工开始没有不满，是因为食堂过时还不开门供给午餐的信息束进入他们大脑之后，使之感到意志无端受挫而形成了不满情绪。中国本来想和日本搞好关系，“远亲不如近邻”嘛，可日本藐视中国主权，践踏中国人权的挑衅行为这一信息束进入中国人的大脑后，让人实在忍无可忍了，才表达出愤怒和抗议。

图1－7 大脑里情感、情绪复制因子被情感、情绪事件复制因子激活形成情感、情绪

人之所以有情感、情绪，是因为大脑中储存着情感、情绪复制因子——什么让人爱恋，什么让人憎恨；什么让人喜悦，什么让人愤怒；什么让人快乐，什么让人悲哀……，回答其中任何一个问题的完整答案，也都是一个复制因子。之所以能够表现出一定情感、情绪，是因为大脑里原有的情感、情绪复制因子受到外部世界发展变化的新信息——情感、情绪事件复制因子的冲击而被激活了。意志无端受挫就不免不满。所以该吃午餐了，食堂不供给午餐，就不免让人不满。主权被藐视，人权遭践踏，就不免让人愤怒。什么让人爱恋，什么让人憎恨；什么让人喜悦，什么让人愤怒；什么让人快乐，什么让人悲哀等，就是大脑里原有的情、感情绪复制因子。食堂午餐不按时开始，日本非法扣押我国渔船，抓扣我国渔民，拘押我国船长，就是情感、情绪事件复制因子。

情感、情绪的激活，就是原有的情感、情绪复制因子与有关外部世界发展变化的复制因子——情感、情绪事件复制因子形成的一种共鸣。比如热爱祖国的情感一旦遇到祖国社会经济文化发展的环境条件得到改善或者陷于恶化等情感、情绪事件复制因子就会被激发，对于前者表现为快乐和欣喜，对于后者则表现为忧虑和愤怒。人大脑中原有的热爱祖国的情感复制因子在平时是处于休眠状态，没有外在的表现。一旦祖国陷于兴盛和衰微的重大影响事件过程之中时，这个情感、情绪事件复制因子就会与爱国情感复制因子发生碰撞，因而爆发出舍生忘死、视死如归的强烈爱国情感，并做出牺牲自我也在所不惜的行为选择。中华民族的数千年的不断发展史，就是由这样一批具有舍生忘死、视死如归的强烈爱国情感激发的志士仁人维系的。

文化不是一种实物，尽管有物质文化这样的说法，建筑、艺术品、工具等都可以承载文化信息，但是它们本身并不是文化，它们仅仅是文化的载体。文化仅仅是由诸多复制因子构成的一个集合，而这每一个复制因子都是承载一定价值观念或思维方式、行事习惯的信息束，因此，没有信息就没有文化。人们常说的文化人，只不过是说他掌握了比一般人更多的信息。

六、文化是复制因子的集合

1. 文化的载体是复制因子

一个复制因子作为一个相对独立的信息束，只能传播文化的一个小点。文化是人类社会在创造物质财富和精神财富的实践中所有思想和行事方式的总和，而它本身又构成了精神财富的一部分。所以涵盖了无数的复制因子，可以说就是这无数个内容关联、性质一致的复制因子构成了文化。

集合是数学中的一个基本概念，它是把人们在现实中或思维中的某些确定的能够明确相互关联关系的对象汇集在一起，形成的一个整体。构成集合的对象被称为这一集合构成元素，简称为元。含有有限个元素的集合叫有限集，含有无限个元素的集合叫无限集。

在这里之所以引用数学集合的概念，是因为构成文化的元素与文化以及元素相互之间的关系的性质，与集合定义的整体和部分以及部分之间的关系的性质完全一致。因此，把文化定义为一个内容关联、性质一致的复制因子构成的集合，可表达得更准确、更完整。

文化是一个内涵非常丰富的概念，是构成“三个共同”的一系列复制因子集合而形成的整体。假设单独一个价值观念并有一个与之关联的思维方式和行事习惯，就难以称之为文化。而它们三者俱全，三者都是复制因子，这也就超越了单一复制因子的限制。况且构成文化的价值观念内容无论怎么精简也无法精简到单独一个复制因子的地步，而复制因子仅仅是构成文化这个集合中的一个元或元素。文化是一个无限集，它包含了一定社会组织在生产、生活实践过程中形成的诸多价值观念、思维方式和行事习惯，并且很难穷尽列举说明。每一个价值观念、思维方式和行事习惯又都是一个复制因子，谁也无法穷尽列举特定文化的复制因子，而复制因子在列举的过程中又会产生新的复制因子。列举本身就是对现有复制因子进行整理加工的过程，这就会有新的复制因子形成，这就像量子力学的测不准原理一样。

2. 文化的发展就是复制因子的集合和传播

既然文化是由无穷个复制因子构成的集合，复制因子是文化的构成元素，那么文化的形成、传播、作用和演变，与复制因子是什么关系呢?

下面以中国文化为例来回答。

中国文化历史悠久、博大精深，并且经历了几千年的传承与发展，在几次大的外族入侵中，不但没有毁灭，反而把入侵的异族文化给同化了，实现了文化的大融合，推动了原有文化的新发展。就中国文化中的子集，诸子百家、诗书礼仪、琴棋书画、宗教哲学、医卜星算、武术养生、民风习俗、神话传说、儒释道法……任何一个方面分析，都具有丰富广博的内容，是由为数难以数清的复制因子构成的。这些文化没有哪一个内容或叫子集是天生就有的，而是经过几千年不断传承、积累形成的。就武术而言，开始只是作为打猎防身技能中的一个一个的套路，后来演化成技击，用来格斗或厮杀，再后来不同的人从不同的方面进行总结、归纳、整理，就形成了五花八门的门派，各自传承各自总结的特有套路。不管是什么套路，都还在通过总结、归纳、整理不断发展，而每一个套路又都是一个复制因子。传说中的程咬金的三板斧，一板斧就是一个套路，一个复制因子。中国武术正是通过一个一个套路的积累，才形成现在这样丰富多彩的武术文化。

如果文化的形成是由无数个复制因子不断汇集实现的，那么文化的传播就是复制因子再复制、再传播的过程。文化通过复制因子把其信息传递给其他人，这也就实现了对于特定复制因子的再复制和再传播，并且在复制和传播过程中自我倍增。文化的传承和发展也就是通过这样的过程不断重复实现的，而这一过程的中断，也就是文化的死亡。

如果没有复制因子的传播，那么人类社会就难以把自身行为活动的信息沉淀传承下来，也就难有社会的进步。中国古代的人体保存技术，作为一种特定的复制因子，就因为没有复制因子载体的存在，最后彻底消失了。所以2000多年前保留下来的古尸，被发掘出来后只能眼睁睁地让它变质。长沙马王堆和荆州发掘出来的古尸，刚出土时，据说还可对之进行肌体注射处理，但现在都变成了蜡黄的干尸。

图1－8　复制因子的存在和传播要受载体的限制

文化是通过复制因子的再复制实现传播的，而文化的作用就是引导、激励和调整接触到这种文化的人的价值观念、思维方式和行事习惯。而这些作用又都是通过复制因子为他人所接受的再复制和传播过程实现的。也就是说，构成新的文化的复制因子与一个人大脑里的复制因子在信息指令方向上相悖时，他所能选择的行为就是抵制和摒弃，这种文化也就无法作用于这个人，对这个人也就产生不了作用。

以儒家文化为例。儒家文化想要传播，首先就要得到传播对象的认同，也就是传播对象会通过原有复制因子对儒家文化进行鉴别。只有当传播对象原有的复制因子与儒家文化能产生一定共鸣时，才能把儒家文化中的复制因子复制到他的复制因子集合中去。当他原有的复制因子都是来源于儒家文化时，儒家文化对他的传播也就仅仅是一种复制因子的积聚。其结果只不过是让他更加严格完整地遵循儒家的价值观念、思维方式和行事习惯行动，严格地用儒生的要求来约束自己。如果一个人对构成儒家文化的复制因子无法产生共鸣，难以达成认同，那么构成儒家文化的复制因子的再复制过程也就无法实现，构成儒家文化的复制因子也就起不到再复制和传播的作用。在十年动乱中，片面强调矛盾的对立面，把阶级斗争理论提升为占统治地位的意识形态，完全否定儒家文化的积极意义，因而使生长和启蒙在这一时期的人，甚至连孔子、孟子为何许人都不知道。占统治地位的意识形态，让构成儒家文化的复制因子丧失了再复制能力，它也就不再能对这一代人产生作用了，所以尽管共产主义道德的说教从未中断过，但孝敬尊长的意识仍是有所缺乏，当今社会现实中虐待父母、老人的事时有发生，这就是典型的事实。

2008 年 8 月 28 日华商网（陕西西安）《八旬老太太住进猪圈，儿媳称为老人安全考虑》一文中报道："陕西汉阴县平梁镇 87 岁的石老太太被儿媳安排住进了废弃的旧猪圈，儿媳称是为老人的安全考虑。每天，儿媳把饭菜端给老人，老人就坐在猪圈里吃饭。杂乱的柴堆里扔着几件衣服和一床褥子，前几天下雨后，雨水打湿了简陋的床板，老人只好在柴堆里睡觉。"这已是令人发指了，可虐待老人致残致死的事例也举不胜举。如果儒家文化没有中断，至少不会有如此之多的人如此这般丧尽天良。

3. 文化的演变就是集合中复制因子的转换

文化不是一旦形成之后就永远不变的，而是处在不断的演变过程之中。就人类社会发展史而言，从原始社会到奴隶社会，再由奴隶社会到封建社会，再到资本主义社会、社会主义社会，每一个社会就体现为一种文化，而每一种文化向另一种文化发展演变的过程，也都仅仅是文化集合构成元素——复制因子被部分转换的过程，即构成文化集合中的复制因子一部分丧失复制能力，被冷藏起来，而又有来自原文化之外的复制因子被复制集合进来。之所以能如此，是因为当一定层次的社会组织发现已有文化中的一些价值观念、思维方式和行事习惯妨碍、制约社会组织的存在和发展时，这部分价值观念、思维方式和行事习惯就会被遗弃，尽管当时还可能有人作为卫道士跳出来进行抵制，但妨碍、制约社会组织存在和发展的事实最终会让他转变态度。这就是我国改革开放初期相当长的一段时间中总不断有人跳出来指责改革开放政策一样，可中国进入新的千禧年之后，就不再有这种杂音了，至少这种杂音变得低微了。改革开放引进的价值理念、思维方式、行事习惯也并不是来自其他星球，而是来自当时的敌对社会文化——资本主义国家。1992 年春，邓小平的南巡讲话中有一个理论，资本主义的文明成果，也是人类社会文明成果的构成部分，资本主义能运用，社会主义也可以借用。

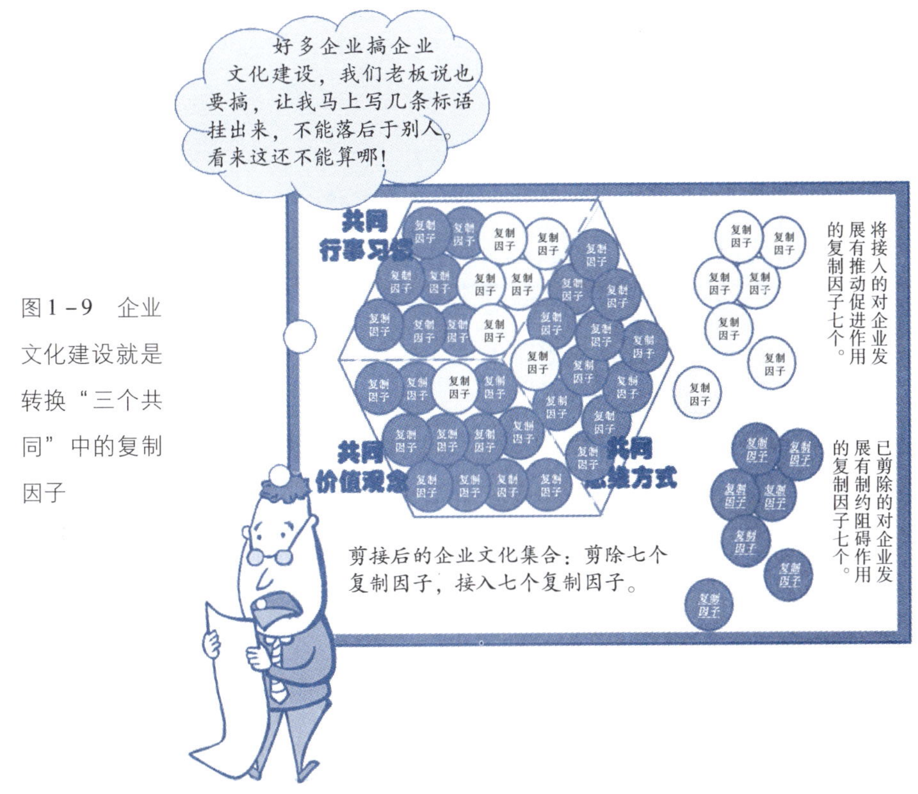

图1－9 企业文化建设就是转换“三个共同”中的复制因子

4. 没有魄力和胆识超群的人推动，很难有文化的发展

文化的演变是一个相对较长的过程，因为构成文化的复制因子集合保持一定时间的稳定后，集合构成元素——复制因子相互之间结成了相对稳定的关联关系，拆离部分元素就会牵扯到整个集合中的所有元素。这正是我国改革开放过程中，把计划经济从社会主义的特征中分离出来，很多人难以接受和抵制的原因。如果要加速文化的发展变革，这就需要有伟人的作用，通过强力来推动。中国社会之所以能在文化大革命之后的三十年中崛起，在世界舞台上拥有必须被尊重的地位，就是因为有邓小平这一伟人的作用。否则我们也可能和朝鲜一样，还处在饥寒交迫、受人排斥的艰难困苦之中。邓小平开启的改革开放路线，从表面上看仅仅是一场经济政策的调整，其实是一场内容极为广泛的文化大变革。这场文化大变革在20世纪80年代中期和90年代初，质疑和否定改革开放的思潮甚嚣尘上，几乎导致改革开放的夭折。如果不是邓小平的魄力和胆识，仍不会有今天的

社会经济的繁荣和祖国的强大。

文化变革还是一个不破不立的过程，新的元素——复制因子要汇集进来不免要受到已有元素——复制因子的抗拒，新旧复制因子之间如果找不到能在更高层次上达成统一的信息融合的接口，比如改革开放实践者与反对抵制者之间在发展的价值观念上达成统一，那么这种变革就几乎是不可能继续而最终完成的。因为新旧元素——复制因子之间难有共鸣形成。国家层次的社会文化变革如此，企业层次的文化变革也如此，只不过是范围大小不同而已。这就是企业文化理论层建设的巨大意义之所在。正因为如此，企业文化建设也就必须由魄力和胆识都超群的领导人推动的一个系统而艰巨的工程。很多企业文化建设失败，有投入，没有产出，最后无疾而终，其原因就在于没有一个魄力和胆识都超群的领导人推动。

第五章

复制因子成为企业文化集合构成元素的条件

复制因子成为企业文化集合构成元素的条件，无论是价值观念，还是思维方式或行事习惯，它们对企业文化特定内容的作用都是通过复制因子所承载的信息指令实现的。价值观念能够成为评价事物的标准。思维方式可以潜移默化地支配人们的行为，创新思维方式。行事习惯直接把这种信息指令固化为一种模式化行为和反应方式。

一、复制因子成为价值观念构成元素的条件

虽然价值观念是由复制因子构成的，但是反过来可不能说复制因子就是价值观念。

1. 价值观念的四个特点

什么是价值观念？这个问题尽管在前面作过概述，在这里还要进一步展开讨论。价值观念的内涵是由选择与否、优先顺序和情感导向等三个方面的问题界定的。

（1）对于价值观念的界定往往只能选择不完全列举法。可对于价值观念三个方面的问题的解答都只能列举并且内容还无法列举穷尽，而这每一个内容也都是这个集合的一个元素——复制因子。在企业的人员选拔中才德兼取，但才德二者都是一个内容无法穷尽的概念。

（2）构成价值观念集合的元素与元素之间不能存在矛盾和冲突。矛盾冲突的内容不能汇集到一个价值观念集合中构成这个集合的元素。在取人

的“德”中，说诚实、勤劳是美德，可不能又说狡诈、懒惰也是美德。诚实、勤劳与狡诈、懒惰是相互矛盾的，就不能汇集到一个集合中去。

（3）每一个价值观念都具有相对独立的内涵，是一个复制因子。诚实、勤劳分别是一个价值观念，诚实、勤劳就都具有相对独立的内涵，也就是一个复制因子。

（4）作为特定文化的价值观念是一个完整的体系，支离破碎的几句标语口号不能构成一个文化的价值观念。所以笔者反复强调企业文化核心层的价值观念必须涵盖投资者、经营者、管理者、作业者等四个内部环境活动主体，以及产品客户、商务伙伴、国家政府和社会公众等四个外部环境活动主体两组要素之间，以及各组之内各要素之间的关系。

价值观念是复制因子的集合，复制因子是价值观念的元素。一般意义上的复制因子不能直接成为价值观念。那么，复制因子在什么条件下才能进入价值观念的集合？

2. 复制因子成为价值观念的条件一：所承载信息中包含评价事物的标准

无论是价值观念，还是思维方式或行事习惯，它们对企业文化特定内容的作用都是通过复制因子所承载的信息指令实现的。价值观念之所以能够成为评价事物的标准，是因为它所承载的信息包含评价事物的标准，其信息指令明确了应该怎么样的要求。作为评价标准，它有以下两种形式：

（1）海洋法系（即英美法系，是指以英国普通法为基础发展起来的法律的总称。它首先产生于英国，后来扩大到英国殖民地、附属国的许多国家和地区，包括美国、加拿大、印度、巴基斯坦、孟加拉、马来西亚、新加坡及非洲的个别国家和地区，是世界主要法系之一。其主要特点是注重法典的延续性，以判例法——简单解释判例法就是以前怎么判，现在还是怎么判——为主要形式）的判例法，强调通过具体事物的类比进行判断。

（2）大陆法系（大陆法系，又可称为民法法系，法典法系、罗马法系、罗马—日耳曼法系，它是以罗马法为基础而发展起来的法律的总称。它首先产生在欧洲大陆，后来扩大到拉丁族和日耳曼族各国。法国和德国是该法系的两个典型代表，是拥有条例清晰、概念明确的成文法典，所以叫成文法）的成文法，强调通过事先的描绘界定说明罪与非罪的界限。

这两种形式是可以并存的。用成文法的界定确定观念，再用判例法的事实类比具体化，让成文法的界定变得生动具体。或者说价值观念的界定可选用成文法的界定，而对于价值观念的展开说明则必须引入判例法的具体事实以具体化。

因此，只有能通过关联关系才能起到这两种作用的复制因子成为价值观念的集合构成元素。这仅仅是从技术上讲的，也就是说满足这一条件都可能成为特定文化的价值观念的集合构成元素，但只有紧密关联的一组复制因子才能成为特定文化的价值观念。道理很简单，构成企业文化的价值观念这一特定集合构成元素彼此之间必须紧密关联，否则就成了一个矛盾冲突的大杂烩。即使没有矛盾冲突，如果构成价值观念的复制因子散乱无章，它作为一个整体也不免降低作用和影响力，失去它的再复制能力。

3. 复制因子成为价值观念的条件二：所承载信息中包含善恶取舍的内容

海尔最著名的故事莫过于张瑞敏砸冰箱了。海尔冰箱创立于 1984 年，当时（1985 年）是一个亏空 147 万元的集体小厂，“砸冰箱”的故事改变了这家不知名小厂的命运。

1985 年 12 月的一天，当时担任青岛海尔冰箱总厂厂长的张瑞敏，收到一封用户来信，反映海尔冰箱的质量问题。张瑞敏带领管理人员到仓库进行了现场质检，发现 400 多台海尔冰箱中有 76 台不合格。张瑞敏随即召集企业组织所有成员到仓库开现场会，问大家怎么办？当时多数人提出，这些冰箱仅仅是外观划伤并不影响使用，建议作为福利便宜点儿卖给内部职工。而张瑞敏认为，如果允许把这 76 台海尔冰箱卖了，就等于允许明天再生产 760 台、7600 台存在质量问题的冰箱。于是张瑞敏宣布，把这些不合格的海尔冰箱搬到广场上去，把能离岗的员工都召集起来，当众全部砸掉，谁干的谁来砸，并且他抡起大锤，亲手砸下了第一锤。

这则故事就是一个判例法的复制因子。它所承载的信息中直接包含什么是应该的，必须选择的，什么是不应该的，必须扬弃的选择与否的问题。保证质量是应该的，是必须选择的行为，忽视质量是不应该的，是必须扬弃的行为。在质量和产量之间，质量是重要的，具有更大的价值，产量相对质量是不重要的。在质量上精益求精的行为是可敬的，值得尊重的，忽略质量是可鄙的、不值得尊重的。

正因为这则故事具有价值观念的作用，所以最近海尔产品质量下滑后才有人撰文《海尔冰箱半年内两少女触电身亡，质量问题尚需重锤》。[①]该文介绍，据广东梅州电视台报道，2010年2月1日，梅县石扇村南村一名年仅8岁的少女叶燕晖在开海尔冰箱时触电身亡。叶燕晖的父亲告诉记者，这台冰箱是他2009年8月29日在梅城一个商行里购买的。买回来没几天，就发现冰箱有漏电问题。海尔经销商却答复："这是超低压的，没有什么关系。"又据山东新闻网报道，2010年8月16日，江西省永丰县一个女孩在靠近海尔电冰箱捡东西时，被带有强大电流的冰箱外壳牢牢吸住，11岁少女不幸触电身亡。据悉，死者刘思清家的海尔冰箱型号为BCD－196TDXZ，已用了一年多的时间。

该文还谈到，海尔冰箱的质量问题，也使得消费者开始效仿张瑞敏，用铁锤给海尔公司敲响质量警钟。

2010年4月29日《长江日报》发文《海尔冰箱起火烧了家，顾客怒砸卖场冰箱》报道："28日上午，在武昌徐东路一家电器商场内，顾客卢女士抡起一把铁锤，将卖场的3台海尔电冰箱当众砸坏。""卢女士向记者出示一份市公安局武昌消防中队火灾原因认定书，上面显示消防部门明确认定海尔电冰箱故障起火引发火灾，家中空调、洗衣机等其他家电及家具被烧毁，直接财产损失92307元。""卢女士对记者抱怨：'我真的是有家不能归，自失火以来，为保持现场，家里到现在都不能清理，一家5口人20多天住在旅店里。'""卢女士对记者说，火灾发生后她曾多次找到海尔武汉公司负责人交涉，要求赔偿损失，也向市消费者协会投诉过，但都没有结果。海尔武汉公司负责人只答应赔偿3万元，与实际损失相去甚远。"

4. 复制因子成为价值观念的条件三：所承载信息能影响人的善恶取舍

复制因子所承载的信息能够影响人的善恶取舍标准，也是一个条件。也就是说，复制子因子所承载的信息影响到人对事物的认识，从而影响人的善恶取舍标准。这种影响带来的可能是正面作用，也可能是负面作用。

《韩非子》中有这样一个故事，齐桓公喜欢穿紫色衣服，于是所有的齐国人都穿起了紫色衣服。一时间紫色的衣料大贵，一匹紫色布的价格超过五匹素色布的价格。齐桓公担心市场发生混乱，对管仲说："我喜欢穿紫色衣服，全国百姓都穿紫色衣服，怎么办？"管仲说："主公如果想制止这种局面，为什么不停止穿紫色衣服呢？你还应该对人说：'我非常讨厌

① 2010年9月5日新华网。

紫色染料的气味。’如果有人穿着紫色衣服来见你，你一定要说：‘离我远点，我讨厌紫色染料的臭气！’”齐桓公依计行事，当天所有的近臣就不再穿紫色衣服了，第二天国都临淄已没人穿紫色衣服了，第三天整个齐国已找不到一个穿紫色衣服的人了。故事中齐桓公喜欢穿紫色衣服就是一个复制因子。因为齐桓公是齐国之尊，所以他之好就影响到其他人的善恶判断。

二、复制因子成为思维方式构成元素的条件

1. 社会实践活动决定思维方式的发展水平

思维方式的形成、发展和演变，既与特定价值观念相关，但更主要的是社会实践活动中各种因素综合作用的结果。社会实践的规模、水平和范围，发展到什么样的水平，也就决定了人们思维方式发展的科学化程度高低。因为历史时代的社会实践决定了当时社会认知外部世界的总体水平和能力，任何人也无法超越这种历史的局限性。在当代佛教中有人认为当代物理科学才认知到宇宙是由大爆炸形成的，任何一个构成物质的原子，其内在的电子与原子核之间都存在数十倍于电子与原子核自身直径的空间，而佛学创始人释迦牟尼在2500多年前就认识到万物性空的特性，已认识到了这一点。这是一种错误。任何一个人也无法超越他所处时代的社会认知水平，最多能做出一些猜想。释迦牟尼定义的空，根本不是这一意义上的空，而仅仅是从事物本体的角度做出的说明。他认为万事万物都处于不断的变化之中，任何事物的存在仅仅是一种因缘和合（因为内因，比如草木的种子，缘为外因，比如种子发芽生长环境中的水分、空气、养分等条件具备才构成草木的成长），没有固定不变的本性，不变的仅仅是这种因缘关系。所以是缘起性空，性空缘起（世间的一切事物都是由众缘和合而生起的，没有真实的自体本性存在。缘起变化发生了，固定不变的本性就不存在了），而不是说宇宙世界万事万物是由空无构成或发展形成的。

但是，同一时代对同一事物的认识，可能存在巨大的差别，这就是思维方式的问题。正是这种思维方式的不同，才导致不同的探索。这种思维方式是微观的，是特定个人对事物认知、感觉、判断的方式。这是思想理

论多样化，情感情绪多样化的基础。这种思维方式带有太多思维主体个人的认知局限性，同时也是他认知局限性的体现。但在一个共同生活、学习、工作的企业组织中，对于特定事物在认知上存在统一性，这是完全有可能的。这就是企业共同思维方式能够形成和存在的前提。

2. 新的复制因子的进入则创新思维方式

思维方式虽然相对稳定，可以潜移默化地支配人们的行为，但是一旦有了新的复制因子的进入，就可能导致人们思维方式的改变，创新思维方式。

1952 年，日本的经济已经有所恢复，以生产电风扇为主的东芝电气公司的前景却一片暗淡。虽然日本的夏天炎热，电风扇是人们生活中的必需品，但是由于日本战后经济恢复很快，国内生产电风扇的公司很多，供给严重过剩，东芝电气公司的电风扇也大量积压，尽管公司上下都想了好多办法，却没有明显的效果。

就在公司经营渐入困境时，一个基层员工建议："不妨改变一下电风扇的颜色来试试。"由于以往染色技术不发达，日本的电风扇都是黑色的。到了 1952 年，染色技术已经有所发展，并且人们对家电的美化作用也是越来越重视，但电风扇生产公司已经形成了电风扇就是黑色的不变观念，没有人探索改变电风扇的颜色。

经过研究，公司采纳了这个建议，推出了五颜六色的电风扇，结果一上市就引起了抢购，几个月的时间就卖出了几十万台。更重要的是电风扇从此不再是单调的黑色，它不仅有吹风降温的作用，也有了家居装饰的功能。消费者借助电风扇装饰家居的思维方式亚欧形成了。五颜六色的电风扇这一信息束相对于消费者而言，就是一个新的复制因子。

3. 思维方式创新受制于大脑中的已有复制因子

思维方式是复制因子，反过来说，复制因子不一定是思维方式。思维方式也是由相互关联的复制因子构成的集合。瓦特发明的蒸汽机等于中国的水排加风箱，可是中国人能制造水排，能制造风箱，就是没有把两者联系起来制造蒸汽机。我们虽然有"四大发明"，但现代火药却是诺贝尔的专利，指南针帮助西方人发现了新大陆，在中国却只能用于看风水。为什么会如此，是因为所关联的复制因子内容不同。因为汇集在中国人大脑里的复制因子，还存在制约原有复制因子进行关联的因素，致使放弃了进行复制因子关联、组合的努力。这个制约原有复制因子进行关联的因素就是中国文化中长久存在的重道轻术的价值观念复制因子。樊迟问稼就是这其中一个重要的复制因子。孔子的学生樊迟向孔子求问农业生产和花木栽培技术，孔子不但不教，反而怒不可遏，甚至在背后还骂樊迟是“小人”。正是这类复制因子的作用导致了中国文化中的道——理论的发展超前，而术——技术的发展严重滞后的现实。

4. 复制因子结成团就形成思维方式

每个人都有自己思考问题的方式。思维方式并不是遗传基因决定的，而是由后天成长于其中的社会文化环境主导形成的，是他生活于其中的社会文化所拥有的复制因子通过潜移默化，耳濡目染的作用逐渐形成的。

当一个小孩呱呱坠地时，他不会有任何思维方式，他有的只是本能的反应。饿了他会抓东西往嘴里放，烫了他会迅速把手缩回来等。而在人慢慢长大的过程，所有他看到的、听到的、理解的信息都会成为塑造他的思维方式的原料。比如，有人反复给他讲二十四孝的故事，他就会孝敬尊长，处处从尊长的角度思考问题；有人反复给他讲精卫填海的故事，他就会形成坚强不屈、坚持不懈的犟劲，会处处从成就目标的角度思考问题。他成长于其中的社会群体加给他的所有复制因子，开始仅仅是全盘接受，后来大脑里积累的复制因子多了，就慢慢形成选择，能与原有复制因子形成共鸣的复制因子就会很快印刻到大脑中来，并通过他再向外传播复制。当他长大成人，所积累的复制因子就会建立越来越紧密的关联关系，就像粘合在一起的一个糯米团子，可捏成球、压成饼，但要分开它却不容易，要向里面加入新东西就更不容易。

企业文化建设，之所以成功者少，失败多，其原因也就在此。因为构成企业组织的成员主要是成年人，他们大脑里面的复制因子已经抱成团，没有一个缜密策划设计并持之以恒，就很难达成改变的目的。

三、复制因子成为行事习惯构成元素的条件

1. 成功是一种习惯

行事习惯是人们在日常生活中形成的习惯性行为，是行为主体不加思

考而由潜意识驱动的行为。它是行为主体大脑中多次重复应对某一相同或近似的外部世界发展变化的情境而形成的模式化行为复制因子。这种复制因子不仅已烂熟于心，而且超越于心——意识的作用，行为主体的意识已经固化到这种模式化行为的复制因子中，并且仅仅是行为主体已往意识的固化，在当下只有部分甚至很少的行为主体意识起作用，是这种复制因子在瞬间被行为主体感知到的外部世界发展变化情境激活而作出的模式化行为反应。行事习惯的本质仍是复制因子，并且每一个行事习惯都是一个复制因子，而且这种复制因子所承载的信息已经转化为一种无声的指令，只要所遇到的外部世界发展变化的情境与这特定复制因子所描绘的情境相同或相似，这种情境就会自动触发他遵循这个复制因子所承载的信息指令行事的开关。

有一个年轻人，大学毕业后去一家汽车公司应聘，和他一同应聘的几个人都比他学历高。当前面几个人面试被否决之后，他觉得自己更没有什么希望，但他转念一想，既然来了，就去试试吧。他带着这样的心思走进了董事长的办公室。一进办公室，他发现门口地上有一张纸，他没有思考就弯腰捡了起来。他一看是一张沾有污渍的纸，便顺手扔进了废纸篓子。这一切董事长都看在眼里，他一走向董事长，董事长就很爽朗地说："很好，很好！年轻人，你已被录用了。"他很惊讶，说："董事长，我觉得前几位都比我好，却没有录用，您怎么可能录用我呢?"董事长说："前面三位的确学历比你高，而且都仪表堂堂，但是他们的眼睛只能看见大事，看不见小事，你的眼睛能看见小事。我认为能看见小事的人，自然也能看到大事。一个只能看见大事的人，往往会忽略很多小事，所以我才录用你。"他就这样进入了这家公司。这个年轻人就是名扬天下，并让公司为整个美国国民经济的发展作出巨大贡献，曾数年在汽车行业独占鳌头的福特公司创始人亨利·福特。

亚里士多德曾经说过："我们每一个人都是由自己一再重复的行为所铸造的，因而优秀不是一种行为，而是一种习惯。"如果说优秀是一种习惯，成功何尝不是。福特的成功就是一种习惯。现实中一贯成功的人，仅限于一贯成功的人，他做任何事都会尽其所能，把自己的主观能动性发挥到极致，把自己的潜能挖掘到极致，充分体现他在做每件事上的最大能力。相反，现实中一贯失败的人，也仅限于一贯失败的人，他做任何事都只求过得去，得过且过，并不用心，他的潜能永远以潜能的形式存在，并最后一事无成地带着他的潜能埋进坟墓。偶尔的成败，可能有机会作用的因素，一贯的成功或失败，则是他的这种习惯所致。心理学大师威廉·詹姆士说过："播下一个行动，收获一种习惯；播下一种习惯，收获一种性格；播下一种性格，收获一种命运。"其道理也就在此。

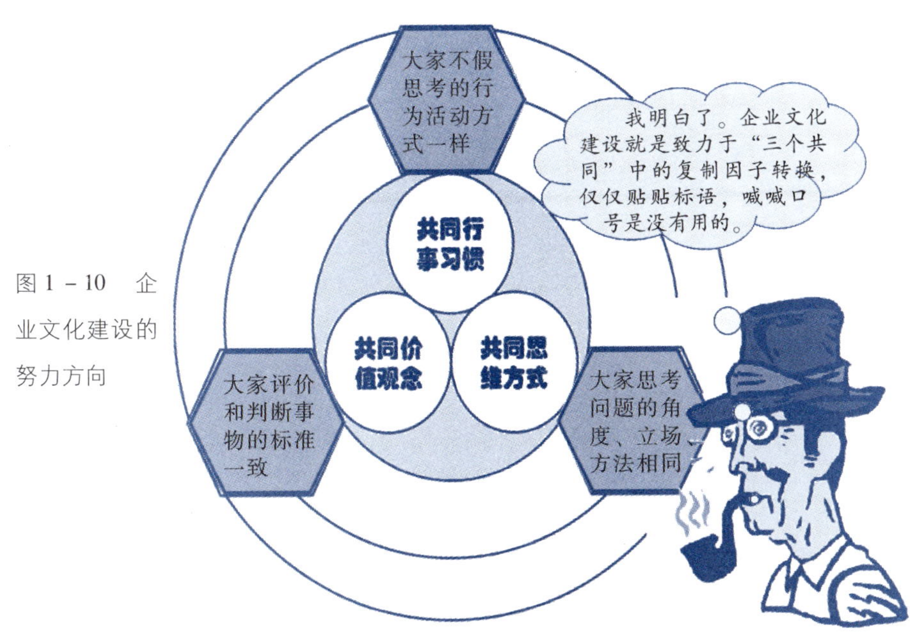

图1－10 企业文化建设的努力方向

2. 复制因子进入行事习惯集合的条件

行事习惯是单个复制因子所承载信息指令逐渐固化所致，它的形成也就是一个复制因子所承载的信息指令，反复不断地作用于行为主体，让他直接把这种信息指令固化为一种模式化的行为和反应方式。

复制因子要进入行事习惯集合，成为其构成元素，条件有三个：

（1）体现为模式化行为的特定行为活动反复发生。心理学研究表明，三周以上的重复会形成习惯，三个月以上的重复会形成稳定的习惯。

（2）激发模式化行为的外部世界发展变化的情境辨识极为简单，不需要通过复杂的思考判断，就像福特看到地上的纸一样，一眼就会发现。

（3）这种模式化行为的复制因子内涵不能太多，就像福特一发现纸张丢在地上就捡起来的模式化行为复制因子，仅仅包含纸、废纸、垃圾篓三个概念。

美国标准石油公司有一个叫阿基勃特的小职员，开始并没有引起人们的特别注意。他的敬业精神特别强，处处注意维护和宣传企业的形象。在远行住旅馆时也总不忘记在自己签名的下方写上“每桶四美元的标准石油”字样，在给亲友写信时，甚至在打收条时也不例外，签名后总不忘记写这几个字。为此，同事都叫他“每桶四美元”。这事被公司董事长洛克菲勒知道了，他邀请阿基勃特共进晚餐，并号召公司企业组织所有成员向他学习。后来，阿基勃特成了标准石油公司的第二任董事长。开始他也仅仅是为了销售的目的而自我设计的一个信息束，以创造超越于他人的销售业绩，但反复地重复，久而久之，这个信息束也就转化为一个带有一提笔就写上“每桶四美元的标准石油”这样的行为指令的复制因子，这让他一提笔就不由自主地写下这几个字。

3. 行事习惯并非只有行为重复才能形成

复制因子所承载信息指令固化形成行事习惯，而承载指令信息的复制因子被反复激活，则体现为习惯行为，使之一遇到与这个复制因子所承载信息包含的相同或相似情境时，就会重复这种习惯行为。并且习惯还不一定非得靠现实的行为重复来形成，仅仅在人的大脑中不断重复也可形成，也就是说仅仅通过读书在大脑里重复中也可形成某些习惯，尽管这种习惯并没有用自己的身体践行过。

哈利·杜鲁门是美国历史上著名的总统。他有一个很好的爱好，就是读书。他一卷一卷地通读了《大不列颠百科全书》和狄更斯与雨果的所有小说，还有莎士比亚的所有戏剧和十四行诗等。杜鲁门读的书使他在面对各种有争议的棘手问题时，能迅速做出正确的决定。在20世纪50年代初，他顶住压力解除了人们尊敬的第二次世界大战时期的英雄道格拉斯·麦克阿瑟将军的职务，就是一例。

因此，阅历丰富也就构成了一个人成功的前提。他的广泛阅读不仅会丰富他的知识，而且会让他形成没有经历的习惯。当他所阅读的书中某些复制因子烂熟于心时，这些复制因子就会像他自己经历过的事件一样，向他暗示行为的方式方法。只要这些复制因子所承载的信息对应相同或相似情境在现实中发生时，烂熟于心的复制因子就会被激活，并依照复制因子所承载的信息指令行事。

4. 负相关联的复制因子汇集改变行事习惯

虽然单个复制因子反复激活可表现一种习惯行为，而且习惯行为具有相对稳定的特性。但是，在多个负相关联的复制因子汇集时，也就会打破以往的行事习惯，改变习惯行为，从而形成新的行事习惯。所谓负相关联的复制因子就是其所承载的信息指令与原有复制因子所承载的信息指令相冲突，甚至对立。这种负相关联的复制因子汇集多了就会打破已有的行事习惯。

美国科学家、物理学家、发明家、政治家、社会活动家富兰克林，发现自己有 13 个很严重的毛病。这些毛病也就是一些坏习惯。其中三项最严重，包括浪费时间，为小事烦恼，爱和人争论。聪明的富兰克林意识到除非能改掉这些坏习惯，否则就不可能有什么大的成就。他一周选出一个坏习惯来搏斗，然后把每一天的输赢做记录。在下周，他再挑出一个坏习惯，接着做另一场搏斗。富兰克林每周改掉一个坏习惯的搏斗持续了两年多，他最后终于使自己具备了伟人的素质修养，并最终经过他自己的不懈努力，成为美国历史上最受人尊敬也是最具影响力的伟人之一。

把与由行事习惯所体现的复制因子相反的事实——复制因子记录下来，通过分析、整理，予以强化，这就是负相关联的复制因子汇集的过程，因而就使原有习惯所体现的复制因子的信息指令作用慢慢消减，这样他就改变了一个不好的行事习惯。

有人作过统计研究，在一个人一天的行为中，大约只有 5% 的行为是属于非习惯性的，而 95% 的行为都是习惯性的，但这些习惯并不是不可改变的。有个动物学家做过一个有趣的实验：他把 10 只跳蚤放入实验用的大量杯里，上面盖上透明的玻璃片。跳蚤习惯性地上跳，跳蚤上跳撞着玻璃片，不断发出叮叮的响声。过了一会儿，没有响声了，他把玻璃片拿开，发现所有的跳蚤尽管仍然在跳，可都只上跳到与原来所盖玻璃片相近的高度，并且竟然没有一只跳蚤跳出来。它们不愿上跳太高撞到自己，可依它们的上跳能力，跳出来却是轻而易举的事。原来是它们已经适应了盖有玻璃片的环境了。接着他又在大量杯下放了一个酒精灯，并且点火加温。不到五分钟，量杯烧热了，所有跳蚤都全部跳出了量杯。因为求生的本能，跳蚤不再顾及可能因为撞击玻璃片带来的疼痛了，尽管它们还以为玻璃片仍盖在上面。这个试验证明，跳蚤不会改变自己的习性，但会调整自己习性表现力度以适应环境。人类也是如此，在适应外界大环境的过程中，又创造出适合自己的小环境，然后用习惯把自己约束在自己所创造的环境中。

第六章

企业文化的内在作用机制

之所以有众多的企业对其文化建设舍得投入，是因为文化能作为管理工具发挥作用，具有强大的管理功能，能影响企业组织成员的行为选择，能推动促进企业持续快速发展。文化究竟是如何作用于人的行为而选择的呢？企业文化建设的目的是把企业文化打造成高效的管理工具，以推动促进企业持续快速发展。它如何能起这一作用，是通过什么方式起这一作用的？这些问题是企业文化建设必须回答的问题，而要回答这些问题，就必须探索企业文化的内在作用机制。

所谓企业文化的内在作用机制，也就企业文化作用于人和行为选择的机理过程，而探索企业文化的内在作用机制，首先必须分析人的行为本身。

一、人的三类行为

1. 人行为的内涵

所谓行为，也就是人的四肢和躯体的空间位置变换和肌肉的松弛收缩变化。如果他仅仅有思想活动，四肢和躯体没有空间位置变换，肌肉也没有松弛收缩变化，也就是没有行为，而仅仅是有思想活动、有意识。一个人作为一个主体性存在，其内心想什么、怎么想，只要没有付诸行动，也就不会对他人和社会带来任何形式的影响和作用。如果把其所想说出来，这就有了行为，他的嘴唇发生了空间位置变换。嘴唇的空间位置变换发出声音，就可能让他的所想为他人和社会所知，这也就可能会影响他人和社会。因此，即使没有其他进一步的行为，他嘴唇的空间位置变换也可能会把他的意识传递给他人，进而通过他人的行为来直接作用于他人和社会。

但在这里要讨论的不是人的行为过程本身，而是人的行为是怎样发生的问题，更深一层地讲，是要讨论文化究竟是如何作用于人的行为选择的问题，而要解答这一问题，首先必须解答人的行为是由什么驱动的问题。人们常说意识行为、无意识行为，也就揭示了行为的内在驱动力。意识行为是意识驱动的，无意识行为则与意识不相关，下面分别进行讨论。

2. 完全意识行为体现的是一种优化选择

完全意识行为，是行为主体根据当时已收集到的信息经过深思熟虑完成的一种最佳选择，所体现的就是一种优化选择。它根据已有信息判断，行为主体只有如此行动，才能最大限度地达成行为主体的各方面的意志目标。这种意志目标不是顾此失彼的选择，而是经过综合平衡把行为主体的多种意志目标加权综合计量后得到的在此时此地的总体意志目标。在这里，行为主体的任何一个方面的价值需求都作为一种特定的约束条件，进行了加权处理，没有一个内容被忽略。因此，又可把这种意识行为称为完全意识行为。

图1－11 人的行为中占主导的是非完全意识行为

3. 非完全意识行为体现的是一种简化选择

在非完全意识行为中，行为主体仅仅运用了几个，甚至只是一个复制因子所承载信息指令完成的行为选择，所体现的是一种简化选择。在此行为主体或许还有更好的选择，只是当时行为主体因直觉、习惯或情感、情绪等原因，忽略了一些应该考虑而又没有全面考虑到的复制因子所承载信息所包含的机会和约束。最为明显的一点是，这种行为没有经过综合平衡，它没有把行为主体的多种价值需求加权综合计量到此时此地的总体意志目标中来。在这里，行为主体仅仅把他的价值需求中最为引人注目的内容作为约束条件给予了关注和满足，只把能给这引人注目的价值需求带来满足的条件当成机会予以对待。

在东汉末年，本来势力最强，拥有北方半个中国，最有望统一中国的袁绍反被曹操最先剿灭。当时曹操，发兵徐州，欲先行剿灭刘备。曹操倾巢出动，许昌已为空城，刘备书信急赴河北请求袁绍出兵许昌，以解徐州之围，同时提醒他这是匡复汉室的最佳时机。岂料袁绍因为幼子患病而情绪忧伤低落，无意发兵。他的谋士许攸怒斥其昏庸，意欲让他从忧伤低落的情绪中苏醒过来，可遭到杖责处罚。后来在官渡一战，袁绍被曹操打得大败，自己身死，逃到渤海的儿子也被追至剿灭，地盘全被曹操所有。当时幼子患病的复制因子在袁绍大脑中占据主导地位，刘备书信中所包含的扩大势力，匡复汉室的最大机会复制因子，被置于边缘无法激活。这就是他的谋士许攸怒斥其昏庸的原因，并且怒斥也无法激活他大脑里处于边缘的复制因子。

4. 无意识行为体现的是一种固化选择

在无意识行为中，行为主体实际上没有选择而仅仅是一种超越自我意识的行为，或者说是自我意识没有参与进来的行为，所体现的是一种固化选择。其行为是由固化在行为主体的动物基因中的复制因子主导的行为，由行为主体的自我意识汇集在大脑里的复制因子都被闲置一旁。因此，这种无意识行为，又可称为完全无意识行为。

5. 三种行为选择模式之间关系的类比

如果用下围棋比喻，完全意识行为是深思熟虑的不限时间的自由赛着子，棋手会反复盘算自己的落子和对方的对策，是能算清多少步就算多少步。非完全意识行为则是限时很紧的快棋着子，没有充分的时间让棋手反复盘算自己的落子和对方的对策，主要是凭借已有经验进行直觉判断，感到哪里更需要补一颗子以扩大自己的机会，削减对方的机会，就在哪里落一颗子。无意识行为则是对弈双方之外的一个幼儿扔到棋盘上的一颗子。他仅仅是因为对弈的双方都在往棋盘上放棋子，他也来放上一颗而已。

二、人的行为选择机理

按照人的三类行为定义，人的意识行为和无意识行为都只占人的行为中一个极小的部分，更多的都是非完全意识行为。这里就来探索人的行为选择的内在机制。

1. 完全意识行为的特征

完全意识行为，也就是由人的自我意识驱动的行为，是明确服务于自我某一价值目标达成的行为。它具有明确的行为动机，并在他所掌握的信息条件下，遵循精力投入最小化、目标达成效果最大化的原则。意识行为有四个明显的特征：

（1）目标指向非常明确，服务于他特定价值目标的达成，获得他特定价值需求的满足。

（2）行事方式的最优选择，在精力投入一定的情况下，实现价值需求满足的最大化。

（3）其行为活动持久稳定，在价值需求满足之前，不会轻易放弃。

（4）其所寻求的价值目标是相对稳定的，不会朝三暮四，轻易更改。

比如为了考上大学，从中学阶段开始，他就得好好学习，拼命学习，为了达成上大学的目标，不得不放弃当时一系列的享乐活动，甚至基本的体育锻炼、娱乐调节和睡眠休息。尤其是让人死记硬背的知识点复习，要多无聊就有多无聊，但无论多么无聊也都得忍受。并且还不得不对自己的精力进行精打细算，缜密规划，让每一分钟都能发挥出最大的学习效果。因为他明白，尤其是贫穷农村的孩子不拼搏跨过这道门槛，就意味着人生的很多机会都会因此而失去，尽管跨过了这道门槛不一定有灿烂的辉煌包围，但不跨过这道门槛，灿烂的辉煌更难以照耀到他身上。

2. 信息杂音导致非完全意识行为

完全意识行为是约束条件清晰、目标明确的一种价值需求满足最大化选择。行为主体进行这一行为选择时，是综合运用了所掌握的所有信息，包括机会信息和约束信息，是在综合分析基础上精打细算后选择的行为。而在他所掌握的信息中，除了少数零碎的内容之外，都是一个一个的复制因子，并且这每一个复制因子都参与了他的行为选择过程。

这些复制因子所包含的信息可分为两大类：一是条件约束信息，它既包括外部环境条件约束信息，也包括自我资源占有和变化情况信息；二是机会信息，它是个人所面对的内外部环境发展变化导致的条件约束相对放松，有助于他价值目标达成的信息。

在这两类信息之外还有一些零碎的信息，这些零碎的信息只不过都是一些与约束和机会信息相伴的杂音。因而人的行为选择，即使面对资源状况和约束条件完全相同，也可能在行为选择上存在重大差异，甚至完全不同，这就是对零碎信息的处理方式不同所致。人之所以会在成就上存在差别，往往也与对这些信息杂音处理的效果好坏不同直接相关。如果被信息杂音所左右，就不免会使其行为选择背离意识的轨道，甚至完全处于意识之外。

就像我们平时买东西一样，对一个价格昂贵的产品，包括房子、汽车、大型家具和电器，如果购买可能花掉他几个月，甚至于几年的收入，他在对购买对象没有完全充分了解之前，是不会轻易出手的。在购买之前，他会广泛收集和了解计划购买物的性能效果信息，反复盘算自己的支付能力，分析计算如果购买后会不会挤掉自己必须有的基本需求满足。如果可能挤掉部分必须有的基本需求满足，是不是自己能容忍，等等。这种购买行为的确定就是意识驱动的行为选择。但他往往可能因为与邻居、同学、同事、兄弟姊妹的攀比，或者因为邻居、同学、同事、兄弟姊妹的一个眼神或一句话等零碎信息杂音，激起他一时的冲动，赌一时之气而选择购买。可购买之后又后悔不已，甚至不得不转让出手以解困，蒙受不必要的损失。引起赌气的情绪冲动的信息就是信息杂音，赌气的情绪冲动导致的行为，就是非完全意识的行为选择。他在作这种选择时忘记和忽略了自己和意志目标的综合平衡，自私而“私”得不当了。

3. 完全意识行为不是一种绝对的最优状态

如果说完全意识行为是一种最优行为选择，是不是所有的完全意识行为，就是绝对一样的行为选择？答案是否定的。

做过父母的人都知道，一岁左右的幼儿，看见大人做什么，他都会模仿。看见大人刷牙，他也会自己找个牙刷伸到嘴里捅捅，可他不明白大人为什么要用牙刷刷牙；看见大人思考问题，背着手在房间内徘徊，他也会背着手在房间内走来走去……这是人的自我意识开始觉醒，并正在觉醒的一个过程。大人的行为选择是服务于他特定意志目标达成，而幼儿仅仅把行为当做目的本身。

幼儿模仿就是学习，就是对大人行为的主动复制。社会文化中的复制因子能对生活于这个社会之中的成员产生作用，这种主动复制行为的存在是一个重要前提。一个健康而成熟的人，他的任何一个行为都是服务于他自我特定意志目标的达成目的的，只不过自我特定意志目标的内容并不是确定的。幼儿处于发育成长过程之中，快速发育成熟就是他意志目标的一个重要内容。

因此，这种模仿行为也属于完全意识行为。只不过他的幼小大脑里拥有的复制因子有限，全部激活了所有复制因子也不足以让他的行为选择具有健康成年人的非完全意识行为的效率。

4. 三种非完全意识行为与行为主体的关注点聚焦过程

在人的非完全意识的简化选择行为中，包括三类行为模式，直觉选择行为，习惯选择行为和情感情绪行为，其行为选择驱动过程是不一样的，这里有必要再加以讨论。

直觉选择行为与习惯选择行为的一个根本性区别在于，其关注点聚焦往往包含两种完全不同的意识状态：

（1）由自我意识主导的聚焦，是不视不见，自主地把事物非本质层面的表象舍弃掉，仅仅关注事物本质层面的内容。如果这种聚焦把握了事物的本质，这种行为则是一种高效的简化选择。这就是直觉选择行为。

（2）没有自我意识参与的聚焦，是视而不见，行为主体的意识只关注事物的部分特征，忽略、遗漏了事物特征的一些内容。如果这种聚焦所忽略、遗漏的事物特征是事物的本质性特征，这就是一种无效的严重偏颇的简化选择。这就是习惯选择行为与情感情绪行为。

5. 直觉选择行为的关注点聚焦过程

直觉选择行为，与习惯选择行为有近似之处，也只是关注几个复制因子所承载信息所包含的机会和约束。其不同之处在于它是行为主体通过自我意识自主进行的取舍，是行为主体有意识地过滤了一些复制因子所承载的信息内容，把面对情境之中所包含的机会和约束作了简化处理，甚至简化到与被简化原体之间没有任何关联的地步。

有一个规模不大的私营企业老板，主业是皮革加工。他告诉我，他作决策想不透时就回家问他大字不识一个的老婆，可每每都恰到好处，他的企业也从一个小作坊发展成为人员规模上千人的现代化生产厂了。有一次因为金融危机，国际市场不景气，皮制品出口大幅度下滑，原皮价格也大幅度下跌，已经跌到成本价的一半了。他很想囤积一些，可又担心风险太大，怎么也算不清，究竟该不该囤积，他拿不准了，赶回家问他老婆。他老婆说："囤，囤积得越多越好。"他转身回去就调动大笔资金进行囤积，甚至拆借了几大笔钱投入到原皮囤积中来。国际市场很快复苏了，他囤积的原皮为他企业带来了两千多万元的纯利。事后他的一个同行朋友问他当时为什么会有这么大的魄力和远见。他说是他老婆的远见。他的这位朋友又去问他的老婆。他老婆说，我当时刚刚囤积了一些花生叶为猪过冬做准备。"我想猪总要吃食，人还不是总要穿鞋。总不会因为金融危机而都不再穿皮鞋了吧？"

在这里老板娘的直觉，是一种大跨度的类比简化选择，通过类比把处理不了的信息都过滤后再进行行为选择，但更多的直觉是通过价值观念和思维方式来实现这种过滤的。

据《列子·说符》记载，善于相马的伯乐年老了，秦穆公对伯乐说："您年纪大了，您的后代中可有能派去寻找良马的人吗？"伯乐回答道："一般的良马是可以从外形容貌筋骨上看出来的，但天下绝好的马，却是行形特征不定。像好又像不好，恍惚迷离，很不容易识别。这样的马跑起来飞一样的快，尘土不扬，不留足迹。我的子侄辈都是一些才能普通的人，可以告诉他们识别一般的良马，却无法告诉他们识别天下难得良马的方法。曾和我一起田头地间一块儿干活的人中，有个叫九方皋的人，他识别天下好马的本事不在我之下，请您接见接见他吧。"秦穆公接见了九方皋，并派他去寻良马。三个月后九方皋回来说，良马已经找到了。秦穆公便问他："是什么样的马？"九方皋回答道："是一匹黄色的母马。"秦穆公派人前去牵了回来。牵马人回来说："是一匹黑色的公马。"秦穆公很不高兴，责备伯乐说："先生推荐的人怎么这样啊，连雌雄黑黄都不分，又怎么能识得良马呢？"伯乐长长叹了一口气说："像九方皋相马，看到的是马的内在素质而不是外表。他看到了马的主要方面，而忽略了那些次要的地方。像九方皋这样相马，才能真正得到宝马良驹呀。”等马牵来之后，秦穆公一看，果然是天下少有的良马。

九方皋就是上上的大智之人，他是由自我意识主导的聚焦，仅仅让必须全力关注的复制因子在大脑里跳舞，死死按住用不着关注的复制因子，让它休眠，以节省其大脑空间。

6. 习惯选择行为的关注点聚焦过程

习惯选择行为是通过多次重复而沉积形成的一种行为模式。因为多次重复，行为主体把意识关注点聚焦在几个，甚至仅仅一个复制因子所承载的信息上，是不自主地忽略其他复制因子所承载信息的存在。被忽略的这些复制因子处于一种休眠状态，行为主体对它们不视不见或视而不见。因此，行为主体在此仅仅被他所关注的几个复制因子左右，变得眼瞎耳聋，失去了应该有的聪明。

在楚汉战争后期，项羽围困荥阳，刘邦实行陈平的离间计，拿重金买通楚军将士，令其散布谣言，反间项羽和其谋臣之间的关系。流言首先指向钟离昧，说钟离昧战功赫赫，却不能被封为王，早已心怀不满，已决定投靠汉王云云。项羽历来不相信外人，听到谣言后，马上对劳苦功高的钟离昧等人产生了怀疑，不再重用他们。流言接着指向亚父范增。说因为项羽屡拒亚父的忠言，所以才害得大家背井离乡，疲于奔命。现在，众人欲举推亚父取代项王，与汉军联合起来消灭楚国。至于范增私通刘邦，项羽虽不信，但却存了疑心。为了弄清事实真相，项羽便派使臣前往汉营探个虚实。陈平趁这个机会，将计就计。刘邦派陈平以最隆重的礼节接待项羽的使者，礼貌有加，殷勤备至。正当陈平陪项羽的使者在推杯换盏时，刘邦过来了。见到项羽的使者，刘邦假装吃惊地说：“我以为是亚父的使臣，原来是项王的使臣！”说完这些，刘邦连一句辞别的话都没有，立即离开了现场。项羽的使者正纳闷时，几个仆人过来把猪牛羊肉等丰盛的菜肴端走，换上简简单单的菜汤。项羽的使者感到受了侮辱，肺都气炸了！回到楚营，一一向项羽禀报。生性多疑的项羽听完使者的汇报后，立即下令，削去范增兵权。当范增发现项羽对自己产生怀疑时决定辞职，范增离开荥阳孤零零一个人往家乡走去。可能是无端的怀疑和猜忌，让范增心中堆积了太多的怨恨和痛苦，怒火攻心，“归未至彭城，疽发背而死”。乾隆在《乾隆御批纲鉴》中谈道：“陈平此计，乃欺三尺童，未可保其必信者，史乃以为奇，而世传之可发一笑！”

项羽之所以让陈平“欺三尺童，未可保其必信”的离间计能够成功，是因为项羽自我意识没有参与聚焦，对范增对项楚政权忠心耿耿、殚精竭虑的本质视而不见。

图 1－12　人的三种非完全意识行为

7. 情感情绪行为的关注点聚焦过程

按照理想状态分析，作为主体性存在的人有高度觉醒的意识，行为选择都会遵循完全意识的最优选择行事。但事实恰恰相反，只有少部分行为属于完全意识的最优选择行为。因为从意识的角度分析，人在任何情况下的行为选择都难以保证确定无误。

（1）因为总有一些他当时无法获得的信息。股市投资，选哪只股票，不选哪只股票，谁也不可能把所有上市公司的所有信息都准确完整地收集起来进行详细的比较分析和评估计算后再决定。因为上市公司太多，不可能一个一个地调研，更不可能把这些信息集中起来进行比较分析、计算最优，况且很多上市公司的经营信息是根本无法获得的。

（2）完全意识行为对所有复制因子的分析处理是一个艰难费时的过程。围棋对弈双方，谁也算不清十步、二十步之后双方的落子和对策，更不可能把全盘一百多步棋都算透。聂卫平也不过算到十步、十多步。笔者曾经在他以一对十的表演赛中和他对弈过。十个对弈者围成一圈，他在中间，顺序走到每一个对弈者桌前，看一下落了子就走向下一桌。他根本就不算，也没有时间算，完全是凭直觉。

（3）这也是更为重要的一个原因，人是一个受情感情绪驱动的动物，当他面对外部世界的发展变化与他的价值需求形成特定关系时，总会形成一定的情感情绪，驱动他采取行动，而不是没完没了地思考论证。

上述第三种原因的作用发生在一般人身上几乎是无法抗拒的。

（1）当外部世界发展变化没有给他带来损失时，他会暗处庆幸而喜从中生。

（2）当外部世界的发展变化没有顺应他的意志想法，甚至直接形成对立时，他会因心中不平而怒从中生。

（3）当外部世界的发展变化使他自身陷于孤立无援状态时，他会因无助而悲从中生。

（4）当外部世界的发展变化使他的价值需求得到充分满足时，他会因意志目标达成的无碍而乐从中生。

（5）当外部世界的发展变化对他不利，威胁到他的价值目标实现时，他会因不安而忧从中生。

（6）当外部世界的发展变化方向性质不确定，不知是否会有灾祸降临时，他会因前景不明而惧从中生……

正是这些喜、怒、哀、乐、忧、惧等情绪，加上情感的作用，让人把心理关注点聚集到了少数复制因子所承载的信息指令上。从行为选择的角度分析，它的作用缩短了行为主体对外部世界发展变化的信息处理和思考的过程。这具有积极作用的一面，但消极作用就是让人顾此失彼。

从对外部世界发展变化的认知，到采取反馈应对的行为选择，人在行为选择时最重要的驱动力就是情感情绪。情感情绪的丧失，也就是行为选择能力的丧失。在佛教徒中被认为定的一个最高境界——八风吹不动，任你赞美、嘲讽、毁谤、吹捧，或者给予利益、加害，或者提供满足，甚至折磨，都不为所动，这种定也就是心死。心死了，他也就不会对任何外部世界的发展变化留心和关注，也就不会有任何反应和动作。这也许就是小乘佛教的境界，而这种境界正是佛祖释迦牟尼所不齿的。

人的行为必须有行为驱动力开启，这种开启的力量也正是情感情绪。所以菩萨要普觉有情，以慈悲为怀，让这种慈悲之情驱动进入八风吹不动境界的小乘罗汉，使之有所作为。

8. 行为与行为选择的关系

行为选择与行为本来就是同一概念，是作为主体性存在的人在进行选择时就有了行为，除了专门的计划设计论证，行为选择这一过程是很难从行为过程中分离出来的。而笔者之所以要加以区分，是为了强调人的意识在行为活动中的决定作用，是人的意识主导人的行为，在行为之前有意识活动的参与，是意识活动推动了人的四肢和躯体的运动，并以此把人与一般动物区别开来，同时也把人的主体特征突显出来。

但行为却是外延广泛得多的一个概念，任何动物都会有躯体和四肢的活动，但它们的这种行为，就目前人所认知的水平分析，主要是由它的本能驱动的。高级一些的动物，在其行为中也加入了意识和情感情绪的因素，但这二者仅仅是一种辅助性驱动力，并且不具有普遍性。所以有哲人讲站在到两堆草料之间的驴子，会因为距离完全相等，草料完全相同而无法完成优化选择，只能饿死。这种事并没有发生，是因为它们的行为不作最优选择，仅仅是由动物的本能驱动的，所以蠢驴没有饿死。人之所以也不会在这种处境中因为无法做出最优选择受困而死，是因为人的行为选择过程中有情感情绪和习惯加入其中，是情感情绪和习惯让人的行为选择过程缩短、简化，人也因此变得不再完全理性了，因而使其行为过程中的意识作用打了折扣，变成了非完全意识行为。

人作为主体性存在，其行为既不是完全被决定的，也不是完全自主的。人之所以会有某个特定行为，是外部世界发展变化的现实和趋势以特定复制因子的方式进入了他的大脑，让他感知到自己价值需求的满足所处的状态。他为了自身存在和发展的考虑，必须对原有的价值需求达成的状况和前景对应重新进行估量，并在估量之后采取行动以应对外部世界的这种发展变化，以保证自身的存在和发展不被外部世界的这种发展变化冲击，同时又抓住达成自身存在和发展的新机会。

在这个过程中，最关键也是最难的是对原有价值需求达成的状况和前景重新进行估量。这种估量是在激活了大脑中所有与之相关的复制因子后完成的，这就是完全意识行为，或叫最优选择。如果只是激活了部分或几个复制因子，这就是非完全意识行为。由运用大脑中的复制因子进行估量，到应对行为的开启，这个过程就是情感情绪发挥作用的过程。如果没有情感情绪推动他开启某一应对行为，那么他就只能处于八风吹不动的定的境界。不过这种境界有助于他对外部世界的发展变化的方向、程度，以及对原有的价值需求达成的影响方向和程度作出准确的判断，并找到最为有效的应对措施。

他对于外部世界发展变化的应对行为，不免会改变他与已经变化并还将继续变化的外部世界现实的关系，让他再次重新对原有的价值需求达成的状况和前景进行估量，然后又进入下一个循环的行为选择过程。

三、非完全意识行为不是潜意识行为

笔者所定义的非完全意识行为与弗洛伊德定义的潜意识行为有所不同。弗洛伊德定义的潜意识行为仅仅是指被压抑的本能欲望，尤其是性欲望，当意识约束变弱时，不可避免地会突显出现，驱动行为主体产生某种行为。

最有说服力的事实是经常骑自行车的人，当他发现前面有一个障碍物或者运动物，按原有方向前行会碰撞上时，就会不假思索地作出反应，手把会自动转向可能碰撞上的障碍物存在的相反方向，并自动捏住刹车，身子同时与手把同向倾斜，脚跨到地面……这些反应所形成的行为都是由非完全意识驱动发生的，是他以往不断重复而沉淀形成的一种意识行为的模式化。这种行为不是行为主体综合当时大脑中所有与之相关的复制因子所承载信息指令而完成的一种行为选择，而是由过去不断重复的行为形成的为数很少的几个复制因子所承载信息指令驱动完成的行为选择，因而使行为主体感觉不到行为选择过程的存在，是严格意义的瞬时选择。

在直觉选择行为、习惯选择行为和情感情绪行为这三种非完全意识行为中，直觉选择行为、习惯选择行为二者很难区分，直觉往往也与习惯相关，只不过这种习惯并不一定得用四肢和身体行为重复形成，而可能是仅仅在大脑里通过烂熟于心的意识活动完成的。无论何种行为，往往都要借助情感情绪的作用来启动，使他在面对行为选择时，由一种特定的情感情绪主导完成选择而快速进入行为过程。因此，情感情绪行为与直觉选择行为和习惯选择行为又纠缠在一起了，让人难以明确分辨，画出各自的边界。

作为非完全意识行为的习惯选择行为无一不是复制因子所承载的信息指令驱动形成的行为选择，只不过意识行为是由当下行为主体大脑中的所有复制因子所承载的信息指令共同作用，并在优化分析基础上完成的优化选择行为。习惯选择行为，仅仅是由以往的不断重复的行为形成的几个复制因子驱动的行为选择，是他以往优化过的行为选择，仅仅是在当下没有通过优化选择而承袭的以往的模式化行为。没有哪个人没有练过骑自行车就能自如地处理紧急遇到的可能碰撞物。如果没有不断重复行为所形成的模式化行为复制因子，这种行为是不可能自动发生的。

这里的问题是不断重复行为形成的模式化行为复制因子，需要重复多少次才能集约形成这种复制因子？这没有统一的答案，是真正的因人而异。就像学骑自行车一样，有的练半小时就可以上街，有的要练一周。并且人的思维反应，也会形成这种行为习惯。如一个人长时间地反复回忆某一个故事，并把自己定位为故事中的某个角色，当他在现实中遇到与故事相同或相似的情境时，他也就会像故事中的人物一样进行行为选择。琼瑶小说读得太多的少男少女，往往就会把琼瑶小说中的情节套到现实中来，甚至闹出殉情的荒唐事，其道理就是如此。

四、无意识行为与意识行为的区别

无意识行为就是动物的本能行为，是行为主体后天积累的复制因子都没有参与进来完成的一种行为。

福克尔·阿尔茨特和伊曼努尔·比尔梅林在《动物有意识吗》一书中讲到灰雁和啤酒瓶的故事。灰雁通常把巢筑在平地上，一般用草和树枝堆成一个小丘，在小丘中央筑成一个窝。孵卵期间，每隔一段时间，母雁就要逐个翻动雁蛋，以让它们通通风。在翻动过程中，有时会把雁蛋翻到巢外。当它重新趴到窝里孵卵时，它的目光会搜索巢边的东西，发现滚落到巢外的雁蛋后，它会把脖子伸得长长的，打量那个目标，然后走出去，小心翼翼地把它推回巢中。

很多人都认为这是一种意识行为，其实不是。有人通过试验证实了这一点。任何一个圆圆滚滚的东西，在它孵卵的巢边被发现，它都会费力地把它推入巢中。甚至不管那个东西的大小，只要是一个带有凸面的东西，包括乒乓球、高尔夫球，甚至啤酒瓶子，并且它的这种行为也仅仅发生在它生蛋之前到幼雏出壳之后两周的时间内。很显然它是按照一种特定的本能模式在行动，并且这种本能模式是由固定的体内激素激活的。

这种本能模式行为也是一个复制因子，只不过这个复制因子是存在于它基因中的一种特定行为反应方式，是由它的基因固化形成的一个行为模式，遇到与这种行为模式的复制因子所界定的相似情境，它都会依固化的模式行事。

据国际刑警组织统计，全世界性犯罪率的爆发具有明显的季节性和地域性，低纬热带区全年的性犯罪率较为均衡，而中高纬地区则呈现明显的季节性，夏季高于其他三季。一个重要原因就是夏天女性穿着暴露，会不由自主地引起男性的性冲动。这种性冲动就是女性身体暴露的情境让自控力差的男人本能固化的行为模式复制因子驱动他产生的行为。

无意识行为的最大特征是行为主体后天所积累的复制因子所承载的信息指令没有参与到行为选择过程中来，仅仅是由存在于动物本能中特定复制因子推动完成的行为。这种复制因子又是由先天的基因传递的一种固化的行为模式构成的信息指令。

意识首先是人关于他自己存在状况的一种认知，构成这种认知的具体内容就是他大脑中所积累起来的关于他的处境、前景的复制因子。意识行为强调的是他的行为选择是综合他的处境、前景信息束所包含指令而作出的最有利于他存在和发展的行为选择。这种处境、前景信息包括自身现状信息、环境已有变化和未来变化信息、环境变化方向和程度识别信息，以及变化应对方式方法信息。

无意识行为是行为主体大脑中所积累起来的关于他的处境、前景的信息束全部没有参与作用的心理反应。这也就是在他自身现状信息、环境已有变化和未来变化信息、环境变化方向和程度识别信息，以及变化应对方式方法信息中，没有一种信息参与到他的行为选择过程中。由这种心理反应推动的行为超越了关于他的处境、前景的判断，仅仅是一种没有目标，没有动机定义的行为。目标和动机是人对于他的处境和前景的应对。无意识行为强调的是他没有目标和动机，他的行为本身就是一切。但因为其行为本身仍可分解为一定模式化的程序并且相对稳定，所以它也就具有复制因子的特点，不同的人在这特定行事方式上高度一致，这说明它也是由复制而形成的。夏天的时候性犯罪率上升，也就是有众多的男人被女性暴露的身体诱致犯罪，情境大同小异，这就说明驱动他们实施性犯罪的力量是同一个东西。这就是通过基因传递的复制因子，这种复制不是通过相互交流信息实现复制的，而是通过基因遗传实现的。

五、文化在人的行为选择过程中发挥作用的条件

讨论文化脱离社会就失去了意义，文化是社会的文化，而一定社会只要持续存在一定时间，又都会形成它特定的文化，是人作为一个族群整体创造了文化。这是把社会作为一个整体与文化进行关联分析的结论。就构成社会的单个个人而言，文化则成了主体，是构成社会的个人被文化所塑造，直接作用于他的行为选择。这种作用是怎样实现的？这是进行企业文化建设必须解答的又一个重要理论问题。

1. 基因在一定程度上也会作用于人的行为选择

从人的形态特征来说，基因决定了人的高矮、胖瘦、外貌等一系列的身体特征，以及聪慧与迟钝，开朗与狭隘等智力、心理特征。它是否也作用于人的行为选择方式，现在开始有了明确的答案。

据环球时报 2009 年 4 月 7 日《全球十大最有趣双胞胎故事》透露，“双胞胎拥有几近相同的生活故事总是令人惊讶，但世界上可能再没有一对双胞胎的生活会像美国俄亥俄州这对双胞胎的生活那么如出一辙。这对孪生兄弟出生后就分别被两个不同的家庭收养。这两个素不相识的家庭都给小男孩起名叫吉姆，这种巧合才是仅仅开始。两个小吉姆渐渐长大，都受过执法培训，都擅长机械制图和木工工艺，都各自娶了名叫琳达的妻子，各自生下的儿子一个名叫詹姆士·艾伦，另一个也叫詹姆士·艾伦。这对孪生兄弟后来又都和妻子离了婚，且都和名叫贝蒂的女人再婚，两家都给宠物狗起名叫‘托伊’。名叫吉姆·刘易斯和吉姆·斯普林格的这对孪生兄弟最终在分别 39 年后于 1979 年 2 月 9 日团聚。”

据《北京科技报》2007 年 8 月 8 日《双胞胎故事证实心灵感应?》一文透露：“异卵双生双胞胎的弟弟出差时突然腹部剧烈疼痛，而后发现疼痛的时间正是哥哥被谋杀的时间。”“1955 年 3 月，当里克和罗恩即将降生的时候，医生不得不施行剖腹产手术，因为他们似乎不愿分离，四肢缠绕在一起。难分难舍的情意随着年龄的增长而愈加深厚。兄弟两人是最好的朋友，感情超越其他的兄弟感情。里克和罗恩是异卵双生双胞胎，即两个卵子同时受精，就产生了两个不同的受精卵。他们同时学会走路和讲

话，喜欢相同的科目。稍大一些，他们发现，他们能知道彼此心里在想什么。1995 年 1 月，里克从休斯敦国际机场起飞，前往非洲安哥拉的一家石油公司审核账目。在安哥拉起初的几天很平静。但在 5 月 31 日凌晨 4 点钟，里克被腹部剧烈的疼痛惊醒。里克说当时剧烈的疼痛导致全身麻痹。4 个小时过后，疼痛逐渐消失。稍后，医生为里克做了全身检查，但并未发现身体有任何疾病迹象。但坏消息却在当天夜里降临，里克的双胞胎哥哥罗恩，前一天夜里被杀。验尸报告和 911 的电话记录都表明罗恩的死亡时间是中部时间晚上 10：30，正是里克夜里因腹部疼痛惊醒的时间。里克相信他感应到了哥哥被杀时感受到的剧烈疼痛，这种刻骨铭心的疼痛会让他牢记一生。”

这就是基因作用于人的行为选择的最有力证据。

基因作用于人的行为选择的方式，从动物学研究类比中可以得到结论，它仍然是通过特定复制因子的复制和传播实现的，只不过这种复制因子是超越于人的意识存在并发挥作用的。这种复制因子存在于何处，怎样参与人的行为选择过程，还是一个谜。这就像灰雁在生蛋到幼雏孵出后的一段时间内，由什么东西推动它对巢边的圆形物体加大了关注力度一样，无人能作出解答。

不过基因对人的行为选择作用在范围和力度上也都很有限，所以从管理学的角度分析，这种作用可以忽略不计。毕竟人的行为选择占主导地位的是意识，包括完全意识行为和非完全意识行为。

2. 人们为什么要入乡随俗

有这样一个成语——入乡随俗，也就是说到了一个新的地方，就要适应当地的环境，适应当地人的生活方式。入乡随俗的俗就是当地的文化，这也就是入乡的人自主地调整自己的行为习惯，接受当地社会的“三个共同”，与当地社会人在价值观念、思维方式和行事习惯上一致起来。

这里的问题是为什么要入乡随俗？如果不入乡随俗会怎么样？

一个人进入异乡，一定有其进入的原因，这原因就是工作、学习、生活的需要，而要满足这些特定的需要，就必须入乡随俗。如果不入乡随俗，会被当地社会视为异类，也就难以达成工作、学习、生活需要满足的目的。入乡随俗的本质就是接受当地社会“三个共同”对他的行为选择的主导作用，把构成这种当地社会“三个共同”的复制因子吸纳到自己头脑中来，并进而调整自己的行为选择。

比如在我国北方一些地区，包括甘肃、内蒙古、新疆和东北三省，以及河北、山东等，就有一种非常强势的酒文化，不会喝酒被认为不是男子汉，喝酒不醉被认为不诚实。如果一个外乡人，会喝酒装不会喝，没醉装醉，就会被人看不起。相反，如果你喝得烂醉如泥，还会受到加倍的尊重，认为你够朋友。如果被置于这种文化中，你拼死拼活也得喝几盅，否则你就别想在此地立足。相反，你喝得痛快淋漓，无论是在酒桌上获胜，还是醉倒桌下，都会得到对方的好感和称道。所以有人说，到甘肃、内蒙古、新疆跑业务，首先得在酒桌上有好的表现，或者把对方喝倒，或者自己喝倒，成为对方称道的好朋友，业务上的条件就什么都可以谈了。

文化对于人的行为选择作用，并不是通过外在强制实现的，而是通过认同与否、接纳与否的约束让人放弃原有的价值观念、思维方式和行事习惯，接受当地社会的价值观念、思维方式和行事习惯。你固守自己的价值观念、思维方式和行事习惯，在内蒙古草原上装斯文，唯一的可能就是被孤立和排斥，让你失去应该有的社会帮助而寸步难行。

但入乡随俗的前提是知俗明俗，通过交流了解到当地社会的风俗规矩。这种风俗规矩就是当地社会文化的复制因子。当这些复制因子冲进你大脑中，无论是以什么方式冲进来的，为了得到当地社会的帮助和配合，你就不再有选择的余地了，除非你早已是能对这个社会施加影响的人物。据说有一个来头很大的人物到了山东，地方大员宴请。在酒桌上敬酒，因为这个人物腿有残疾，站不起来，别人敬酒，他不能站起来回敬。山东是酒文化极为丰富而慎重的礼仪之邦，就由此出了一个新礼，敬酒回酒都不必站起来，并且说，站起来喝了不算数。山东的酒文化也就由此改了一个内容，敬酒回酒站着喝了不算数。

文化对人的行为选择作用，开始是具有一定强制性的，因为要让具有某种文化的社会接纳自己、帮助自己，他也就没有选择的余地了，除非逃离这个社会。若要在这个社会里生活、学习、工作，就必须改变自己以适应当地社会的文化。这种适应的过程也就是文化对人的行为选择发挥作用的过程。

文化就是“三个共同”，可它们仅仅是一些承载有一定信息指令的复制因子，但它却是拥有这种文化的社会成员相互交流、相互认同和判断的根据。如果没有“三个共同”做媒介，相互之间就难以理解对方的行为，就会因为不理解对方的行为而发生矛盾和冲突。

3. 谁都可能为自己已有的“文化”辩解

“三个共同”不过是一系列的复制因子，只不过这复制因子包含事物评价的标准和依据、思考问题的立场和方法、不加思考就有的行为模式。而当这些复制因子进入他的大脑后，他首先会把它们与他原有的价值观念、思维方式和行事习惯进行对比，如果存在矛盾和冲突，他首先想到的是排斥，在大脑里为自己的价值观念、思维方式和行事习惯进行辩护，寻找理由和编造理由来反驳和抵制。

基督教徒都坚信上帝是全知、全能、全善的。有基督教徒去理发店理发和修胡子，快结束时他与理发师讨论到上帝的全知、全能、全善。理发师说：

“我不相信上帝存在。”

“为什么您这样说?”他问。

“您只需出去上街走一走，您就意识到上帝不存在。如果上帝存在的话，为什么会有这么多患病的人呢？为什么会有这么多被遗弃的儿童呢？如果上帝存在的话，应该是没有受苦亦没有痛苦。我无法想象一个爱人的上帝会允许这些事发生。”

他没有办法回答这个现实的问题，付了钱准备离开。正在此刻一个留着肮脏的长发，满面胡子的男人从理发店门口走过。这个基督教徒回头问理发师：

“您知道吗？世界上没有理发师存在。”

“您怎么可以这样说?”理发师惊奇地问道，“我就是理发师，刚刚为您理完发，刮完胡须！我就在这里，怎么说理发师不存在。”

“你不是理发师!”他说，“理发师是不存在的，因为如果他们存在，应该是没有人留着又肮脏又长的头发和胡子，好像外面那个人。”

“理发师仍然是存在的呀！他没来找我理发呀!”惊奇的理发师说。

“就是这样!”这基督教徒很肯定地说，“全知、全能、全善的上帝同样也是存在的！因为人们不去找寻他，才会有这么多痛苦和灾难发生在这个世界上。”

这就是寻找理由为自己的价值观念和思维方式辩解的一个故事。

4. 与对方的利益关系不同，对其文化的态度也会不同

在两种不同的文化之间，只要存在一定的利益关系，那么一方就难以

拒绝另一方的影响。也就是说，二者之间在利益关系上的不同，会使二者在对待对方文化的态度上也不同。

（1）当他的利益与他认定完全不同于自己的价值观念、思维方式和行事习惯的人和社会相关联时，这种关联关系对他只要不是可有可无，他则会慎重选择自己的态度，首先是避免与之发生冲突和矛盾，在平安相处中保持自己原有的价值观念、思维方式和行事习惯。

（2）当他在这种关联关系中存在比较大的利益时，他则会宽容对方在价值观念、思维方式和行事习惯上与自己不同。美国重视与中国的关系，中国也重视与美国的关系，就是如此。美国人和中国人在价值观念、思维方式和行事习惯上应该说差异很大，但二者之间紧密的依存关系，使之都不得不在一定程度上尊重对方的价值观念、思维方式和行事习惯，并在此基础上，与对方建立多种多样的联系。

（3）如果他严重依存于这种关联关系，舍弃对方无法达成自己所寻求的重要价值需求满足时，他则会强制性地约束自己，让自己与对方的价值观念、思维方式和行事习惯要求保持一致。我国有些所谓的不同政见者逃窜到西方国家后，完全放弃自己的价值观念、思维方式和行事习惯，唯西方敌对势力之所需，就是如此。他们在西方国家不得不靠这股势力提供条件以维持自己的存在和价值。因此，企业文化也首先是老板的文化，其道理也在此。

（4）如果自己的利益与对方没有关联关系时，他就只会把对方的价值观念、思维方式和行事习惯当做一种知识来感知和了解。但在这种感知和了解的过程中，往往也会因为这些复制因子与他大脑里原有的复制因子偶尔形成的共鸣而接纳其所承载的信息指令，不自觉地依照它来行动。晚清时有一个中国名人，他对他的妻子整天关在房间里读《圣经》、作祷告很不满。他妻子很快感觉到了这一点，但她并没有向她丈夫解释什么，而是装着不经意的样子，把一本《圣经》放在了她丈夫的书房里。她丈夫因为好奇，想了解让妻子着迷的这本书究竟讲的是什么。他认真地读了一遍，又再读了一遍，最后他也信基督了，而且比他妻子还虔诚。

（5）一般情况下，如果他在这种关联关系中，处于主动的一方，他的行为选择则是让对方屈从自己的价值观念、思维方式和行事习惯，而不是适应对方的价值观念、思维方式和行事习惯，甚至连平安相处的权利也不会给对方。这也就是美国经常挥舞人权大棒对缅甸等弱小国家进行制裁的原因。

六、企业文化发挥管理作用的三条途径

文化作为管理的工具，其作用是如何发挥的，这是企业文化建设必须解答的又一个重大理论问题。如果这一问题不解决，企业文化建设就只能处于盲目的模仿之中，人云亦云，拾人牙慧。

讨论企业文化远比泛泛地讨论社会文化更能引人关注。这倒不是社会文化过于抽象的原因所致，而是企业作为一种特殊的社会经济组织，其文化的形成、发展具有更多的自主性，至少可以通过自主地选择一定目标模式后，按照目标模式的要求把它构建出来。同时企业文化的巨大作用也让企业老板着迷，愿意为它的投入买单，也是一个原因。又正是后一原因造就了一大批靠企业文化的设计、咨询糊口的“专家”。

要讨论企业文化，必须解答的第一个问题就是，它的功能作用究竟是什么。

1. “文”而无“化”，不是文化

尽管很多人都认同文化管理是最高层次的管理的观点，但在现实中，企业文化所起的作用更多的仍停留在装饰阶段，而不是用以达成管理目的。我们只要在各个企业的网站上浏览一下它们企业文化栏的内容，就不难得出这一结论。很多企业归纳了几句好听的话，然后在这几句好听的话之前冠上企业宗旨、企业方针、企业目标、企业理念、企业战略、企业精神、企业口号、企业精髓等字样，就自以为建成了企业的文化。可在企业宗旨、企业方针、企业目标、企业理念、企业战略、企业精神、企业口号、企业精髓等标题下说得好听的话，又有几句听进了耳朵，记在了心里，落在了行动上，不是不得而知，而是知之甚明：大都没有。

它们仅仅是挂在墙上的标语，喊在嘴上的口号，与企业组织成员的价值观念、思维方式和行事习惯没有任何联系。所以这种企业文化也就无法起到管理作用，而仅仅起到一种“文”的装饰作用，并且主要是装饰给员工、客户、政府官员等人看的，是有“文”无“化”，不能说是文化。例如，穷乡僻壤的文盲戴一副1000度的眼镜也不会变得有学问，东施效颦不会增添美。

企业文化的本质作用是管理，是用它来调节和影响企业组织成员的行为选择，让他们按照企业共同价值观念来评价判断事物的是非，确定选择的次序和爱憎的标准；让他们按照企业共同思维方式所具有的特定立场和方法来思考问题；让他们按照企业共同行事习惯来选择确定自己的行为，直至不假思索就遵循它的要求来行动。文化的这种管理作用概括起来主要有成员意志约束作用、成员行为直觉选择作用、成员素质修养均化作用。

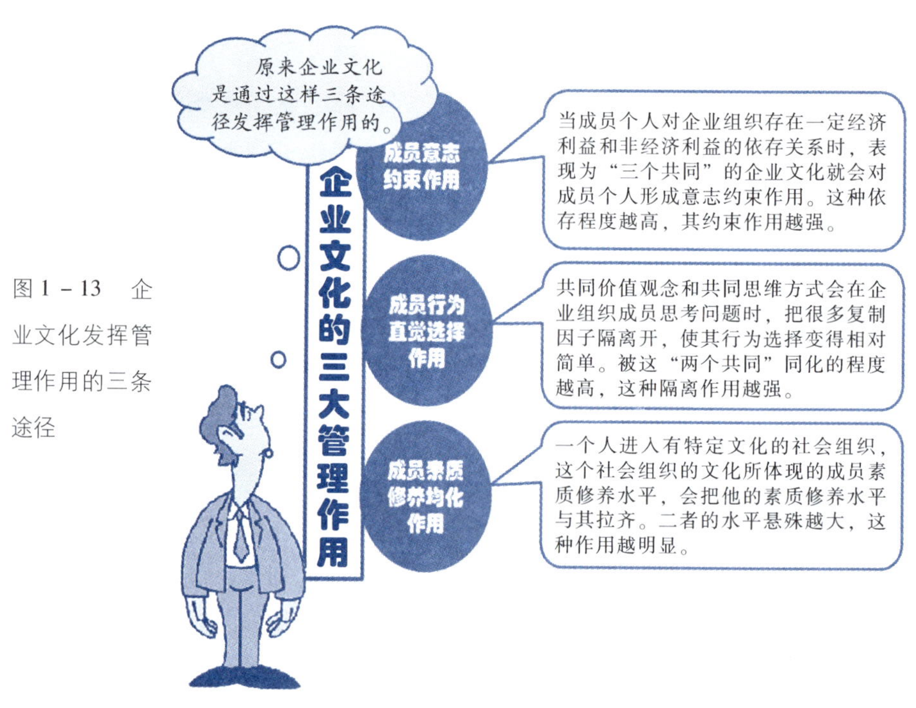

图 1－13　企业文化发挥管理作用的三条途径

2. 企业文化的意志约束作用

企业组织与一般区域性社会不同，它是组织严密、目标明确、人员相对稳定的社会经济组织。员工与企业的关系，比一般社会成员与其生活在其中的社会之间的关系要紧密得多。员工与企业的关系归纳起来包括以下四种。

（1）利益依存关系。在这种关系中，他们依靠企业组织为他提供的工作赚得收入养家糊口，并且他们如果离开了这家企业，转到另一个企业获得工作机会的可能性比较小，他离开这个企业，即使不是过了这个村，没有下一个店，至少在实现这种转换上，要蒙受重大的经济损失。他也就与这个企业结成了稳定而难以改变的利益依存关系。

（2）人格依存关系。在这种关系中，他们并不看重对企业为他提供的工作赚得收入养家糊口的经济福利，但他对企业组织成员，尤其是老板或上司，存在一种人格上的依存。他把老板或上司当做自己的精神偶像，唯他们之言是听，唯他们之命是从，唯他们之行是效。他们感到如果离开了这家企业，与他们的老板或上司分离，就会有一种恐惧袭来，让他感到不安。他也就与这个企业结成了稳定难变的人格依存关系。

（3）机会依存关系。在这种关系中，他们也是依靠企业为他提供的工作赚得收入养家糊口，但是他们离开了这家企业，转到另一个企业获得工作机会的比较多。只不过这种转换会给他带来很多不确定性，包括他离开这个企业组织的可能损失和转换的可能收益。他也就与这个企业组织结成了机会依存关系。

（4）缺少依存关系。在这种关系中，他们不是依靠企业组织为他提供的工作赚得收入养家糊口，也不是只有在此才能获得朋友和欣赏，他在此所获得的经济利益和心理满足，远不能让他留恋。他离开了这家企业，不会有什么损失，甚至还可能获益更多，只不过他现在无心折腾才留在这里。

企业文化对这四类关系的主体，在作用上是完全不同的。文化的管理作用，就其方式而言，它是直接对应于企业组织与员工之间的不同关系而存在的。只要存在依存关系，企业文化对于员工就有一种成员行为选择的约束作用。

长江三峡中的神农溪，在 20 世纪中叶之前，行船是纤夫裸着身子爬在河道上拉动的。那是社会生产力落后没有选择的选择。到了 80 年代，随着葛洲坝和三峡大坝相继建成，昔日的峡谷险滩都沉入江底，加上公路交通的快速发展，往日的小木船被现代交通工具所取代，纤夫不再成为必要，让纤夫裸着身子爬在河道上拉纤，更是没有必要。可在 2011 年的今天，裸着身子的纤夫又出现在神农溪的河道上。旅游部门为了吸引游客，以挖掘、整理纤夫文化遗产，弘扬“团结协作、拼搏向上”的纤夫精神为名，让昔日的纤夫再次裸出了身子。当地特有的“豌豆角”木船载着游客，让船工裸着身子套着纤绳，应着号子，在河道上拉纤前行。可这种裸着身子的纤夫，不是不知羞，而是因为存在前述三种依存关系的一种，不得不放弃羞耻心，裸着身子拉着游客在河道上爬。这直接是企业文化的意志约束作用所致。因为如果有人不愿裸着身子，就会有愿意裸着身子的人顶上。

一代学术泰斗冯友兰，在“文革”初期，一家人被无休止地批斗和陪斗。甚至冯友兰先生刚刚做完前列腺手术，还插着管子就被拉出医院接受批判。寒冬时节，他想要一件御寒的衣服也没有，只能找一个破麻袋裹住身子。1973 年，“批孔运动”甚至发展到要批尊孔。冯友兰在《冯友兰自述》中写道：“当时我心里又紧张起来，觉得自己又要成为‘众矢之的’了。后来又想，我何必一定要站在群众的对立面呢。要相信党，相信群众嘛，我和群众一同‘批孔批尊孔’，这不就没有问题了吗？在这种思想的指导下，我写了两篇发言稿。这两篇发言稿，在会场上念了一遍，果然大受欢迎。”很明显，冯友兰先生被“和谐”了，他的这段经历成了他人格上的一个污点，频频遭人诟病。

冯友兰的女儿宗璞在《我的父亲冯友兰》一文中说：“在我看来，冯友兰‘文革’时期的转变，与他一贯提倡的‘和谐’之道也不无关系。和谐，就不是鲁迅似的勇士之道，也不会像马一浮、熊十力一样以死抗争，既然自己的意见不能被领袖所接纳，而且似乎反而让自己变为了‘全民公敌’，那还不如和谐牺牲一下自己。”他女儿辩解说明的就是人在一定依存关系中不得不改变自己的价值观念和思维方式的文化意志约束作用。

3. 企业文化的直觉选择作用

笔者曾经作过分析，在人的行为选择过程中，完全意识的理性选择所占比例远没有非完全意识的简化选择大。在非完全意识的简化选择中，直觉选择又占主导，因为习惯选择要以多次的重复为前提，而世界上没有一片完全相同的树叶，完全相同的境遇更是少之又少，最多也只是相似，重复也仅仅是在相似的境遇中做出相似的应对，所以习惯选择也可归入直觉选择中，而直觉选择的形成，文化是一个主要力量。共同的价值观念和思维方式就是企业组织成员个人大都接纳的价值观念和思维方式，被接纳的价值观念和思维方式也就是他个人的价值观念和思维方式，而其价值观念和思维方式正是他简化其思维过程的依据和方式。

价值观念作为事物评价标准，思维方式作为思考问题的立场，当一个人把它运用在思考问题的过程中时，也就经过它们的过滤把很多复制因子隔离开了，他的行为选择也就变得相对简单了。

安徽省徽州文化中的贞节观念，在漫长的封建社会有极为深厚的社会文化基础，仅歙县现存的 82 座牌坊中，贞节牌坊就占了 37 座。棠樾仅有百来户人家，历史上先后就有贞节烈女 59 人。在这些牌坊中，有一座

"孝贞节烈坊"，建于1905年，造型和制作简陋，用材普通得几乎到了寒碜的地步，上面书有："徽州府属孝贞烈节六万五千零七十八名"字样。

这第65078名牌坊的因主叫采姑。她15岁嫁给浙江龙游吴员外，丈夫多病，三年后不治身亡，留下独子，相互厮守，可独子五岁时染伤寒夭亡。这时采姑才21岁。为度过这漫长的一生，从此取下钗环，布衣蓬头，长夜孤灯。采姑找出儿时的玩具，一副铜制的九连环。她就靠这副铜制的九连环消磨自己的人生。九九八十一次，套入一环又一环，解开九个九九数，又套九九八十一，周而复始。采姑每解完九九八十一个环，心里的孤苦就得到一点稀释，整整三十年，一头乌云成白雪，一副铜环磨成了丝。采姑之所以把自己的行为固化在九连环的结、解游戏上，就是"饿死事小，失节事大"的价值观念和"不抛头露面，少惹是生非"的思维方式把她大脑里很多复制因子都冷冻起来，简化了她的行为选择，她就只能在九连环的结、解游戏上消磨时光。

4. 企业文化的成员素质均化作用

文化管理的另一个作用就是成员素质修养均化作用。这在企业文化和社会文化中都存在，从社会文化的角度分析更有说服力。

笔者记得曾经有新闻报道，讲述外国人在中国旅游景点义务捡垃圾的故事，并且由这些故事还引发了一系列的思考。其中我记得两篇报道的内容，一篇报道是讲有两个加拿大少年到云南玉龙雪山景区旅游时，捡拾别人丢弃在草地上的废电池。另一篇是讲挪威大使每逢休息日，到北京八达岭的长城脚下，捡拾游客随手乱丢的垃圾。其实来中国旅游或工作的外国人何止报道的这几个人，尽管在中国旅游景点捡拾过垃圾的外国人也不只有被报道的这几个人，但有一点是确定无疑的，捡拾过垃圾的外国人只占来中国旅游和工作的外国人的极少数。新闻遵循的原则是狗咬人不是新闻，人咬狗才是新闻，否则新闻就不称其为新闻了。更重要的是本人在旅游景点也看到过高鼻梁、蓝眼睛、白皮肤的外国人，和中国人一样随手丢垃圾，甚至我看到的高鼻梁、蓝眼睛、白皮肤的外国人随手丢垃圾的次数远比报道的外国人捡拾垃圾的次数要多得多。这就是文化对人的素质修养均化作用。

一个人被置于特定文化之中，他的素质修养不免被这种文化所包含的素质修养水平拉齐。在欧美发达国家，文化所包含的素质修养水平比较高，使之在这种文化中生活的人，其素质修养也自然提升了。好多人都指责中国人素质修养低，上公交车不排队，车一来就一窝蜂地挤上去。可中国人在欧美国家也会规规矩矩地排队，但这些在欧美国家规规矩矩地排队的中国人，回到国内后又习惯于一窝蜂地挤了。这就是证明。

有一个故事讲述了一对留学德国的中国男女爱情破裂的过程。这对男女一块留学到了德国，男的在中国已习惯于闯红灯，到了德国之后，和在中国一样，不管红灯绿灯，车不多时就窜过马路。女的发话说："怎么这样没有素质，连交通规则都不知遵守。"他受到女友的斥责，改掉了闯红灯不遵守交通规则的坏毛病。可回国之后，他们俩人还是分手了，因为男的太遵守交通规则了。在北京的一条大街上，他们俩一同穿过马路。红灯亮了，众多的人仍在往前行，这女的也跟着往前行，可男的留在马路另一边了，他没有像其他人一样闯红灯。他追上他的女友后，他女友明确表示对他彻底失望了，说他不知变通："都不遵守交通规则，你遵守哪门子的交通规则?"这就是文化对于人的素质修养均化作用的说明。

第七章

企业文化建设及其发展演变

企业文化建设也就是重组改良企业组织的基因，自主地让已经形成且不利于企业发展的企业组织的基因发生裂变，重新构造出能推动促进企业持续快速发展的企业组织的基因。实现对企业文化构成要素和元素的更新重组，构建一种能全面推动促进企业持续快速发展的强势企业文化。企业文化建设就是对企业组织“三个共同”的系统化、优良化。

一、企业文化建设的本质

1. 企业文化建设就是对企业文化构成要素和元素的更新重组

我们先从潜规则入手作一个分析。潜规则，就是企业组织的基因的一个构成链片断。潜规则是企业组织成员在长期合作、交往过程中形成的一种独特文化内容。只不过这种文化并不是由哪一个人主导把它构建出来的，而是组织成员在相互交往中不自主地沿袭已有的众人重复的行为选择方式而形成的。潜规则对于企业组织而言所起的作用就和基因一样，可能是企业发展的一个推动促进的力量，也可能是只起破坏阻碍作用，妨碍企业发展的陋习。企业老板和管理人员所要是前者，所以他们也就必须在明确其本质的基础上，固化这种对企业发展有推动促进作用的潜规则，并且给予显化处理发扬光大。同时摒弃清除对企业发展只起破坏阻碍作用的潜规则，最终实现对企业组织潜规则的优化，把它导向能推动促进企业发展的轨道上来。这就是企业文化从“三个共同”的角度定义的企业文化建设。

企业文化建设对于企业来说，就如改变生物体的基因密码一样，是对企业文化构成要素的元素进行更新重组的系统工程。实现了对企业文化构成要素和元素的更新重组，并且更新重组工程的目标就是构建一种能全面推动促进企业持续快速发展的强势企业文化。这也就通过企业组织的基因工程实现了对企业文化的优化和改良。

2. 企业文化建设就是“三个共同”的系统化、优良化

企业文化建设也就是重组改良企业组织的基因，自主地让已经形成且不利于企业发展的企业组织的基因发生裂变，重新构造出能推动促进企业持续快速发展的企业组织的基因。企业文化建设的过程，也就是对企业组织的“三个共同”的系统化、优良化的过程。

系统化强调根据企业发展的需要，把企业组织的“三个共同”的内容进行梳理、完善，让保障企业持续快速发展所需的“三个共同”都“共”起来。

优良化强调把企业文化对企业持续快速发展的推动促进功能作用的形成放在首位，并让每一个“共同”都能起到这一作用。这也就要求在归纳、整理、提炼企业文化核心层的价值观念的基础上，严格根据企业文化构成的四个层次、九个要素，一层一层地向外演绎构建出理论层、实体层和表象层。其过程不能有任何形式的投机取巧，否则，就不足以把企业文化这个管理工具打造出来。

3. 文化发展演变的三条途径

文化的发展演变实现的途径只有三条：消亡、发展和变革，但都与复制因子的更新汇集相关。

（1）文化集合构成元素——复制因子复制能力的消失，就导致文化的消亡。

（2）文化集合构成元素——复制因子因为特定历史的作用，提升了其复制能力，也就是其文化的发展壮大。

（3）文化集合构成元素——复制因子吐故纳新，也就是其文化的变革，演化为新文化。

企业文化建设要最终形成能推动和促进企业持续快速发展的共同价值观念、共同思维方式、共同行事习惯，这就必须对企业组织所有成员的思

想理论和意识观念进行清理。

因此，有破才有立。与企业发展不相适应的价值观念、思维方式不清除掉，也就不可能形成可以推动和促进企业持续快速发展的共同价值观念、共同思维方式。这种破不是像做大扫除那样简单，人的脑袋不能放到洗衣机里去洗。放到洗衣机里去洗，可能把脸皮磨破，甚至连五官也磨得血肉模糊，但脑颅里面的东西仍然改变不了。

现在很多企业通过所谓的拓展训练，军事化训练进行洗脑，真有把人脑放进洗衣机里清洗的感觉。其初衷可嘉，但效果甚微。

对于人的意识的改变，尤其是要清除他已有的某种意识观念，靠这种机械式的打磨是不能达到目的的。解决思想意识问题，必须用心理意识发展调控的方法。借助拓展训练、军事化训练，让人们改变意识，也许会在短时期内产生效果，但离开了这个场景，这种训练的作用也就慢慢消失了。

“读书有如水渗石”，改变人的思想观点更是如此。它需要暴风骤雨，把水浇到石头上，但要让水渗透进石头里面去，却是一个渐进的过程。

图1－14 现实中的企业文化大多如此

4. 企业文化建设，也就是打造有效的管理工具

对于企业而言，文化作为和权力、组织并列的三大管理工具之一，有着不同于权力、组织这两个管理工具的作用，它是企业持续快速发展，构筑长青基业的一个保障条件。没有良好企业文化的企业，不免挣扎在起伏不定的波动之中，往往一个大的波动就会把它推向死亡，送进坟墓。企业文化建设，也就是打造这样一个有效的管理工具，规范员工行为，提升管理水平，打造企业核心竞争力，进而避免企业发展波动，保证其持续快速发展。如果说权力和组织这两个管理工具的作用仅仅是保证企业组织的存在和延续，那么要实现企业发展的基业长青，也就必须有强势企业文化作为保障。

企业文化建设的本质就是通过自主地进行复制因子汇集，把相互关联，并且对企业持续快速发展能起到推动促进作用的信息束汇集成一个集合，并通过有意识、有目的的系统化处理，使这个集合中的复制因子发展为一个有序的系统整体。进而通过“三个共同”的形成，将员工个人的价值目标诱导到企业发展目标上来，把员工的行为活动引导到企业持续快速发展所要求的标准上来，把员工的行为步调统一到组织整体所要求的方式上来。

5. 企业文化建设的关键是找到能形成共鸣的复制因子

对于企业或社会组织，文化建设的过程也就是组织成员大脑里这个复制因子集合中的复制因子转换、演变的过程，并且这种转换、演变即使没有有意识的行为主导，它也会发生，只是转换、演变的方向不确定而已。任何人都会随着阅历和知识的积累而改变自己的价值观念、思维方式和行事习惯。

企业文化建设面对的是改变员工的价值观念、思维方式和行事习惯的问题，他们每一个人的价值观念、思维方式和行事习惯都已由他长期积累的复制因子在大脑里沉淀形成了，并且具有超稳定特性。即他大脑里的复制因子已经结成糯米团子，掺入任何一个新的复制因子都不容易。如果在原有复制因子集合这个糯米团子中找不到能与之共鸣的复制因子，也就不可能构建出与企业持续快速发展需要相适配的企业文化。因为员工个人会抵制刻意灌输的复制因子。

因此，企业文化建设的过程，也就是寻找能在企业大多数员工大脑里形成共鸣的复制因子的过程，进而通过这种共鸣把新的复制因子嵌入到他们已有的复制因子集合中去，积沙成丘，把与企业持续快速发展要求相冲突对立的复制因子的统治地位打破后，逐渐让与企业持续快速发展要求相统一的复制因子上升为主导地位，实现员工大脑里的复制因子的转换，即实现人们常说的洗脑。

二、文化的发展演变就是其复制因子消散聚合的过程

1. 复制因子复制能力的消失，就是文化的消亡

三星堆文化（即由三星堆遗址展现的中国古代文化。三星堆遗址位于成都市广汉城西鸭子河畔，南距成都约 40 公里，是一处距今 5000 年至 3000 年左右的古蜀文化遗址，面积达 12 平方公里，是中国 20 世纪重大的考古发现之一。自 20 世纪 20 年代起至今，中外考古学家对其进行了大量的考古发掘和专题研究，发现了城墙遗址和大量精美文物）在 20 世纪被发掘出来之前，历史记录几乎为零，这说明它就是一种消亡了的文化。从其内涵上看，1986 年以前学术界都把它作为早期蜀文化看待，还没有认识到它是古代文明的一颗闪亮的明星。1986 年两个“祭祀坑”被发现后，出土的上千件青铜器、金器、玉石器、象牙以及数千枚海贝，加上后来发现的三星堆古城遗址，才使学术界充分认识到三星堆文化所代表的古代灿烂文明。但三星堆祭祀坑内各种奇诡怪异的神像和形象，包括体型庞大，眼球明显突出眼眶，双耳极尽夸张，长大如兽耳，大嘴宽阔至耳根，让人有一种难以形容的惊讶和奇异的“千里眼、顺风耳”造型。它们不仅从未见诸历史文献的著录，没有现成的文献记载可资对照，至今学者们还不得不主要借助于有关中原文化典籍的知识来认识和探索三星堆所代表的文明的风貌与内涵。

为什么如此灿烂的文化消失了，除了从地下寻找记载之外，没有人文的记录，包括文字的和传说的。对于这一问题，有了前面的分析，答案就很简单了，这就是这种文化所包含的元素——复制因子丧失了复制能力。没有人关注，就没有人记录，也没有人传说。

春秋时期，在鲁国除了孔子与他所创立的儒家学派之外，墨子与他所创立的墨家学派也很有名，在当时两者并称为“显学”，因而有“孔席不暖，墨突不黔”（意思是孔丘、墨翟四处讲学传道，到一个新地方座位还没有坐热、烟囱还没有烧黑，就又被邀请到另一个地方去了）之说。墨者多来自社会下层，以“兴天下之利，除天下之害”为宗旨，尤其注重艰苦

的社会生产实践。

墨家是一个有领袖、有学说、有组织的学派，墨者们有强烈的社会实践精神，他们吃苦耐劳、严于律己，把维护公理与道义看做自己义不容辞的责任。墨家社会伦理思想以兼爱为核心，提倡“兼以易别”（用平等的无差别的爱，代替那种有差等的爱），反对儒家所强调的社会等级观念，明确提出了“兼相爱，交相利”（兼与别相对，即不加歧视的爱）。《墨子·兼爱中第十五》：“子墨子言：视人之国，若视其国；视人之家，若视其家；视人之身，若视其身。是故诸侯相爱，则不野战；家主相爱，则不相篡；人与人相爱，则不相贼；君臣相爱，则惠忠；父子相爱，则慈孝；兄弟相爱，则和调。天下之人皆相爱，强不执弱，众不劫寡，富不侮贫，贵不敖贱，诈不欺愚。凡天下祸篡怨恨，可使毋起者，以相爱生也。”（交与伐相对，即加强交流，避免相互征伐）这种治国纲领，反对当时的兼并战争，坚持非攻的主张，并以“尚贤、尚同、节用、节葬”为治国方针。在思想意识上主张非命（即人的生活不由命运掌控，而由自己创造）、天志（承认人世之外存在“天”的意志）、明鬼（相信“天”的意志会通过鬼神向人间传达并发挥作用）。除了一方面否定天命，同时又承认鬼神的存在这类矛盾的学说之外，把这些思想放在此后2000多年的历史长河中分析，仍然极具合理性。

可是，到战国以后，墨家就很快衰微了。到了西汉时，由于汉武帝的“罢黜百家，独尊儒术”的意识形态管理政策的实施，加之墨家本身历练艰苦、行动严格等操行约束为世人所难以企及，在西汉中期之后就基本消失了。

其原因是，整个社会文化中与之负相关联的复制因子汇集得越来越多，苦行僧一样的墨家效法者越来越少，使其所包含的复制因子的复制能力不断下降。尤其是墨家文化中存在一些与统治阶级的利益不协调的复制因子，又不可避免地会受到统治阶级的打压，而赞同其内涵的平民因为难以企及其操行约束不免造成追随积极性下降。另外，追随的平民又没有舆论和媒体掌控权，即使想维护也无法维护其基本的复制能力，体现其学说思想的复制因子的复制能力消减至很低就不可避免了。

2. 其复制因子的复制能力提升，就是文化的发展壮大

从20世纪末开始，中国传统文化开始走向新的繁荣，曾被当做封建主义意识形态核心内容的儒家文化开始走向全世界，数以百计的孔子学院跨出国门，甚至在开院典礼时当地国家的首脑也会出面捧场。在国内，能引用几句《四书》、《五经》中的原文也成了学问的象征，同时各类读经班也层出不穷。有针对企业老板的读经班，有大学开设的读经班，还有半合法的国民教育体系之外的传统私塾——针对学童的读经班。与此同时，诸子百家，尤其是与儒学相辅相成的道家、佛家，也都受到普遍的重视。与之相关的典故成了广为传播的复制因子。由诸子百家体现的中国传统文化至少可以说获得了新生。

之所以如此，是因为诸子百家等复制因子所承载的信息与中国改革发展的要求相适应，它又重新受到各级各界人士的关注，其复制能力很快提升了。同时诸子百家等复制因子所承载的信息与世界和平发展的要求也相适应，诸子百家之中的兵家也不主张战争，它受到各个国家和民族的知识分子和领导人的推崇，因而由他们的榜样作用，带动了各个国家、各个民族关注，使其复制能力一下冲出了国门，横扫宇内。

3. 其复制因子的吐故纳新，就是文化的变革更新

文化要实现发展，就必须有复制因子的吐故纳新，否则只能是原地踏步。犹如中国封建社会，持续了2000多年，几乎没有什么明显的发展进步，因为当时我国的文化发展走在世界前列，没有什么新的复制因子进入和汇集。到了19世纪中叶之后，又因为落后而闭关锁国，拒绝新的文化元素的进入和汇集。但我国的改革开放，30年时间就把一个经济陷于崩溃边沿的封闭落后的中国发展成为现在综合经济实力位居世界第二、发展后劲仍然强劲的大国。这首先是因为改革开放打开了面向世界的窗子，各种新信息——复制因子大量传播到中国人的大脑里，打破了多年的封闭，中国文化实现了一次飞跃式的发展。

为什么改革开放之前没有如此的发展和进步？

这是因为自我封闭阻隔了新复制因子进入的通道。在20世纪80年代之前，民间与外部世界沟通信息，进行文化复制因子交流的唯一渠道——收音机也受到严格的管控，动不动就可能有收听敌台的罪名砸到头上，遭受牢狱之灾。

为什么改革开放之后会有如此快速的发展和进步？

这是因为开放了信息沟通的渠道，中外人员交流成几何级增长。加之信息技术的发展，一方面接受外部世界信息交流的监控难度增加了，同时在意识形态的管控上也松动了，新复制因子进入的通道被接通，大量的新

复制因子汇集进入中国人的大脑，同时把旧有的与发展不相适应的复制因子扫除出大脑，实现了复制因子的吐故纳新。

文化集合构成元素——复制因子，有一部分被替换掉，其文化就会对应发生性质上的部分改变，如果一些具有强大复制能力的复制因子被替换，也就是一种新文化的诞生。改革开放用发展取代了斗争，用科学取代了盲从……正是这一系列的复制因子的替换，才实现了中国社会、经济和文化的飞跃发展。

图1－15 企业文化建设不能仅有标榜

就像如果没有复制因子的吐故纳新也就没有社会文化的变革更新一样，企业文化作为一种亚文化也是如此，没有企业文化复制因子的吐故纳新，也就不会有企业文化的变革更新。它的自主变革更新过程，也就是企业文化建设的过程，即用能推动促进企业持续快速发展的复制因子，替换阻碍企业持续快速发展的复制因子的过程。

三、企业文化建设与强制约束的关系

1. “三个共同”仅有说教是难以形成的

企业文化建设的最终目的，是形成能推动和促进企业持续快速发展的共同价值观念、共同思维方式、共同行事习惯。而要让人们改变他们已有的价值观念、思维方式和行事习惯，以接纳共同的价值观念、共同的思维方式和共同的行事习惯，就必须有说教，必须有理论论证，让他们心悦诚服，但仅仅有这二者还是远远不够的。

要改变一个人的价值观念、思维方式和行事习惯，是一个很痛苦的过程。所以，必须借助于外在强有力的约束——强制才能生效。

有一个小偷经过沁人肺腑的说服教育，让他意识到小偷的行径不好，应该改正。但他说：“我一定下决心改掉。我现在每天偷十次。从今年开始，每天只偷一次，明年每周偷一次，后年每月偷一次，再下一年每季偷一次，再再下年一年只偷一次，再再再下年，就不偷了。”

除了把他关起来才能偷不了之外，要让一个小偷改掉偷窃的习惯，真的不知要多少年才能生效。抽烟的人不也是这样嘛！他们都知道抽烟有损健康，但总是戒不掉。

在习惯了的行为中，习惯本身会驱使他按照习惯的方式行事。因此，在要让人们形成好的习惯之前，也就必须把这种习惯的要求变为一种强制性的约定，对他进行强制性约束。要让吸毒的人戒毒，只有强制收容，遣送到集体戒毒所，才能见效。

因此，对于能推动和促进企业持续快速发展的共同价值观念、共同思维方式和共同行事习惯，也必须在全面完整地界定之后，分解成具有强制性的约定，以制度约束的方式强制性贯彻。在人们习惯了这种制度约定之后，企业持续快速发展所需要的共同价值观念、共同思维方式、共同行事习惯，才能真正构建出来。

但在这里的强制仅仅是一种手段，让人们习惯于这种约定要求之后，强制也就不存在了。人们常讲，制度是为那些不遵守制度的人而制定的，道理也就在此。有不遵守制度的人，按照制度给予惩处。让他在趋利避害动机的驱使下，由外部强制约束，到习惯于制度约束后自我约束，最后形成感觉不到有约束的习惯。这是企业文化建设的必有过程。

正是从这个意义上讲，规章制度、生产规程，就直接构成企业文化中必不可少的两个构成要素。企业组织在不断地发展过程中，总有人需要强制性地进行约束，才能保证他与企业组织整体之间的人和关系的实现。

2. 仅仅有强制，“三个共同”也难以形成

企业文化的建设开始必须通过制度，强制性地把共同的价值观念、共同的思维方式和共同的行事习惯，作为一种不容抗拒的约束强加于人，但仅仅有这种强制又是难以达到目的的。建立在强制基础上的约束和行为规范，如果得不到被强制对象的理解和认同，这种强制不可避免地会引起对方的反感和反抗。

被收容到介毒所的吸毒人员，很少有翻墙逃跑的事件发生，更不会有集体暴动的事件发生。因为任何一个吸毒者通过简单地告知，就会明白戒毒对自己的好处。

相反，假如对于那些喜欢喝可口可乐的人，强制性地收容以戒掉这一习惯，这就不免会引起社会的动荡以及广泛的反抗。因为没有理由让他们放弃他们的癖好。

在企业文化建设中，有一点非常关键，要让人们形成某种共同的价值观念、共同的思维方式和共同的行事习惯，也就必须让每一个员工有从他们自己的角度思考的理论体系。只有这种理论体稳固地建立起来，并让每个员工从内心认定它的合理性，人们才会有接受这种共同的价值观念、共同的思维方式、共同的行事习惯的理由。有了这种理由，这种理由本身就会成为自我约束的力量。

是人都有意识，特定意识一旦形成，相应的行为也就会随之逐渐发生改变。

在现实的企业文化建设实践中，绝大部分企业都忽视了这一点。喊出了一些漂亮的口号，却并没有从企业组织每一个成员的利益出发，阐发这种口号的合理性。因而由这种口号分解来的严厉约束惩罚，也就必然遭到员工的抵制。员工为了逃避惩罚，也会遵循这种约束，但只要有逃避约束的可能，他们也就会把这种约束抛弃得一干二净。

这是现实企业的企业文化建设不成功的一个重要原因。在处理人的问题上，永远要记住，给予对方一个必须选择的理由是关键。

3. 合理性是“三个共同”形成的基础

企业文化建设要真正形成共同的价值观念、共同的思维方式、共同的行事习惯，也就必须给每一个员工认同这种共同价值观念、共同思维方式，并按照共同行事习惯行事的理由。只有当这种理由让每一个员工心悦诚服，并且这种理由不是强制约束要给予的惩罚所带来的个人损失，而是让他自主认同了这三者的合理性。

没有这种合理性，人心不服，企业老板所向往的强势企业文化也就不可能构建出来。人是一个有意识的动物，你必须从意识上改变了他，他才会有行为活动的自主改变。尽管谬论重复一千遍，也会被人当做真理，但只要这种重复的声音一变小，频率一变低，人们有了思考的余地时，就会怀疑它。

图1－16 企业文化的形成，没有规章制度的强制，是不可能的

因为愚蠢到把谬论永远当做真理维护的人，是世界上的稀有动物。但这种谬论与特定个人的利益联系起来了，而把谬论当做真理来维护，这就不再是维护真理，而是维护利益。邓小平南巡讲话，明确否定了计划经济

与社会主义之间的本质联系之后，被一些专家教授进行抵制。这也并不是因为计划经济真的就是社会主义本质特征，而是他们靠计划经济理论吃饭吃久了，放弃了它，也就失去了吃饭的饭碗。

据说有一个教授，因为邓小平否定了计划经济理论而跳楼自杀。他如果不是为他的利益殉情，就是为他的愚蠢殉情。

四、人的行为选择机制与企业文化的四个构成层次

企业文化核心层、理论层、实体层和表象层四个一级子集，作为一个完整的体系，是直接与人的行为选择模式相对应的。人是具有自我意识的存在，其行为的选择机制，是由“四有”构成的一个闭合环路。企业文化的四个一级子集，分别直接对应人的行为选择闭合环路“四有”中的一个“有”。

1. 有义

所谓有义，就是人的行为首先是通过他的价值观念进行判断，按照所认定的应该和不应该进行选择。其所选择的行为，也就是他自我认定应该而且必须付出努力去完成的工作。与这一环节对应的是企业文化核心层的价值观念。企业文化核心层的价值观念，会直接作用于人何为应该与何为不应该的判断。

2. 有理

所谓有理，就是任何一个人的价值观念都不是无缘无故的，而是由他所认定把握的情理主导的，是他自我认定的合理性和必然性的总和。也就是说，是他的意识通过分析选择，按照一定的合理性和必然性，综合认定何为有价值、何为无价值之后，在此基础上形成的价值判断。与之对应的是企业文化理论层。企业文化理论层通过伦理哲学和科学技术两个要素子集，直接为员工对何为有价值，何为无价值的认定，提供合理性和必然性说明。它是用企业文化理论的逻辑力量引导员工进行理性思考和选择。

3. 有利

所谓有利，也就是任何一个人所接受的合理性和必然性，都是建立在对他的价值需求满足关联关系基础上的，没有人会从与自己的价值需求满

足对立关系的对方去寻求和认定其合理性和必然性。与虎谋皮的人肯定不会从虎的角度分析确定他行为选择的合理性和必然性。与之对应的是企业文化实体层的四个构成要素，直接通过流程标准、规章制度、伦理道德、风俗习惯四个二级子集的复制因子所承载的信息指令，为员工个人建立一个价值需求满足关系预期框架，让员工个人能方便地进行比较，以确定从个人的角度进行判断，如何进行行为选择才能保证价值需求满足的最大化。价值需求满足的最大化，也就是最大的合理性和必然性。

4. 有据

所谓有据，就是人所选择的价值需求满足的具体内容，不仅仅有自己作为动物的本能需求作为根据，而且必须有生活于其中的社会的认同作为根据，并且后者会释放出更为强大的驱动力。人是一个社会性存在，不可能不顾及社会他人对自己的评价，所以不能完全凭本能需要行事。一个人在寻求什么样的具体价值需求满足上，也就必不可免地会受到社会广泛存在的舆论导向的影响。即外部舆论导向，会直接影响员工个人对他所寻求价值需求内容的设定。与之对应的是企业文化表象层的形象艺术、语言艺术。它们二者作为舆论导向，不仅会影响企业组织这个社会对其成员的特定行为的评价，而且会直接给人提供价值需求具体内容选择设定的依据。它直接让人明白，选择何种具体价值需求才能受到赞赏，而不是遭人唾弃。

“四有”与企业文化四个层次对应是有前提的。企业文化四个层次——四个一级子集与人“四有”行为选择闭合环路对应关系的形成，是以企业文化四个一级子集的集合构建完善健全为前提的，即企业文化集合的复制因子所承载的信息指令全部与企业组织运行驱动信息实现了融合，合二为一了。与企业组织运行两张皮的企业文化是起不到与人行为选择“四有”闭合环路对应的作用的。尤其是实现企业文化表象层与人“四有”行为选择闭合环路的有据对应，其前提是企业文化表象层的形象艺术、语言艺术必须是并且也仅仅是企业文化核心层、理论层、实体层的展开。脱离企业文化核心层、理论层、实体层的空洞口号和无病呻吟式的形象艺术、语言艺术，无论怎么华丽堂皇，也都只是为骗取他人同情心用油彩伪装的脓血伤口，白让自己和他人作呕。

五、企业文化建设与规范化管理的关系

1. 企业文化建设落地实施与企业规范化管理的实施统一

企业规范化管理的实施就是建立一套完整的游戏规则，并且这套游戏规则还必须满足公开透明、上下认同，系统完整和行之有效四个条件。这也就使企业文化要素集合与企业组织运行的融合工作同企业规范化管理的实施统一起来了。

规范化管理游戏规则的约束条件的达成，直接就是企业文化的“三个共同”的形成，因为规范化管理的实施建立了满足公开透明、上下认同、系统完整、行之有效四个条件要求的游戏规则，这也就是在共同价值观念的基础上形成了共同思维方式和共同行事习惯。

从规范化管理的角度分析，游戏规则的后三个约束条件——上下认同、系统完整、行之有效，是规范化管理的最终要求。而第一个约束条件——公开透明是基本约束条件，当它满足了才有后三者的满足的可能。从企业文化建设的角度分析，游戏规则的后三个约束条件又是企业文化的“三个共同”形成的基本条件，或者说是其三个支柱。没有上下认同、系统完整、行之有效，就不可能有“三个共同”的形成。并且上下认同、系统完整、行之有效分别支撑着共同价值观念、共同思维方式和共同行事习惯。

2. 上下认同与共同价值观念的形成

共同价值观念的形成过程也就是通过归纳、整理、提炼，把企业老板和领导人的价值观念与企业组织成员的思想观念相融合的过程。这里归纳、整理、提炼的复制因子，如果只有企业老板或领导人认可，而没有企业组织成员大多数的认同，这样的价值观念是无法成为共同价值观念的。尽管马和鹿只不过是人给这两种动物贴上去的标签，指鹿为马不过是把两者的标签作了调换，但马也没有因为名之为鹿就少了鬃，鹿也没有因为名之为马就少了角。只不过在一个社会组织中，马鹿名实不辨会导致交流的误解、困难和混乱。共同价值观念也就是通过上下认同，消除事物评价标准上的混乱。企业组织是一个统一的社会，不能马鹿不辨，名实各异，所以只有上下认同才有共同价值观念的形成。

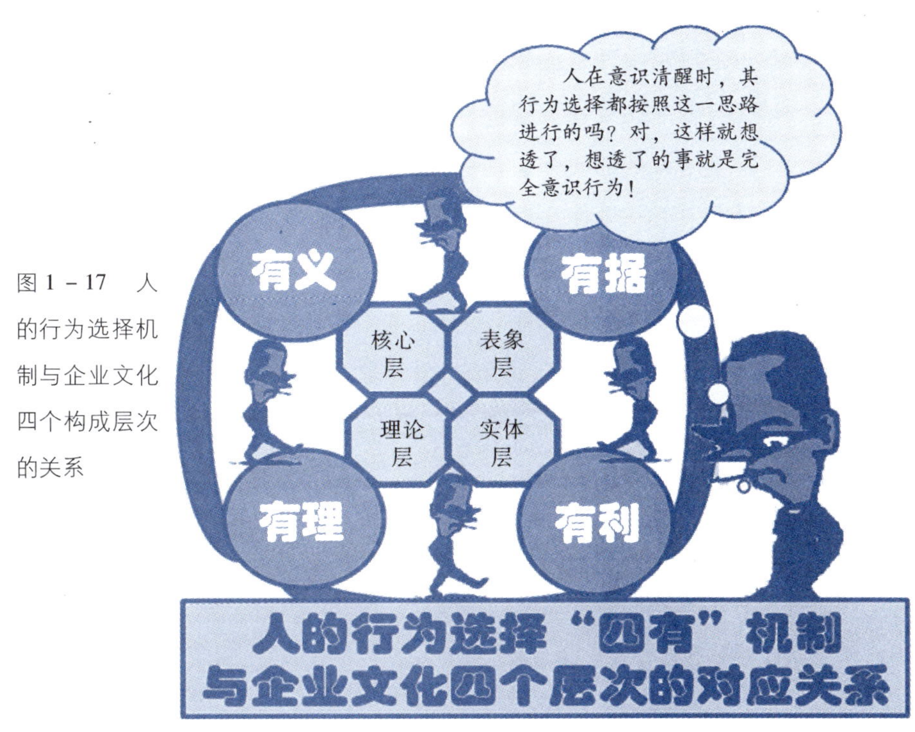

图 1－17 人的行为选择机制与企业文化四个构成层次的关系

3. 系统完整与共同思维方式的形成

共同思维方式的形成过程也就是企业老板和领导人与企业组织成员思考问题的立场、角度和方法达成统一的过程。系统完整强调的是把个人置于组织之中思考，把组织置于社会之中思考，同时从整体到部分，也从部分到整体，从组织到个人，也从个人到组织双向进行思考，以消除思考片面性的偏颇。老板与员工作为投资人与价值创造人，其关系是一种相互依存的关系。投资人要想保证投资获得充分大的回报，就必须依赖员工在生产经营过程的努力和贡献，因而也就必须给予员工与其努力和贡献相对应的价值需求满足。而员工要想获得价值需求满足的最大化，也就必须积极努力、多作贡献，以保证投资的最大增值。否则各自都只强调各自价值需求满足的最大化，否定对方价值需求满足的合理性，既不可能有共同思维方式的形成，也不可能有统一的游戏规则。

4. 行之有效与共同行事习惯的形成

共同行事习惯的形成过程也就是企业组织成员把共同价值观念和共同思维方式的要求，通过行之有效与否的反复检验，内化为习惯选择行为的过程。对于企业组织运行过程中的某一行为要求以及它达成行为主体价值需求满足的有效性检验，也就自然而然地固化为行为主体的习惯选择行为，无须每次作全面思考就进入行动过程。一个加班加点为企业发展作出贡献的员工如果每次都能对应获得他所企求的价值需求满足，当需要他加班加点作贡献的时候，他就会毫不犹豫地全面投入到加班加点的努力贡献过程之中去。即使在形成习惯选择行为之后，如果有一次他的努力和贡献没有获得对应的价值需求满足，他的行为选择也会犹豫不决，使习惯选择行为退转为非习惯选择行为。

规范化管理不是简单地拟订制度、确立标准，而是建构一套公开透明、上下认同、系统完整、行之有效的游戏规则。这就决定了规范化管理游戏规则的形成必须借助流程标准、责任制度、跟踪表单“三位一体”的管控技术。

六、“三个共同”的构建形成也必须借用“三位一体”的管控技术

人是一个主体性存在，但能懒时，不会不懒，所以要保证企业组织运行的每一个环节的工作都做到位，就必须通过流程标准、责任制度、跟踪表单“三位一体”的管控技术实现。

规范化管理的实施就是建立健全游戏规则，而游戏规则也就是一套共同遵循的行事方式。是游戏规则，就存在一定形式的强制。比如打扑克，大花能管小花。如果谁用小花管大花、出大花的一方就不会认可，承认小花管理大花的有效性。这就是强制。如果在玩扑克前还约定了赌注，出大花的一方肯定不会认输，向对方支付赌资。

吉姆·柯林斯和杰里·波拉斯在《基业长青》一书中说道：“高瞻远瞩公司的创办人，通常都是制造时钟的人，而不是报时的人。他们主要致力于建立一个组织，一个滴答走动的时钟，而不只是找对时机，用一种高瞻远瞩的产品构想打进市场，或利用一次优秀产品生命周期的成长线；他们并非致力于取得高瞻远瞩领袖人的人格特质，而是采取建筑大师的方法，致力于构建高瞻远瞩的公司组织特质……”“一个组织，一个滴答走动的时钟”也就是由一套公开透明、上下认同、系统完整、行之有效的游戏规则推动的组织。

这种组织从哪里来？吉姆·柯林斯和杰里·波拉斯给出的答案是：确

立一个稳定而凝聚人心的核心理念，并保证这个核心理念的贯彻落实。他们又同时认为“光靠核心理念，不曾而且的确不能造就出高瞻远瞩的公司。一家公司即使拥有世界上最珍贵、最有意义的核心理念，如果只是无所事事，或是拒绝改变，世界也会抛弃它”。因此，企业文化必须借助于“三位一体”的管控技术来达成核心理念与企业组织运行的融合，否则，再好听的核心理念也只能是没有任何意义的空话。

核心理念只有具体化为流程标准，核心理念才能转化为企业组织成员的行事方式；只有通过责任制度明确了流程标准贯彻落实的责任，核心理念才能转化为企业组织成员的行为约束；只有通过跟踪表单落实了流程标准贯彻的责任，核心理念才能转化为企业组织成员的具体行动。

正因为如此，企业文化集合与企业组织运行过程的融合，必须借助于“三位一体”的管控技术。

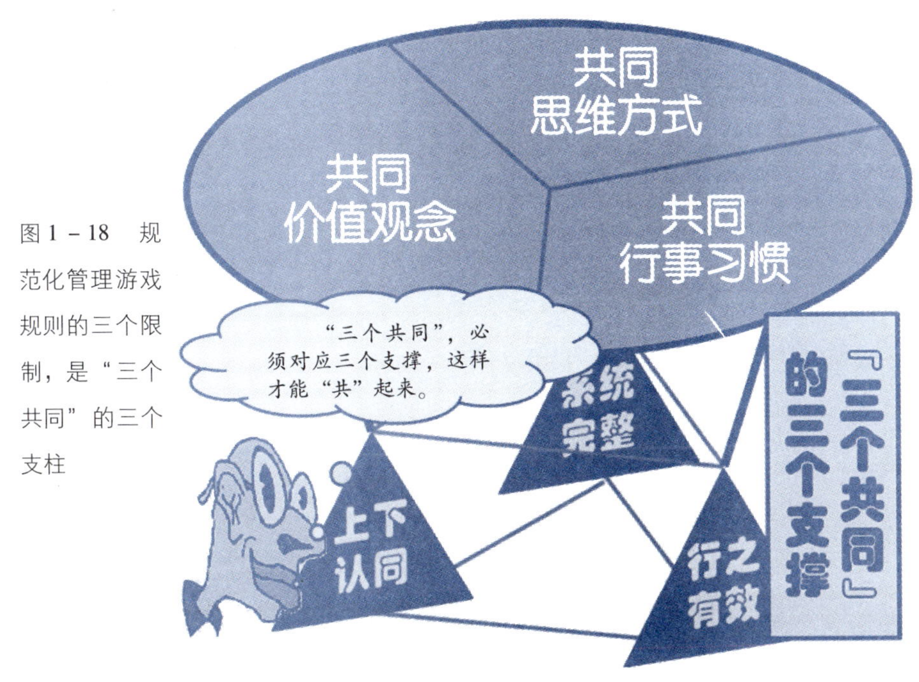

图 1－18 规范化管理游戏规则的三个限制，是“三个共同”的三个支柱

第八章

企业文化的管理作用不实的原因

自主实施的企业文化建设往往事与愿违。企业文化建设的方向失准，就不会明确企业文化建设的管理作用。在企业文化建设实施过程中，就会导致企业文化内涵定义混乱，企业文化的分类混乱，企业文化构成理论的混乱，企业文化建设工作偷工减料。

投资企业文化建设的企业甚为普遍，但获得产出回报的却凤毛麟角，其管理作用想实而难实的原因是什么？下面略作讨论。

一、企业文化建设的方向失准

企业文化建设是一个长期的过程，不仅需要大量的投入，也需要一定的时间才能见到成效。有一个管理学家曾说，如果一个企业不超过七年，那就不要奢谈企业文化，因为它还没有度过生存期。这话未免有点偏颇，因为企业文化是与企业发展过程相伴的，只要企业存在了三两年，也就形成了企业自己特有的文化，并随着企业的发展而不断发展变化，或者推动促进企业的持续快速发展，或者制约阻碍企业的持续快速发展。如果自主实施企业文化建设，那则另当别论了。

问题是这种自主实施的企业文化建设往往也事与愿违。这首先是企业文化建设的方向失准，没有明确企业文化建设的管理作用，在企业文化建设实施过程中，没有把关注点聚焦于企业文化管理工具的功能作用的强化和完善上，而是赶时髦重形式地作些自我涂脂抹粉的装饰，或者急功近利，没有扎实地推进企业文化建设的耐心和决心，对企业文化理念体系做了一些整理、归纳、提炼和宣传工作，没见成效，就放弃了进一步的努力。要保证企业文化建设能起到推动促进企业持续快速发展的作用，首先必须明确企业文化建设的方向，这就是强化文化的管理工具作用，并且持之以恒，不断优化完善。在建设实施方法上严格按照必须有的程序操作，不做偷工减料的事。而文人杜撰式企业文化建设、广告策划式企业文化建设、性质浮游式企业文化建设、形象装点式企业文化建设、急功近利式企业文化建设、“All kiss me”式企业文化建设等都违背了这一点，直接是企业文化建设方向的迷失。

1. 文人杜撰式企业文化建设

文人杜撰式企业文化建设，是指企业老板或领导人把企业文化建设等同于响亮的标语口号的归纳、整理、提炼。在他们眼里，认为只要找几个笔杆子，杜撰几段激昂响亮的文字，就把企业文化建成了，并且现实中这种形式的企业文化建设也最常见。其结果是：“口号喊得响，标语挂上墙，制度印成册，标志竖成行，无人多顾看，理念无人想，标志无人解，行为是老样。”

企业文化理念体系归纳、整理成格言、警句，是为了方便记忆，以增强其复制能力，而啰唆拖沓、晦涩难懂、故作斯文的话不便于理解，也不便于传播。但绝不是有了这样的格言、警句就是建成了企业文化。相反，如果管理者所行与口号所言相悖形成矛盾，那不仅对企业组织成员的行为起不到引导作用，而且这种企业文化还不免被员工私下嘲笑和讥讽。

这种形式的企业文化建设连软体动物都不如，软体动物还能动，由这种形式建设的企业文化，不会有对应的行为反应发生，所以它对企业持续快速发展的推动促进作用，不仅是无，而且是负。说一套，做一套，不免让人生厌作呕。

2. 广告策划式企业文化建设

所谓广告策划式企业文化建设，就是把广告策划当做企业文化建设，企业老板或领导者不在有助于企业持续快速发展的共同价值观念、共同思维方式、共同行事习惯的构建上下工夫，而是让广告公司操刀，代为构建企业文化。以为有了漂亮的标志、响亮的口号，并花大钱再找一个漂亮的明星代言，就有了企业文化。所以往往在广告公司的怂恿下，由广告公司代行企业文化建设事务，广告公司把标志绘制好、口号编辑顺，交上一摞文案给企业老板，企业老板就感到已把企业文化捧在手里了，其实捧的只是一堆废纸。如果请了漂亮的明星代言，也不过增加了一个意淫的对象，仍不会有任何作用。

在企业发展过程中，通过广告来推动市场开发是必需的，但广告策划与企业文化建设毕竟不是一回事。广告的功能是向外传递企业组织和产品的信息，企业文化的功能则是通过共同价值观念、共同思维方式、共同行事习惯的作用，统一整合企业组织成员的行为选择，营造天时不如地利、地利不如人和的市场竞争优势。

彩虹集团，可能一般人知之不多。它通过赞助柯受良飞越黄河而一夜成名，它刚刚推出一年多的彩电也迅速跃居国产电视品牌知名度的第六位，顾客购买意向的第五位。这不能不说是一个非常成功的广告造名造势的策划案例。但是，仅仅进入市场一年，彩虹电视就黯然退出彩电市场，因为所谓的成名、知名度、购买意向没有一项转化为现实市场竞争力的持续。赞助柯受良飞越黄河能一夜成名，但无法在推动促进企业持续快速发展的共同价值观念、共同思维方式、共同行事习惯中添加任何一点内容，也仅仅是投机，让上上下下都学会投机，都来投机。

通过广告标志和口号的策划实施的企业文化建设，其作用也不过如此，甚至还不能如此，因为企业的标志、口号的策划一般难以达到这样成功的造名效果。所以要想通过这种方式进行企业文化建设，实现企业文化对于企业持续快速发展的保障作用只能是空想。

3. 性质浮游式企业文化建设

所谓性质浮游式企业文化建设，就是企业文化性质、形式不能保持基本稳定，经常变来变去，无法形成能推动促进企业持续快速发展的共同价值观念、共同思维方式、共同行事习惯。

这种形式的企业文化建设，概括的是大多数国有企业实施企业文化建设的现实。因为国有企业的领导人，都有一定的任期，领导者为了凸显自己的政绩，塑造自己的形象，就千方百计地在自己任期内确立一个代表自己形象和水平的经营理念与文化形象，这就造成了一任领导一个文化。其实这仅仅是一任领导一套理念形象体系，根本说不上文化。理念形象体系仅仅是构成企业文化的一个部分，如果它与企业文化其他构成部分脱节，就连企业文化的一个构成部分也算不上。言与行不相统一，所言则是天上掉下来的谎言，怎么能转化为企业组织的基因密码呢?

作为企业领导者，每个人都有自己的思想，上任后制定新的经营宗旨、战略目标和制度办法，这本无可厚非。问题是能在多大程度上起到服务于企业持续快速发展的作用，而更多的是制约阻碍企业持续快速发展，那么，进行这种企业文化建设就事与愿违了。

萧规曹随这个成语一般读书人都知道。“萧规曹随”的萧指的是萧何，曹指的是曹参。它出自《史记·曹相国世家》：“参代何为汉相国，举事无所变更，一遵萧何约束。”汉代大文豪扬雄在《解嘲》中说：“夫萧规曹随，留侯画策。”这可不是继任相位的曹参偷懒，而是他认定沿袭前朝法规更能保证汉朝天下的稳定。

曹参的儿子曹窋任中大夫，惠帝责怪相国不创新法规治理国事。曹窋（古同“窟”，意为洞穴）回去乘机进言，按照惠帝的话劝谏曹参。曹参大怒，打了曹窋二百竹板，说：“赶快入朝侍奉皇帝，天下的事不是你该谈论的。”第二天早朝时，惠帝责备曹参说：“为什么责罚曹窋？是我让他劝谏你的。”曹参谢罪说：“陛下自己考察一下，陛下和高皇帝相比，哪一个圣明英武?”惠帝说：“我怎么敢与先帝相比呢!”曹参又说：“陛下看我的能力和萧何相比，谁更强?”皇上说：“你好像赶不上萧何。”曹参说：“陛下说得很对。高皇帝和萧何平定天下，法令已经明确，现在陛下垂衣拱手而治，像我这样一类人恪守职责，遵循前代之法不丢失不偏废，也就够啦。”惠帝最终接受了曹参的理政思路。

曹参任丞相三年，极力主张清静无为不扰民，遵照萧何制定好的法规治理国家，使西汉政治稳定、经济发展、人民生活日渐改善。他死后，百姓们编了一首歌谣称颂他：“萧何为法，顜（音 jiāng，意思是直、明）若画一；曹参代之，守而勿失。载其清清，民以宁一。”用现在的话说就是：“萧何定法律，明白又整齐；曹参接任后，遵守不偏离。施政贵清静，百姓心欢喜。”

可很多国有企业领导就缺少曹参的这种修养，一方面糟蹋了自己的精力，另一方面又妨碍了企业的发展。这正是性质浮游式企业文化建设的悲哀。

4. 形象装点式企业文化建设

所谓形象装点式企业文化建设，就是把企业组织所在地和员工工作、生活的环境作些装点，包括雕像、壁画、楼榭、亭台、假山、流水等，强调用物质环境来装饰构建自己的企业文化，以为有了这些装点，也就有了企业文化。

这种形式的企业文化建设，是把文化与文化载体混为一谈了，以为文化载体就等于文化本身。文化载体不等于文化。文化只能是共同价值观念、共同思维方式、共同行事习惯，文化载体仅仅是承载有共同价值观念、共同思维方式、共同行事习惯构成元素的复制因子的物质。文化不能没有载体，但载体绝不等于文化。爱因斯坦的脑袋是他的聪明才智的载体，但不能说爱因斯坦的脑袋就是聪明才智。爱因斯坦的脑袋也是头发覆盖的头骨里装着血肉和脑浆，并且数量也不一定与别人多多少，其生理结构也不一定与别人有什么差别。

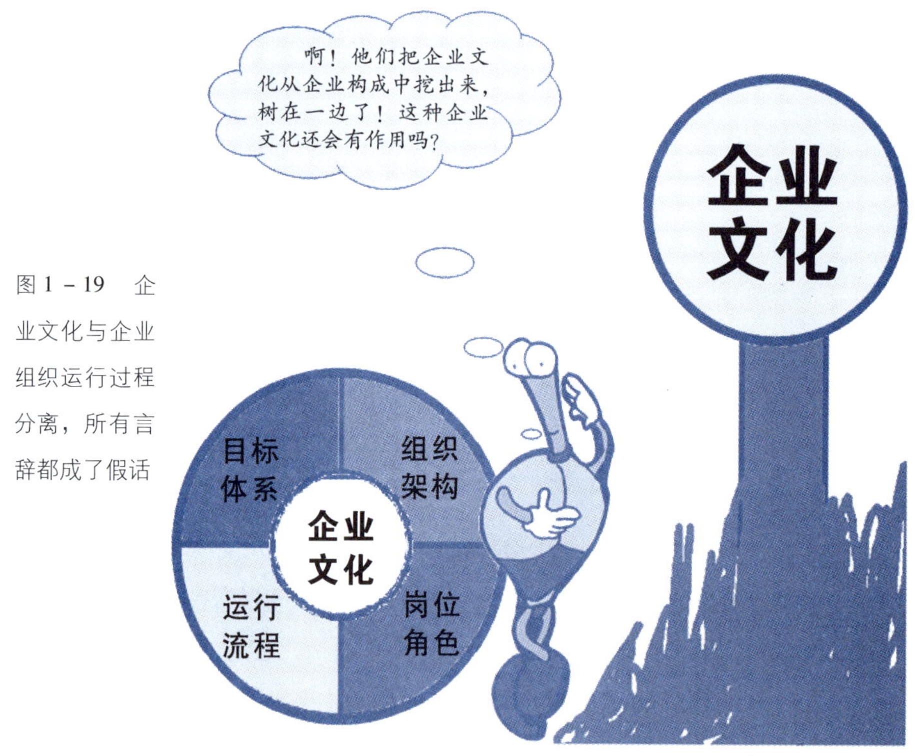

图1－19　企业文化与企业组织运行过程分离，所有言辞都成了假话

改善员工工作、生活环境，向美化、艺术化方向努力，提升物质环境品位，通过物质环境来影响人的行为和修养，这是无可厚非的。但它离共同价值观念、共同思维方式、共同行事习惯的形成，还有十万八千里的路需要走。共同价值观念、共同思维方式、共同行事习惯仅仅有雕像、壁画、楼榭、亭台、假山、流水是装点不出来的。这种装点不可能让企业文化对于企业持续快速发展起作用，最多是在企业资金链断裂转让地皮时可

多获得一点转让费而已。

5. 急功近利式企业文化建设

所谓急功近利式企业文化建设，就是企业老板或领导人不愿投入精力着力进行有助于企业持续快速发展的共同价值观念、共同思维方式、共同行事习惯的构建，而仅仅想掏点小钱，就赶回一群不吃不喝能天天下金蛋的鸡。

在管理咨询行业兴起以后，这种方式的企业文化建设经常让企业老板或领导人兴奋。老板或领导人在听了某个企业文化大师的演讲之后，感觉到企业的管理应该进入文化管理时代了，企业文化建设势在必行，确信企业文化建设就是赶回一群不吃不喝能天天下金蛋的鸡。因此，一回到企业，就赶紧安排人找大师来搞企业文化建设。

这些大师也看透了企业老板的心思，承诺三两个月，最多半年就能建成企业文化。老板大喜过望，不仅心甘情愿地掏出大把咨询费，并且对于这种大师更是言听计从。但是三两个月之后，这些大师拿来的不过就是几句口号，加上七拼八凑的“妙文”。这种企业文化不仅不可能有管理效用，甚至连老板自己也看不明白。这时老板才明白，自己被忽悠了。

企业文化建设是一个长期的过程，而且企业文化的作用是潜移默化的，它不可能一蹴而就、一步到位。那些敢做如此承诺的大师，不是行走江湖的骗子，就是对企业文化一知半解的狂人。让这类人来搞企业文化建设，如果能让企业文化起到推动促进企业持续快速发展的作用，那世界上可能就没有波动不稳、发展受困，甚至破产倒闭的企业了。

6. “All kiss me”式企业文化建设

曾经有一种“文化衫”，背后印有“All kiss me”的字样，有的女孩还很得意地穿在身上风光，招摇过市。可有哪个不识相的男人敢上去吻这个女孩？没有。谁都知道，“All kiss me”不是对你献吻的邀请，而仅仅是装饰。甚至这些女孩根本不知“All kiss me”是什么意思，并且也没有义务和理由要接受其信息内容对自己的行为约束。

在衣服上印上具有特定意义的文字或图案，仅仅是“文化”的装饰，以表达现代人为张扬个性、吸引眼球的行为方式。穿上印有这三个英文单词的文化衫确实能吸引众多异性的眼球，可它不是文化，但是有很多人却把它当做文化来建设。

2010年1月26日，中央电视台新闻“1+1”栏目播出了这样的一个节目：张家界要“傍”阿凡达。原因是随着电影《阿凡达》在全球热映，很多人从电影《阿凡达》中了解到有一座仙山，它的名字叫“哈利路亚山”，并且与张家界景区一座名叫“乾坤柱”的山峰有些相像。在1月25日，乾坤柱改名了，改叫“哈利路亚山”。当地村民欢欣鼓舞地为新取名的哈利路亚山挂了牌，向游人指示哈利路亚山的美景美色。山还是那座山，景也还是那个景，可据当地政府说，在更名后，旅游收入增加了三成。但若把这种方式用于企业文化建设则不可能有效果。

企业文化是组织内在的共同价值观念、共同思维方式、共同行事习惯，不是能从外部贴上去的。“乾坤柱”可改名“哈利路亚山”，只要把招牌上的字改一下就行了，可共同价值观念、共同思维方式、共同行事习惯无法从外部贴上去。能贴上去的只是一个标签，是皮外的，这不可能是企业文化。

从前，有一个人偷了邻居的羊，可又怕被邻居发现，偷回来后就用墨水把它染成了黑色。邻居发现羊不见了，问偷羊人见过他的羊没有。他说：“没有，我有一只羊是黑色的，你的羊是白色的，我没有见过。”为了让邻居相信他没有偷羊，他把邻居带到后院去看他的羊，证明他的羊不是邻居的羊。刚好天下大雨，他领着邻居到后院时，染过色的羊，被雨水冲下来的墨水淌了一院子，黑色的羊变成了灰色的羊。偷羊人一见露馅儿，尴尬万分。

蒙牛的企业文化也主要是“All kiss me”式的企业文化。因此，牛根生涂在他企业文化上的墨水被事实冲下来成为一堆谎言后，流出尴尬无奈的眼泪也就在情理之中了。东航的企业文化建设，甚至是还没有把羊涂黑，丢羊的人就找上门了。

如果说“All kiss me”式企业文化建设也能建成企业文化，这也就是假、大、空的无实、无信、无诚的三无文化。如果在企业组织内部以它为核心形成了共同价值观念、共同思维方式和共同行事习惯，那就是企业上下、左右相互欺骗、逢场作戏，自导自演皇帝的新衣来欺骗自己，也欺骗他人。这种方式的企业文化建设，像放烟火一样，除了瞬间光彩之外，留下的只能是台塌戏散的狼藉和刺鼻的腥味。如果这样，企业就危险了。

二、企业文化内涵定义混乱

对企业文化研究的历史可追溯到19世纪早期的科学管理的探索，因为这种探索是对企业运行方式、管理方式、工作效率、普通员工之间、普通员工与管理者之间关系等问题的研究探索，而这些问题也同样是企业文化建设必须思考解答的问题。企业文化理论主要是从组织行为学发展而来，同时也借用了心理学、社会学、人类学的一些研究成果。从组织行为学中继承了关于企业的宗旨、价值观、行事方式、运行机制、组织氛围等研究成果；从心理学借用了激励机制和人的需求理论等研究成果；从社会学借用了关于神话传说、礼仪和符号的价值作用等研究成果；从人类学借用了符号学理论、人种学理论等研究成果。正因为企业文化的理论来源过于宽泛，其定义也因此各有所偏重。有的把它定义为人们进行相互作用时被观察到的行为准则；有的把它定义为组织群体工作行为的规范；有的把它定义为主导性的价值观，包括组织中所信奉的产品质量、价格取胜等价值观；有的把它定义为经营哲学，包括处理组织与其利益相关者如股东、员工、顾客的关系时应该遵循的规则；有的定义为企业组织行事方式固化形成的游戏规则；有的把它定义为思维习惯、心智模式、语言模式；有的把它定义为一致性符号……企业文化的定论多达200多种，举不胜举，让人莫衷一是。

而企业文化内涵定义不一，企业文化建设就难以准确把控了，就像让人画画，他只能画，但不知画什么一样。这直接导致了企业文化建设实施的混乱，使能保障企业持续快速发展的企业文化无法求取，因为企业文化是个什么样子都确定不了，求取什么，从何处求取？企业文化在企业发展之中的管理作用虚化也就不可避免了。

下面略举几个代表性的定义作一个分析。

1. 艾德佳·沙因的定义

美国麻省理工学院斯隆商学院教授沙因在他的名著《组织文化与领导》一书中，将组织文化定义为：

"一种基本假设的模型——由特定群体文化在处理外部适应与内部聚合问题的过程中发明、发现或发展出来的——由于运作效果好而被认可，并传授给组织新成员以作为理解、思考和感受相关问题的正确方式。”

沙因强调文化是一个特定组织在处理外部适应和内部融合问题中所学习到的，由组织自身所发明和创造，并发展起来的一些基本的假定，这些基本假定能够被新的成员所接受，从而发挥管理作用。因此，他认为文化和领导者是同一硬币的两面，当一个领导者创造了一个组织或群体的同时也就创造了文化。

艾德佳·沙因是世界上研究企业文化最权威的专家之一。他的定义凸显了企业文化作为思维方式的有效性、可复制性及普遍性的内涵。但是，尽管他也认为文化是隐含在组织成员的潜意识中的，把非完全意识的行事习惯包含进来了，但他的定义没有涉及事物评价标准的价值观念问题。不回答在特定社会组织之中，什么是对的，什么是错的；什么具有优先地位，什么没有；什么行为是值得推崇的，什么行为是让人鄙夷的，文化要“化”什么也没有交代，以及企业文化从何而来。可能他自己也意识到了这一点，他的组织文化构成五维理论就重点强调了这一内容。

2. 另外三个西方学者的定义

（1）Z 理论创始人威廉·大内认为：一个公司的文化由其传统和风气所构成。它包括一整套象征、仪式和神话。他强调通过象征、仪式和神话把公司的价值观和信念传输给企业组织成员，并让那些原本就稀少而又抽象的管理原则和概念添上血和肉，赋予抽象的管理原则和概念以生命力。大内的定义只强调了企业文化表象层的作用，没有界定这种表象对内容本质的依存关系。这可能是一些企业进行文化建设只重形式、忽略内容的理论根源之所在。

（2）泰伦斯·狄尔与艾伦·甘乃迪于《企业文化》一书中定义说：“企业文化是企业上下一致共同遵循的价值体系，一种员工都清楚的行为准则。”他们强调企业文化就是企业在其发展过程中形成的一种员工共享的价值观念和行为准则。但他的这一定义没有涵盖共同思维方式这一重要内容，共享的价值观念和行为准则往往就成了从外部贴上去的标签，所以想共享也难。

（3）约翰·P. 科特和詹姆斯·L. 赫斯克特认为：企业文化是指一个企业中各个部门，至少是企业高层管理者们所共同拥有的关于企业的价值观念和经营实践，是作为企业一个分部的各个职能部门或地处不同地理环境的单位所拥有的共同文化现象。这一定义强调了共同价值观念及其实践，但对实践的方式没有约定。这正是现在企业文化建设着重进行企业宗旨、企业方针、企业目标、企业理念、企业战略、企业精神、企业口号、企业精髓等概念上的警句、口号的归纳和提炼，忽视其真实内涵与企业发展实际相符的把握和内容的宣贯落实的理论根原之所在。这种形式和意义上的企业文化建设在结果上大同小异，在效果上只能有空话，也只能在企业组织内部形成假、大、空的文化。

3. 四个国内学者的定义

（1）中国发展战略学研究会副理事长管益忻认为，企业文化是处于一定经济社会文化背景下的企业，在长期生产经营过程中逐步生成和发育起来的日趋稳定的独特的企业价值观、企业精神，以及以此为核心而生成的行为规范、道德准则、生活信念、企业风俗、习惯、传统等，以及在此基础上生成的企业经营意识、经营指导思想、经营战略等。这一定义强调了企业文化形成的历史性特点，但其内容与泰伦斯·狄尔与艾伦·甘乃迪所定义的局限性一样，没有把思维方式包罗进来。

（2）中国人民大学教授吴春波认为，企业文化就是企业及其关系利益人共同接受的核心价值观。这种价值观不仅是一种准绳、一种信念、一种象征，更是一种凝聚力，也是企业长盛不衰的原动力。这一定义的片面性就更大了，仅仅强调了共同价值观念这一内容，而“三个共同”是一个整体，偏缺任何一个方面都会让这种文化的管理作用大打折扣，降低其保障企业持续快速发展的推动促进作用。

（3）中国社会科学院工业经济研究所研究员韩岫岚认为，企业文化有广义和狭义两种理解。广义的企业文化是指企业所创造的具有自身特点的物质文化和精神文化；狭义的企业文化是企业所形成的具有自身个性的经营宗旨、价值观念和道德行为准则的综合。他的广义定义明显带有教条化的马克思主义的痕迹，而狭义定义的局限与约翰·P. 科特和詹姆斯·L. 赫斯克特定义的局限相同。

（4）文化部常务副部长高占祥认为，企业文化是社会文化体系中的一个有机的重要构成部分，它是民族文化和现代意识在企业内部的综合反映和表现，是民族文化和现代意识影响下形成的具有企业特点的群体意识以及由这种意识产生的行为规范。这一定义直接是从人类学的角度做出的，它把企业文化神秘化为可遇不可求的存在物了。按照这一定义，企业文化建设几乎是不可能通过自主规划、设计、实施的。

三、企业文化的分类混乱

对于企业文化的分类，有不少人作过研究，可谓是五花八门，依据不定，重叠不清，让人无所适从。正是这种混乱的企业文化分类，让企业文化建设徒寻形具而不是神具，加之在企业文化目标模式选择上游离不定，致使企业文化建设仅仅停留在形式上，陷入了贴标签式的建设方式。下面就有代表性的几种分类作一介绍。

图1－20 只有一张嘴的企业文化，肯定无法构成企业核心竞争力

1. 阿伦·肯尼迪和特伦斯·迪尔的四分法分类

阿伦·肯尼迪和特伦斯·迪尔实证考察了数百家公司及企业环境，根据公司活动所涉及的风险、所实施的决策或策略究竟是否成功，以及反馈的速度等方面的内容，对企业文化做出了四个类型的划分，即强悍型企业文化、工作娱乐型企业文化、赌注型企业文化、按部就班型企业文化。

他们把强悍型企业文化的特征概括为六个方面，即：

（1）强调工作的快节奏，让人感到极度的紧张。

（2）强调快速反馈，甚至不惜冒风险行事。

（3）奉行个人英雄主义，企业文化主体的代表一般是年轻者。

（4）都强烈追求最佳、最大和最杰出的超人境界。

（5）轻视合作、急功近利、不能容忍厚积薄发的稳健型的人。

（6）短期失利者没有生存的余地，因而人才流动率很高，难以形成企业必须有的凝聚力。

他们把工作娱乐型企业文化的特征概括为六个方面，即：

（1）工作环境轻松，员工彼此之间宽宏大度。

（2）员工思想极度活跃，很少有禁锢人的禁忌。

（3）强调员工坚韧不拔的毅力，并不强调让员工承担风险。

（4）强调顾客价值的优先性，以为顾客提供良好的服务和需求的满足为重点。

（5）强调集体行动，相互之间能友好相处。

（6）强调凭激情和直觉做事。

他们把赌注型企业文化的特征概括为五个方面，即：

（1）强调鼓励员工冒险，鼓励员工创新。

（2）看不起按部就班、循规蹈矩的人。

（3）强调用充分的信心来诱导自己的行为，彼此之间总是以信心来鼓励他人的行动。

（4）强调放眼未来，不拘于一时一事的得失，要对未来进行投资。

（5）发展波动相对较大。

他们把按部就班型企业文化的特征概括为五个方面，即：

（1）强调安定，把降低风险，保障稳定放在首位。

（2）强调按科学规律办事，大事小事都是先建章、定规，后行事。

（3）重质量，轻速度，宁可牺牲发展，也要追求一种完美。

（4）拘于工作的每一个细节，但却可能忽视工作的方向。

（5）人们很少有激情，完全靠理性来支配自己的行动。

阿伦·肯尼迪和特伦斯·迪尔的这种分类法，是从企业文化表现出来的行为特征进行归纳总结的，明显存在表面化的局限，所以这种分类难以在企业文化建设中起到指导作用。

2. 约翰·科特和詹姆斯·赫斯克特的三分法分类①

约翰·科特和詹姆斯·赫斯克特的三分法，是根据企业文化相对外部

① 参见约翰·科特、詹姆斯·赫斯克特：《企业文化与经营业绩》，北京，华夏出版社，1997 年 3 月第一版，第 15 ~ 100 页。

环境的态度而划分的。这就有了不太注重外部环境的变化，而主要是从内部进行调整，以强硬的态度对待外部变化的强力型企业文化；强调重视内外两个方面，既要重视外部环境的变化，也要强化企业内部力量的策略合理型企业文化；重视外部的变化，强调通过调整以灵活反映外部环境变化的灵活适应型企业文化。

他们把强力型企业文化的特征概括为三个方面，即：

（1）非常强调目标的一致性，通常是将公司的一些主要价值观念通过规则或职责规范公诸于众，敦促公司所有经理人员遵从这些规定。

（2）强调通过员工自愿工作和献身企业的精神来推动他们积极努力工作，却不是片面强调让员工做单方面的牺牲，而是保证让员工劳有所获。

（3）强调通过提升企业组织机构和管理的机制作用来推动企业运行，避免企业对窒息企业活力和扼杀改革思想的官僚主义的依赖。

他们把策略合理型企业文化的特征概括为三个方面，即：

（1）强调企业对外部环境的依存，只能适应环境才能实现发展。

（2）把企业的发展直接建立在适应反馈上，认定企业对外部环境的适应性越强，企业经营业绩成效就越大；反之相反。

（3）强调企业的独有实际，从不盲目模仿他人的行为。

他们把灵活适应型企业文化的特征概括为四个方面，即：

（1）强调生存和发展都是适应的结果，能够适应市场经济环境变化，并通过这一适应的领先而领先于其他企业。

（2）在公司企业生活中和公司员工个人生活中，提倡信心和依赖感。员工工作热情高、具有愿意为公司发展牺牲一切的精神。员工之间相互信任、相互支持、相互依赖，具有能够发现和排除一切困难、迎接机遇的能力。

（3）企业内部有一种倡导改革，敢于革新的风气。企业的所有管理人员都鼓励变革、鼓励创新，使企业组织所有成员敢于冒险、勇于创新。

（4）为了变革创新的需要，内部交流广泛，并都拥有一种相互交流的热情和积极性。

约翰·科特和詹姆斯·赫斯克特的三分法与阿伦·肯尼迪和特伦斯·迪尔的四分法相比，更是没有深入到企业文化“三个共同”的性质中来分析，贴标签的特征更为明显。

3. 动物图腾分类法

这种分类法是新华信正略钧策管理咨询在《2007：中国企业长青文化研究报告》中归类划分的，该报告的特别之处，是它第一次将挑选出来的34家中国优秀企业，依据它们的公司氛围、领导人、管理重心、价值取向等四方面的文化特征，类比动物界典型动物的特性而区分的四种文化，包括：象文化、狼文化、鹰文化、羚羊文化。

（1）强调尊重、友好的人本型的象文化：这种企业文化下的工作环境是友好的，领导者的形象犹如一位导师，企业管理强调以人为本，企业的成功则意味着人力资源获得了充分重视和开发。

（2）表现强者、冒险的活力型的狼文化：狼性精神，是一种强者精神。狼群有着强烈的危机感，它们生性敏捷而具有攻击性，重视团队作战的协同，并能持之以恒。报告认为属于狼文化特征的企业，充满活力，有富于创造性的工作环境，领导者往往以革新者和敢于冒险的形象出现。企业最为看重的是在行业的领先位置，而企业的成功就在于能够获取独特的产品和服务。

（3）强调目标、绩效的市场型的鹰文化：具有鹰文化特性的企业，是结果导向型的组织，领导以推动者和出奇制胜的竞争者形象出现，强调鹰一般地捕捉目标，企业靠胜利来凝聚员工，强调绩效，以业绩说话。企业的成功也就意味着高市场份额和拥有市场领先地位。

（4）特性温和、敏捷而稳健的羚羊文化：羚羊的品性是在温和中见敏捷，能快速反应但绝不失稳健。由于以追求稳健发展为最大特征，因此这类企业的工作环境规范，强调不在出奇而在执行，企业靠规则凝聚员工，强调运营的有效性和稳定性，企业的成功是凭借可靠的服务、良好的运行和低成本。

动物图腾分类法的最大意义是形象，给企业文化建设的目标模式选择，提供了非常广阔的想象空间。但相对于企业文化建设而言，其局限性则在于它的模糊性和想象空间太广阔，从而使企业文化建设的目标模式选择容易，实施难。因而让更多的企业老板方便地自我贴标签而夸耀其企业文化，其实根本是风牛马不相及。

4. 国内学者的其他分类法

国内的企业文化分类法除了动物图腾分类法之外，还有两种分类也比较典型。

一是按照企业的性质和规模进行归类的分类法。它把企业文化分为四类。

（1）温室型企业文化：这种企业文化为传统国有企业所特有，它对外部环境不感兴趣，缺乏冒险精神，缺乏激励和约束。

（2）拾穗者型企业文化：这种企业文化为中小型企业所特有，其战略随环境变动而转移，其组织结构缺乏秩序，职能分散而模糊，价值体系的基础是尊重领导者。

（3）菜园型企业文化：这种企业文化强调着力维护其在传统市场的统治地位，强调家长式经营，对工作人员的激励处于较低水平。

（4）大型种植物型企业文化：这种企业文化为大企业所特有，其特点是，能不断适应环境变化，强调对员工的主动性和积极性进行强化激励。

这种分类法过于关注外部特性，它把企业文化的特性归结于外部环境的决定，是企业文化分类上最有失偏颇的一种。企业文化体现的更多的是企业的思想意识、思维方法和行事模式，其形成有其外部环境的原因。若夸大了这种环境的作用，也就没有企业文化建设了，并且其分类边界的界定也不清，所以它更无助于指导企业文化建设。

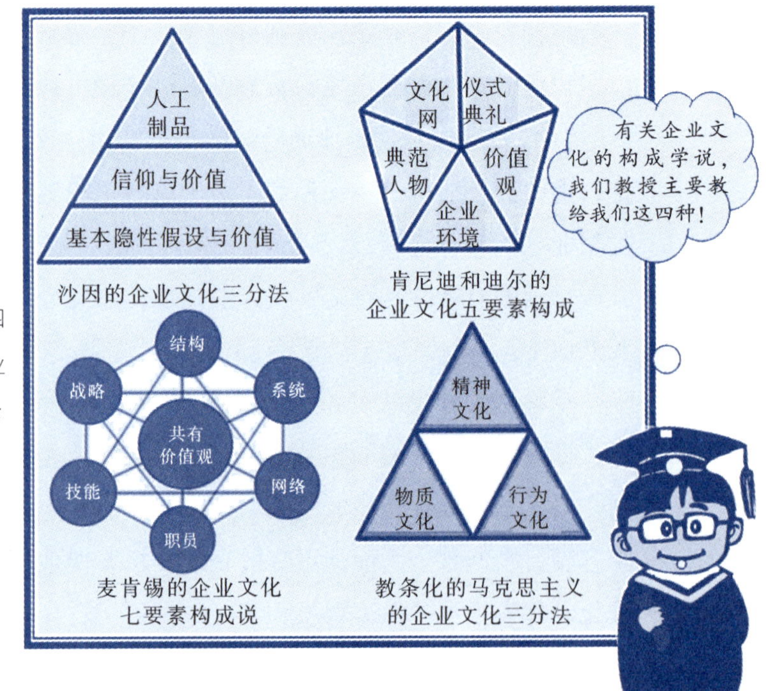

图 1－21 四种典型的企业文化构成理论

二是依主导资源为据的分类法。它是按照企业在经营过程中对不同类型资源重视程度的不同而归类划分的。它把企业文化分为三类。

（1）科层型企业文化：这种企业文化为垄断行业的公司所特有，强调非个性化的管理作风，金字塔式的组织结构，注重对标准、规范和刻板程序的遵循，组织内部缺乏竞争，人们暗地里钩心斗角。

（2）职业经理型企业文化：这种企业文化强调工作导向，有明确的标准，严格的奖惩制度，组织结构具有灵活性，内部竞争激烈。

（3）技术型企业文化：这种企业文化是技术专家掌权，具有强悍的家长作风，控制依赖技术秘诀，在组织结构上强调职能控制的主导性。

这种分类法太过表面化，仅仅依据表面现象进行分类，依这种分类进行企业文化建设，企业文化建设就失去自主实施的价值和意义，更谈不上通过企业文化建设来推动促进企业持续快速发展。

四、企业文化构成理论的混乱

如果把企业文化建设当做企业组织的基因工程的实施来讨论，就不得不讨论企业文化的要素构成问题，不了解企业文化内部的构成，任何试图把它当做一个工程来建设实施的努力都不免无功而返。不知道被构建对象的内在结构是怎样的，每个部分是由什么构成的，就对它的建设进行施工，不免荒唐。从哪里开工，到哪里完工的定义都没有，怎么施工？因此，把握企业文化构成要素是自主进行企业文化建设的前提。只有准确地把握了企业文化的要素构成，才有可能依照其构成要素分别进行规划设计，并依照构成要素的形式和内容分别构建，才能有企业文化建设的自主实施。

对于企业文化构成要素的分析，无论中外学者，都是众说纷纭、莫衷一是。也正是这一原因才导致企业文化建设实施活动不同、内容各异、效果低下，从而使企业文化的自主建设难以取得推动促进企业持续快速发展的作用。

下面仅就有代表性的四种企业文化构成理论作一介绍。

1. 沙因的三层次五维度构成说

沙因将组织文化分为人工制品、信仰与价值、基本隐性假设与价值三个层次。

（1）所谓人工制品，是指那些外显的文化产品，能看得见、听得见、摸得着，如制服等，但不易被理解的部分。

（2）所谓信仰与价值，是隐藏于人工制品之下，是组织的信仰与价值，其内容包括组织的战略、目标和哲学。

（3）所谓基本隐性假设与价值，是组织文化的核心和精华，是早已在人们头脑中生根且未被意识到的假设、价值、信仰、规范等，由于它们大部分出于一种无意识的层次，所以很难被观察到。然而，正是由于它们的存在，人们才得以理解每一个具体组织事件为什么会以特定的形式发生。

沙因同时又把组织文化分成以下五个维度，但这五个维度的内容都属于价值观念的内容，所以这五个维度的设置，弥补了其定义中缺少共同价值观念这一内容的缺陷。

（1）自然和人的关系：它是指组织的中心人物如何看待组织和环境之间的关系，包括认为是可支配的关系还是从属关系，或者是协调关系等。组织持有什么样的假定毫无疑问会影响到组织的战略方向，而组织的健全又要求组织对于当初的组织、环境假定的适当与否，能否随着环境的变化不断进行检查和修正。

（2）现实和真实的本质：它是指组织中对于什么是真实的，什么是现实的，判断它们的标准是什么，如何论证真实性和现实性，以及真实性是否可以被发现等一系列假定，同时包括行动上的规律、时间和空间的基本概念。他指出在现实层面上包括客观的现实、社会的现实和个人的现实，在判断真实性时可以采用道德主义或现实主义的尺度。

（3）人性的本质：它包含哪些行为是人性的，哪些行为是非人性的，这是关于人的本质假定和个人与组织之间的关系应该是怎样的等的假定。

（4）人类活动的本质：它包含哪些人类行为是正确的，哪些人类行为是主动或被动的，人是由自由意志所支配的还是被命运所支配的，什么是工作，什么是娱乐等一系列假定。

（5）人际关系的本质：它包含什么是权威的基础，权力的正确分配方法是什么，人与人之间关系的应有态势（如是竞争的还是互助的）等的假定。

沙因认为组织文化决定了组织价值观及在此价值观之下的组织行为，深深地隐含在有形的组织层次之下，要了解它是非常困难的。通过对组织构造、信息系统、管理系统，以及组织所公开发布的目标、典章，以及组织中的传说等可视层的分析，能够推论得到的文化信息是有限的。

企业文化构成理论分析的目的应该是为其自主建设实施服务的，但沙因的三层次五维度构成分析法，仍是含混不清的，对企业文化的自主建设实施几乎起不到什么作用。

2. 肯尼迪和迪尔的五要素构成说

美国学者迪尔和肯尼迪在合著的《西方企业文化》一书中，对于企业文化的构成专门作过分析，他们认为企业文化是由企业环境、价值观、典范人物、仪式和典礼、文化网五个要素构成的。各要素的内涵他们也都作了定义。

（1）企业环境。它是指企业的营运环境，其内容包括企业的、社会的、法律的、文化的、技术的各种因素。

（2）价值观。它是企业文化的本质和精髓、核心和灵魂，是企业全体人员的共同意识和价值取向，有什么样的企业价值观就会有什么样的企业文化，员工就会有什么样的行为。

（3）典范人物。它是企业价值观的人格化。企业价值观要转化为职工的行为规范，树立英雄和学习典范是一个重要途径。企业的典范人物可以是企业的创始人或企业的领导，以及通过公司内部评选出来的劳模，在职务上也可以是普通员工。只要他们在岗位工作中倡导并践行企业的价值观，取得了突出的成绩即可。

（4）仪式和典礼。它是企业的一项例行并形式化的活动，但企业价值观必须通过一定载体来体现。通过它可以向员工展现公司的价值观、宣传企业宗旨，从而达到潜移默化地把企业文化融合到员工行动中去的目的。其形式多种多样，如表彰活动、聚会娱乐活动、庆祝仪式等。

（5）文化网。它是企业文化传播与沟通的媒介和载体。通过文化网迅速实现员工思想意识的沟通，传递英雄事迹和企业提倡的行为规范，进而推动企业文化的形成和发展。

在迪尔和肯尼迪所分析界定的企业文化五个构成要素中，企业环境是形成企业文化最大的影响因素，是建立企业文化的前提；价值观是企业文化的核心；典范人物、仪式典礼则是企业文化的具体表现形式；文化网则是企业文化进行传播的途径和渠道。

迪尔和肯尼迪的五要素构成分析，应该说为企业文化的自主构建提供了一个粗略的框架，其逻辑关系也可为自主构建企业文化的实施操作提供一定支持。但五个要素的分析过于粗略，并且把企业文化风貌和性质的作用因素——企业环境当成了企业文化本身的构成部分。这是逻辑上的错误，我们不能说某人因一次车祸把腿碾断成了一条腿的残疾人，就说车祸也是他这个人的一个构成部分。同时，他把传递文化信息的载体、渠道也归为文化本身的一个构成部分，这更是偏颇，就像问汽车有几个构成部分，回答说有车身、车轮、发动机和公路一样的逻辑混乱。

3. 麦肯锡的七要素构成说

20 世纪 70 年代，为了研究战略、组织机构与管理效益的关系问题，美国麦肯锡咨询公司组织两个研究组，一个是战略研究组，一个是结构研究组。经过向企业家、理论家咨询和深入实际的调查分析而得出结论：任何一种明智的管理，都涉及 7 个相互关联的变量。这 7 个变量是：结构、战略、系统、人员、作风、技能、共同价值观。由于这 7 个变量的英文都以字母“S”开头，同时他们又用这 7 个变量组合成一个结构图来表示其相互关系，所以这一理论又被称为“麦肯锡 7S 框架”。

帕斯卡尔和阿索斯在其企业文化理论的代表作《日本的管理艺术》一书中，对 7S 作了这样的解释：

（1）战略是指一个企业如何获取和分配它的有限资源的行动计划。

（2）结构是指一个企业的组织方式——是分权还是集权，重视直线人员还是参谋人员，即他们的相互关系在组织结构图上是怎样排列的。

（3）系统是指信息在企业内部是如何传递的，一般用制度进行限定，但有些制度是正式的，有些制度是非正式的。

（4）人员不仅是指直线和参谋人员，而是包括企业内部所有人员的构成状况。

（5）技能是指企业和它的关键人物的特长及竞争对手所没有的卓越能力。

（6）作风是指高级管理人员队伍的行为模式，也可以指整个企业的作风。

共同价值观是指企业的最高目标，它是一个企业及其成员的奋斗目标，是能将员工个人和企业目标真正结合在一起的价值观和目标。

在“7S”框架中，“麦肯锡 7S 框架”的定义者强调，共同价值观处于中心地位，是它把其他 6 个“S”黏合成一个整体的，因而它成了决定企业命运的关键性要素。

其实这种构成要素分析的是企业组织本身，并不是企业文化。理论界在讨论企业组织的构成时，也都把它作为一种有影响的观点。它所说的结构、人员和技能都是企业文化的载体或形成原因，不是企业文化本身的构成部分，所以这一要素构成理论，对企业文化的自主构建作用也是非常有限的。

4. 教条化的马克思主义要素构成说

他们把企业文化划分为物质文化和精神文化两个部分。马克思主义的唯物辩证法把世界划分为物质的存在和精神的存在两大部分，而又认定精神的存在是由物质的存在决定的，所以这种划分很显然带有教条化的马克思主义痕迹。

后来有人在其中加入了一个行为文化，也叫做制度文化，算是一种补充。甚至后来还有再向其中加入新内容的，只不过说法有异，仅仅是把原来归在精神文化或物质文化中的要素挑出来，再冠上一个名称而已。下面就三部分构成说对每一个构成部分的定义作一介绍。

（1）物质文化。

他们定义说是由员工创造的产品和各种物质设施等构成的器物文化，强调它是一种以物质为形态的表层企业文化，是企业行为文化和企业精神文化的显现和外化结晶。其要素包括：

①企业环境，即企业文化的一种外在象征，它体现了企业文化的个性特点。

②企业器物，它包括企业产品、企业生产资料、文化实物等方面的内容，其核心内容是企业产品。

③企业标识，它是企业文化的可视象征之一，是体现企业文化个性特征的标识，它主要包括企业名称、企业象征物等。

（2）行为文化。

他们定义说是企业人员在生产经营、人际关系中产生的活动文化，是以动态形式存在的。其要素包括：

①企业目标。即以企业经营目标形式表达的一种企业观念形态的文化。

②企业制度。即企业组织成员的行为规范，是为了达成特定目的，维护特定秩序而制定的程序、标准。

③企业民主。它是由员工的民主意识、民主权利、民主义务等几个方面的内容构成的。

④企业文化活动。即为了发挥德、智、体、美育教化功能而组织的各项活动。

⑤企业人际关系。即人们在社会生活中发生的种种关系。

（3）精神文化。

他们定义说是企业在生产经营过程中形成的一种企业意识和文化观念，是以意识形态的形式存在的企业文化。其要素包括：

①企业哲学。即企业的经营哲学，所解答的根本问题是企业中人与物、人与经济规律的关系问题。

②企业价值观。即指导企业组织成员有意识、有目的地选择某种行为以实现物质产品和精神产品生产的思想体系。

③企业精神。即由现代社会意识、市场意识、质量意识、信念意识、效益意识、文明意识、道德意识等汇集而成的一种综合意识。

④企业道德。即调整企业之间、员工之间关系的行为规范的总和。

这种教条化的马克思主义要素构成说，尽管从理论上分析存在很多逻辑混乱，但它的分析相对较细，所以对企业文化的自主构建实施可以起到一定的指导作用，为人们照葫芦画瓢式的企业文化建设实施提供了一定的方便。其所存在的问题是难以把企业文化构建成一个完整的有机体系，而这一问题的存在又会直接制约企业文化自身的发展和作用的发挥。从理论上分析，这种教条化的马克思主义要素构成说没有区分文化和文化载体，把二者混为一谈，就像说某人很聪明并且还有一颗长着头发的脑袋一样逻辑不清。

五、企业文化建设工作偷工减料

1. 企业文化建设工作的四阶段划分

企业文化建设工作是一项系统工程，其内容主要包括以下四个阶段的工作。

（1）规划阶段：这是解决构建什么性质的企业文化的问题，其工作就是对企业文化建设的目标模式进行选择、设计、确定。

（2）备料阶段：这是按照企业文化建设工程的内在构成所需，把原料、构件都生产备齐，其工作就是对企业文化构成要素进行集合构建，包括价值观念的归纳、整理、提炼，企业经营管理理论体系的构建，流程标准、规章制度、伦理道德和风俗习惯等刚性、弹性约束的分割和梳理及文本文案的拟订，给企业文化理念和行为准则要求增添感染力的艺术创作。

（3）施工阶段：这是按照企业文化建设工程的内在结构把原料、备件组织到一起，进行融接，其工作就是对企业文化集合与企业组织构成的另外四个部分进行融合，把企业文化建设所拟订的文本文案所包括的要求，转换为企业组织运行实施和成员的思想行为。

（4）完善阶段：这是根据企业文化建设工程的功能作用要求对工程进行修补、完善和改造，其工作就是把企业文化分为多个模块不断进行优化完善。

图 1－22　企业文化建设工程四个阶段的工作

企业文化建设只有完成了这四个阶段的工作，才可能把对企业持续快速发展起到推动促进作用的企业文化构建出来，而任何形式的偷工减料都会降低企业文化对企业持续快速发展的推动促进作用。下面简要地分析一下这四个阶段工作偷工减料的问题。

2. 规划工作偷工减料

企业文化建设，首先必须对企业文化建设的目标模式进行选择和定位。人和动物的本质区别在于人的行为具有预见性，凡事都有一个事先的规划设计，把行为活动的目标物烂熟于心之后，再开始行动。企业文化建设虽然不像登月工程涉及那么广泛的专业、要求那么严密的组织、投入那么巨大的资源，但也是名副其实的系统工程，所以没有预先的全面规划设计，在蓝图绘制上充分完善，是不可能取得预期效果的。

没有这一步的工作，把企业文化的目标模式规划设计出来，绘制成框架清晰、细节明确、接口严密的蓝图，企业文化建设必然方向不明，行事盲目。

在现实的企业文化建设中，很少有人关注这一阶段的工作，不仅仅是偷工减料，而且是根本没有涉及。这正是很多企业的企业文化建设效果不佳的一个重要原因。它们是想重复蜂巢的奇迹，但又没有蜜蜂的基因赋予的本能。企业文化建设的目标模式如果没有规划设计好，那么怎能保证所建设的企业文化是企业发展所需要的企业文化呢？怎么保证它一定能充分起到推动促进企业持续快速发展的作用呢？这很难想象。

3. 备料工作偷工减料

企业文化建设在进行了完整的规划设计后，接下来就是根据企业文化的构成要素进行生产、构制。这也就是在上一个阶段工作所选择确定的企业文化建设的目标模式基础上，按照企业文化构成的四个构成层次、九个构成要素，分别依照目标模式的要求进行原料、构件的生产、构制和筹集组织。

没有这一阶段的工作，企业老板所希望的企业文化就只能等到从天上掉下来，所以企业老板都明白，天上掉下来的不一定是他所希望的。谁也不能保证自己幸运到天上掉下一个馅儿饼不仅砸到他的嘴上，而且还符合他的口味一样。所以他们都会关注企业文化建设过程中的构成要素的构建，但很多老板和企业领导者，耐心太有限，老想能省则省，结果不能省的也省了。很多企业做了多年的企业文化建设，但仍然只有几句响亮的口号和漂亮的标志。企业经营管理理论体系的构建，流程标准、规章制度、伦理道德和风俗习惯等刚性、弹性约束的分割和梳理工作，都没有动工，这样怎能建成推动促进企业持续快速发展的企业文化大厦？

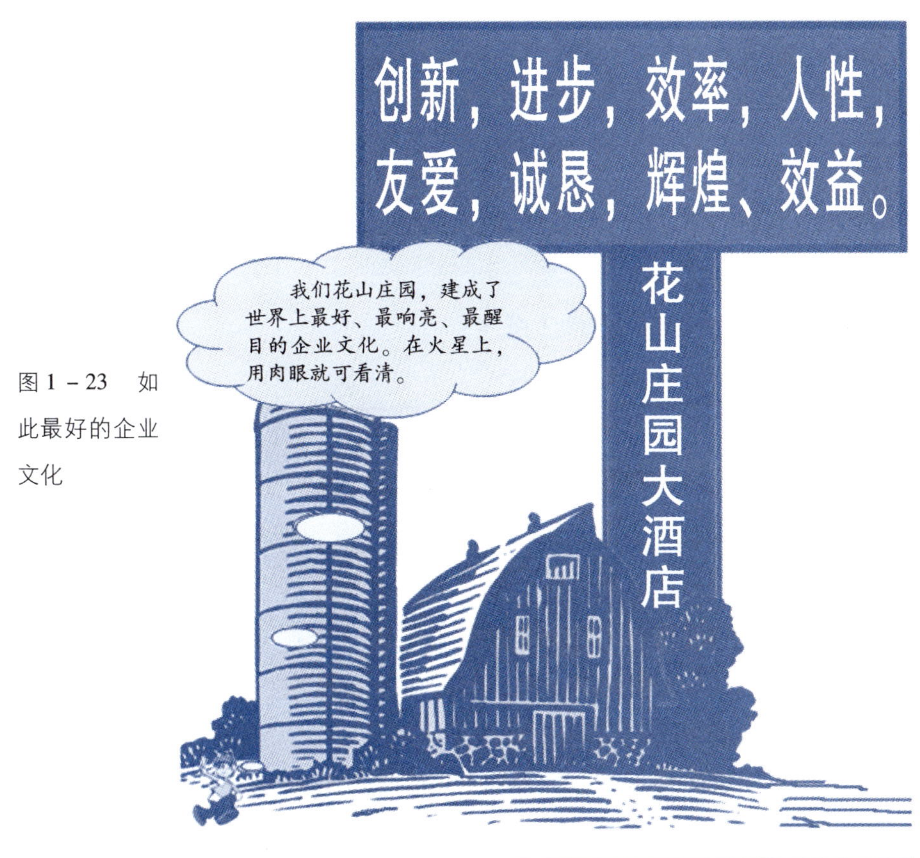

图1－23 如此最好的企业文化

4. 施工工作偷工减料

企业文化是企业组织的基因密码，它无法独立于企业目标体系的血液养分、组织架构的骨骼骨架、岗位角色的组织细胞、运行流程的神经血管之外而存在，所以在企业文化构成要素集合构建工作完成后，必须把它融合到企业组织的另外四个构成部分——目标体系、组织架构、岗位角色和运行流程之中去，与其运行驱动信息统一起来，让目标体系、组织架构、岗位角色和运行流程成为企业文化这个基因密码的载体，并由它来决定它们总合后的形状、性质。否则企业文化仍然只能是在干细胞上发现的符号，活不起来，也决定不了其载体总合后的形状、性质。这是企业文化建设工程的主体工程，原料和构件拉到了工地，堆放到规划设计的蓝图上，就是工程项目的完工？任何一个正常发育的三岁幼童也不会作出肯定的回答。

可是，现实中的企业文化建设，很少有人完成这一主体工程的施工工作，甚至连备料的工作都没有做到位，就定义为企业文化建设完工，不亦谬乎？这正是蒙牛归纳、整理、提炼有比较好的企业文化理念体系，而其行为活动与之相违，其结果也与其期望相异的原因。如果蒙牛当初完成了它的企业文化理念体系的构建设计之后，把施工这一阶段的工作做扎实了，现在的蒙牛可能不仅不会撞上三聚氰胺毒奶事件而触地没落，相反只会由明星发展为月亮，再发展为太阳，照遍大地，温暖太阳系里每一个行星和卫星。

5. 完善工作偷工减料

企业存在和发展的环境不是一成不变的，企业文化也不能一成不变，所以必须保证企业文化在性质、形式上都能随着企业存在和发展的环境变化而不断自我发展演化，否则企业文化就可能由推动促进企业持续快速发展转向制约阻碍企业的持续快速发展。因此，企业文化建设工作的第四个阶段的工作就是完善，是让企业文化能与时俱进，能随着企业存在和发展环境的改变而不断调整优化。因此，企业文化建设工作不是企业发展过程中的一个阶段性的工作，而是与企业存在和发展全过程相伴的工作，如果希望企业持续快速发展的话。

可是很多企业的企业文化建设都忽视了这一阶段的工作，结果是企业文化倒过来成了企业发展的障碍。这还不是偷工减料的问题，而是根本没有开启这一阶段的工作。最典型的是老沃森创构的 IBM 企业文化，在他之后没有人在发展完善上努力，因而老化过时的 IBM 企业文化倒过来制约了 IBM 的发展。这也就是 IBM 在 20 世纪 80 年代初深深陷困的原因之所在。

因此，如果一个企业的文化无论在企业发展中曾经起到过什么作用，都不能固守它，任何形式的固守都可能让企业陷困。因而必须在保持相对稳定的同时，不断发展、更新、完善，因为世界在发展，企业存在和发展的环境也在不断发展变化，所以企业文化建设完善阶段的工作也是不能偷工减料的。

第二篇

文化建设管理规范化的标准

文化建设必须盯住“三个共同”，通过四个层次九个要素的构建达成目标。企业文化的任何一个部分，都是由复制因子这一元素构成的，文化建设的过程就是对“三个共同”和四个层次九个要素的构成元素——复制因子进行的聚合优化。企业所需要的仅仅是能推动和促进企业持续快速发展的强势企业文化，文化建设也就是不断把能推动和促进企业持续快速发展的复制因子聚合到企业组织的“三个共同”中来，并且提升其复制能力。只有同时满足性质上的先进性、特征上的实用性、体系上的完整性、发展上的自动性、理论上的严密性、形式上的简洁性、表现上的艺术性等七个方面要求的才是强势企业文化。企业文化建设的实施包括规划、备料、施工和完善四个阶段的工作。

第一章

强势企业文化的基本要求

在第一篇中我们已作了分析，企业组织需要的仅仅是强势企业文化，只有强势企业文化才能推动和促进企业的持续快速发展，保障企业基业长青。因为它不仅是建立在企业组织共同价值观念基础上的行事习惯和思维方式的总和，而且是必须通过不间断的努力，才能发展积累起来的一种不可让渡转手的特有资源。

一个企业在剧烈的市场竞争中，能够持续获得并经久维持市场竞争优势，不是靠它所拥有的某项特别技术、某位特别能人、某个社会力量、某种物质资源，而是不能出让、不能模仿、不能盗取、不能偶得，而又具有持续稳定作用的企业文化。一项特别技术、几位特别人才、一个社会权力、几种垄断资源，可能让企业在一定时期获得辉煌，但它们无法延续和维持这种辉煌。凡是依赖于可让渡转手的东西所获得的辉煌，当它们被让渡转手弃之而去时，辉煌也就终结了。而不可让渡转手的企业文化，却只要保证它与企业的内外部实际相吻合，也就可以通过它保证企业辉煌经久常在。

因此，文化建设管理规范化，绝不仅仅是对原已形成的企业文化进行一些梳理，让它统一化、形象化、制度化，而是要构建一种能推动和促进企业发展的强势企业文化，并且要保证所设计、构建的企业文化直接成为强势企业文化。何为强势企业文化?

从总体上分析，它必须满足性质上的先进性、特征上的实用性、体系上的完整性、发展上的自动性、理论上的严密性、形式上的简洁性、表现上的艺术性、作用上的广泛性等八个方面的要求。下面分别就其内容和具体要求进行讨论分析。

一、性质上的先进性的标准要求

1. 性质上的先进性的内容分析

所谓企业文化在性质上的先进性，也就是所设计、构建的企业文化，必须能够代表企业组织所在社会的发展方向和趋势，广泛吸纳当代科学发展的成果，包括自然科学和社会科学发展的成果，能对企业的发展起到稳定而长久的推动和促进作用。

如果企业文化不具有先进性，是落后的，甚至是腐朽的，那么这种企业文化对企业发展只会带来阻碍作用，甚至直接分裂腐化企业组织。因为落后、腐朽的企业文化，即使创造出片刻的辉煌，也只能让企业的发展昙花一现，像流星一样，仅仅在夜空中留下短暂瞬间的光亮。文化建设管理规范化，首先必须清除这些对企业的持续快速发展有害的东西。比如，有些企业在经营和管理中，不寻求科学的思路和方法，而迷信于风水先生，或者信奉有超人的神力，把企业的发展，寄托于虚幻无影的风水和神明，而不是求助于人和事。这种企业文化肯定不能给企业的发展带来任何帮助，最多能给企业经营领导人的投机取巧心理带来一种安慰。再如，在企业内部拉帮结派、行贿受贿、裙带网罗盛行等，这种企业文化只会腐蚀企业组织的肌体，把企业推向死亡的绝路。

企业文化作为建立在企业组织共有价值观念基础上的思维方式和行事习惯的总和，必然体现为对人与人之间的关系，以及人与物之间的关系的性质。这种人与人之间的关系，以及人与物之间的关系的性质，本身并不是一种简单的逻辑关系，可以通过逻辑推论予以证明，它是一种自我意识的设定。其所认定的应该是什么和不应该是什么，属于一种由人自我作出的臆断。也就是说，这种人与人之间的关系和人与物之间的关系，本身并不存在确定的内涵，而是企业组织的相关成员赋予了它以特定的内涵。这种内涵，一经被企业组织成员所赋予，并为企业组织成员所认同，即相信了这种内涵的真实性，也就必然把它当做客观的东西对待，不仅会依照其内涵进行行为选择，而且还会直接把它当做思考、认识外部世界的基础和前提。因此，这就使人们为自己所赋予的这种内涵所束缚，使它成为束缚自己行为的茧。在这一点，人是不折不扣地在行作茧自缚的蠢事。人作为一个有意识的存在，又不可能没有自己的意识，不可能没有自己认识世界的方式方法，不可能不作茧自缚。

图2－1 强势企业文化的八大特性

人区别于其他动物的一个重要特征，就是人会设定自己的“应该”——对于人与人之间的关系和人与物之间的关系的性质进行假定，并且还不自主地依照这种假定来行动。这里所设定的“应该”，也就是人的价值观念。一个人，有什么样的价值观念，就会有什么样的行为选择；有什么样的行为选择，就决定了会有什么样的作为；有什么样的作为，也就决定了他在社会中可取得什么样的地位，实现什么样的价值。

因此，设计、构建的企业文化，在性质上如果不具有先进性，不仅会使企业自主设计、构建企业文化的活动成为毫无价值的事，相反还可能误导员工的行为选择，扭曲他们的意志行为方向，就像“读书无用论”曾误掉了一代甚至几代中国人一样。

2. 性质上的先进性的具体要求

其要求的具体内容，可概括为以下九个方面。

（1）必须充分体现人性化原则，尊重和维护每一个人的价值、尊严、地位和个性。

（2）必须崇尚科学、信科学、用科学，并通过科学技术的进步来寻求企业发展，创造辉煌的途径。

（3）不允许存在伪科学的腐朽东西，包括敬神、看风水、算卦、抽签、许愿等，对伪科学的腐朽行为，必须彻底地进行清理、清除。

（4）不允许有与腐朽的社会关系形式联系在一起的东西存在，包括任人唯亲、官本位制、裙带关系、家族意识、帮派行为，等等。

（5）必须坚守公平竞争，诚实守信的行为准则，使企业组织的每一个成员都仅仅通过自己的价值贡献来谋取自己的价值需求满足。

（6）必须倡导社会公德、社会责任，保证企业合法经营，在经营中，不做任何损害社会公共利益的事。

（7）必须尊重客户，把为客户提供价值满足，作为企业实现价值增值和发展的唯一途径。

（8）倡导创新，通过创新谋求企业发展，通过创新为企业发展作贡献，通过创新保障企业发展的价值增值和积累。

（9）倡导效益，不允许做任何无效益的事，把效益作为评价企业组织所有活动的标准。

二、特征上的实用性的标准要求

1. 特征上的实用性的内容分析

所谓特征上的实用性，也就是要求文化建设必须与企业的内外部实际相适应，不能追求超越企业实际的“高大全”。这不仅要求根据企业的实际来界定企业文化的内涵和性质，而且只能从对企业发展的推动和促进作用上去界定，以保证企业文化能充分起到企业发展的稳定器和发动机的作用。

任何一个企业进行文化建设的目的，都是直接服务于其发展战略的实施，并通过对它的设计、构建来构筑企业的核心竞争力。但是，企业文化如果不能与企业的实际相吻合，这种企业文化与企业的发展就是两张皮，它无论有多么高的艺术性，无论多么令人眼花缭乱或让人激动，都不会有任何价值，在它的建设上进行的任何投入也都是浪费。企业要存在，要发展，必须通过价值创造和价值交换获得发展所需要的各种资源。企业不是社会公益组织，它的发展不可能靠其他社会组织或个人不断捐助来维持。这也就决定了企业进行文化建设，必然具有完全的功利主义性质，在文化建设上的投入，仅仅服务于企业发展的目的，保证企业文化能在企业发展中充分起到推动和促进作用。这就是企业文化在特征上的实用性要求。

2. 特征上的实用性的具体要求

其具体要求，可概括为以下六个方面的内容。

（1）企业文化的性质选择，必须与企业发展的阶段及发展战略实施的要求相吻合。文化建设不仅不能寻求纯粹的艺术形式，而且连娱乐性的艺术形式创造也不是文化建设的目的，除非它是一个娱乐服务企业。

（2）对企业文化的内容和性质要求的界定，必须充分考虑到企业组织构成人员的素质，以及他们对一定价值观念的认同能力和接收程度，不能做过于曲高和寡的事。

（3）企业文化的内容和性质要求必须与企业所存在于其中的社会的文化发展方向相统一，以避免因为企业文化与社会文化相冲突而被限制，影响企业的发展。

（4）企业文化的内容和性质要求必须超越企业所存在于其中的社会的腐朽落后社会文化，以使这种超越成为整合社会资源的引力源。

（5）文化建设，必须起到优化企业的经营宗旨和经营方针的作用，以使企业文化核心层的价值观念的内容和性质要求与企业的经营宗旨和经营方针实现统一。

（6）企业文化的内容和性质要求，必须与企业的行业特征相适应。发生不相适应的问题时，只能调整企业文化以适应企业的行业特征，而不能相反。

三、体系上的完整性的标准要求

1. 体系上的完整性的内容分析

要让企业文化在企业的管理中充分发挥作用，就必须保证这种企业文化在体系上系统完整。如果企业文化仅仅只是一些支离破碎的意识和想法，不系统、不完整，也就无法对员工的意志行为的选择起到引导、规范作用。不系统、不完整的意识和想法，本身还只能是一种软弱无力的思想观念，既无法让人认同，更不可能让人把它内化为他们自己的行为准则。企业文化也只有在体系上完整，使其本身成为一个具有渗透力、影响力的思想理论体系，使接触到它的人，无法忽视它的存在，无法不被它吸引，无法不关注它，进而由关注到认同、接受，到最后自觉地用它来约束自己的行为选择。

体系上完整，也就意味着它在理论体系上已经完备，已具有了逻辑的力量。价值观念本身不能进行是非、对错的客观检验论证，但其内涵的构成和相互关系，却可以进行逻辑论证。内在结构是否恰当，内在关系是否融合，这种结构和关系能否经得住逻辑的批判，会直接制约这种企业文化的生命力。不成体系，不合逻辑，也就不会有感染力，不能让人信服。这样的企业文化是很难传播出去的，也是不可能征服企业组织成员的心的，所以也就很难成为企业发展的推动和促进力量。

图2－2 人之所助者，信也

体系上完整的企业文化，在其构成上必须包括四个层次的内容、九个构成要素。尽管在不同的企业中，不同的构成要素会因为其价值和作用，受到自主认识程度的限制，而在被重视程度上存在差异。但任何一个要素都不能缺失，缺失任何一个方面，这个企业文化在体系上也就是不完整的。这四个层次、九个要素的构成本身也是一个完整的有机整体。

这种体系上的完整性要求，不仅必须根据其相互关系全部设计、构建出来，而且在构成企业文化核心层的价值观念的内容上也必须完整，它包括三组九个方面的关系。

第一组是内部管理关系。其内容包括五个方面的关系，即：

（1）投资者与劳动者之间的关系。

（2）劳动者与企业劳动设施之间的关系。

（3）管理者与被管理者之间的关系。

（4）员工与员工相互之间的关系。

（5）企业作为一个整体与员工个人之间的关系。

第二组是外部营销关系。其内容包括三个方面的关系，即：

（1）企业作为一个整体与社会公众之间的关系。

（2）企业作为一个整体与客户之间的关系。

（3）员工个体与企业客户之间的关系。

第三组是商务伙伴关系。其内容主要是企业与供货商、经销商、银行等商务合作伙伴之间的关系。

这三组关系，直接对应企业文化发展管理的三个构成模块——内部管理模块、外部营销模块和商务合作模块。

在体系上完整的企业文化，必须包含以上几个方面的内容。任何一个方面的缺失，都是体系不完整的企业文化，其作用也就必然会受到限制。完整地把握这四个层次、九个要素的结构及其相互关系，以及三个构成模块的内容和性质要求，是自主地进行企业文化建设的前提。不了解企业文化内在结构的完整内涵和要素，就不可能自主地对企业文化进行选择、设计、构建和发展。

2. 体系上的完整性的具体要求

其要求的具体内容，主要有以下四个方面：

（1）对企业文化的九个构成要素，必须分别作出分析和界定，以保证能真正自主地设计、构建出企业发展所需的强势企业文化。

（2）对企业文化的每一个构成要素，都必须完整地进行设计、构建，不仅不能忽视任何一个方面的内容，而且必须根据各自的作用和相互关系，实现其相互协调和整合。

（3）对企业文化核心构成要素——价值观念所必须界定的九个方面的关系，必须在性质上都作出明确的界定，以保证企业文化所涵盖内容体系的完整性。

（4）对于企业文化中的三个具有相对独立性的构成模块，也必须分别界定，以为文化建设的发展管理提供操作上的方便。

四、发展上的自动性的标准要求

1. 发展上的自动性的内容分析

企业文化也是一种生命的存在，有它的形成、发展、完善和死亡的过程。这种生命过程，是直接与企业文化与其所依存的社会发展现实和趋势，以及与企业组织内部的实际情况相适应的程度变化相关联的。适应社会发展的现实和趋势，以及企业组织内部实际的价值观念，自身就拥有强大的生命力，只要没有人为地进行扼制，它就会广泛传播，为广大员工所认同，并发展成为企业组织所有成员的共同价值观念，强势企业文化也就由此开始形成了。当价值观念成为企业组织成员共同的价值观念和自主用于约束自己行为选择的准则时，这种价值观念也就最终发展成为企业组织所特有的企业文化。当这种价值观念，具体化为各种各样的行为规范，渗透到企业组织的每一个角落和缝隙时，企业文化也就起到了基因密码的作用。当价值观念不再与社会发展的现实和趋势，以及企业组织内部的实际情况相适应时，它就会逐渐被企业组织的成员所摒弃，或者脱胎换骨变化，进行文化更新，以保持企业发展，或者固守不变由它把企业组织送进地狱，与之一同到地狱报到，接受阎王的宣判。这就是企业文化的死亡。

要使企业文化具有长久的生命力，也就必须使这种企业文化具有自我发展和自我修复的功能。也就是说，使它能够随着社会的进步、科学的发展、企业本身的发展而不断地自我发展。并且当企业文化在发展过程中，内部发生不协调和冲突，能够进行自我修复，消除这种不协调和冲突。任何形式的企业文化内部的不协调和冲突，都不可能通过消灭矛盾或冲突中的任何一方来达到目的，而只能在吸收矛盾和冲突双方的合理性的基础上，调整企业组织的共同价值观念，修改企业组织的共有行为准则来弥合矛盾、发展企业文化。

2. 发展上的自动性的具体要求

如果企业文化不满足这一性质的要求，则会降低适应性，就像很多生物体一样，因为不能适应外部环境的变化而死亡和绝迹。其要求的具体内容，主要有以下三个方面。

（1）在企业文化核心构成层的价值观念中，必须有与时俱进的发展变革思想。让企业组织的每一个成员都明白，企业文化也不是一成不变的，而是要随着社会的发展而发展，随着企业的发展而发展，并且必须随着社会的发展而发展，随着企业的发展而发展。

（2）在文化建设中，企业文化的自我发展机制必须作为一个重要关注点进行设计、构建，包括随时随地地审核、检查、发现、消除企业文化各个构成要素中不适应社会和企业发展实际的内容，并根据实际自动调整。尤其是必须紧密关注规章制度和形象艺术、语言艺术三个构成要素，定期进行审查、修订，以使之随着企业内外部环境的发展变化而实现不断的发展、完善，及时剔出与实际不相适应的内容。

（3）对于企业文化各个构成要素彼此之间发生的不协调和冲突，必须有协调程序上的安排，以保证在冲突发生时，能够通过这种协调程序自动消除不协调和冲突，以增强企业文化的生命力。

五、理论上的严密性的标准要求

1. 理论上的严密性的内容分析

所谓理论上的严密性，也就是企业文化的各个构成部分之间，以及各个构成部分的各个构成要素之间及其内部，都必须有严密的逻辑联系，并且关系清楚、线索明晰，使企业文化本身成为一个完整的有机整体，而不是支离破碎的概念堆积。

企业文化是企业管理实践的历史沉淀，如果企业文化的发生、发展，仅仅只能通过这一途径完成，这就必然会使企业文化蒙上神秘的面纱，导致对它的自主选择、设计、构建、改造和管理成为不可能，企业文化也就不可能成为企业管理的有效工具。既然企业文化不是超历史的存在，而是在历史上发生、发展的，也就必然会有它发生、发展的轨迹和规律，因而也就必然有它自身的逻辑。正是企业文化的这种发生、发展的轨迹和规律，及其自身逻辑的存在，才使得对企业文化进行自主选择、设计、构建、改造和管理成为可能。这种可能也就是在客观准确地认识和把握企业文化发生、发展的轨迹和规律，及其自身内在逻辑的基础上，把它们再现出来。因此，要对企业文化进行自主选择、设计、构建、改造和管理，也就必须保证其活动严格地与企业文化固有的发生、发展规律和逻辑相吻合。

企业文化发生、发展本身的规律和逻辑的严密性，决定了对于企业文化在选择、设计、构建、改造和管理上的严密性。企业文化理论上的严密性，也就是企业文化形成和发展规律和逻辑严密性本身的要求。

图2-3　只有自己认定应该做的事，他才会积极努力做

只有这种理论上的严密性，才能使企业文化的核心构成要素——价值观念，在获得理论上征服力的基础上，得到企业组织成员的广泛认同。尽管谬论重复一万遍也可能被人当成真理，变成人们自己行为的准则，但这种没有严密逻辑，仅仅依靠建立在强权和欺骗基础上的重复，不仅不能使企业文化在相对较短的时间内自主设计、构建出来，而且还会发生倒退和变异。任何一种没有逻辑力量的思想观念，只能通过高频率的重复来维持他人的认同，影响他人的行为选择。否则，只要留下让人思考的空间，让人们有机会进行反思，人们也就会在思想上逃离没有逻辑力量的思想观念的统治。因此，对企业文化进行选择、设计、构建、改造和管理，必须以

逻辑严密的理论为基础。也只有这种理论上严密的企业文化，才能够随着时代的进步而不断地发展和完善。建立在谎言基础上的行事方式和思维程序，是不可能具有这种自我发展机能的。

理论上的严密性，是企业文化本身必须具有的本质特征，并不是由外部强加的属性。企业自主选择、设计、构建的企业文化，是否在理论上具有严密逻辑，不仅决定了文化建设的成败，而且决定了所选择、设计、构建企业文化所拥有的管理功能的大小。只有理论上逻辑严密的企业文化，才可能成为强势企业文化，构成企业的核心竞争力。

2. 理论上的严密性的具体要求

其要求的具体内容，可概括为以下五个方面。

（1）企业文化构成的四个层次、九个要素，必须有清晰的逻辑脉络联系和完整而系统的逻辑结构。

（2）企业文化核心层的价值观念，作为一个完整的体系，其所界定的九个关系及其相互之间，必须具有严密的逻辑联系。随心所欲地选择几条警句，补缀在一起远不能构成企业的价值观念体系。

（3）企业文化理论层必须完整严密，并通过企业文化理论层的两个构成要素，对所选择的企业文化核心层的价值观念进行系统论证，以提升企业文化核心层的价值观念来征服人心的能力。

（4）实体层和表象层的构成要素，都必须在理论论证的基础上展开和具体化，不能随意对企业文化核心层的价值观念进行阐释和铺演。

（5）对企业文化的培训必须有理论体系严密的教材，不能仅仅弄几条警句，让培训师随意发挥。

六、形式上的简洁性的标准要求

1. 形式上的简洁性的内容分析

企业文化必须借助于一定的形式才能存在，但这种存在形式必须简洁。企业文化作为一种观念的存在和行为方式的存在，首先必须存在于特定的语言概念形式上，使之能交流、传颂、记录。因此，也就必须保证它便于交流、传颂、记忆。这就要求它在形式上必须具有简洁性的特征。

文化建设尤其不允许牵强附会，把一些根本不存在的东西强加到企业文化中，使之貌似神秘、有档次。企业文化不需要神秘，它需要的是直白、通俗。只有当需要对他人进行欺骗，并获得对他人进行欺骗的方便时，才需要给它涂抹上一层神秘的色彩，让人不好理解，不便于理解，以使欺骗能畅行自圆。而不好理解，不便于理解的特性，只会降低企业文化的管理作用，丝毫也没有提升其档次和水平的作用。企业文化有无档次和水平，不在于它铺演了多大的学问，而在于它能否持续有效地推动和促进企业的发展。

企业组织所选择、设计、构建的企业文化是不是有档次和水平，这既不能靠神秘，也不能靠艰涩难懂的语言形式，而只能靠其内涵的先进性、体系的完整性和理论上的严密性。简单就是美，这一信条在企业文化建设中尤为正确。企业文化本身并不是要铺演什么学问，创造什么理论，而是要用已有的理论和学问来服务于企业的管理实践。因此，在形式上，企业文化能简洁到什么程度，就必须简洁到什么程度。

企业文化的形式如果弄得过于繁杂，还会造成传播上的障碍，并且也不符合企业作为一个经济组织所必须遵循的效益原则。臃肿繁杂就是没有效益。在企业文化形式上的任何形式的旁征博引，都只会损害企业文化管理作用的形成和提升，甚至扭曲企业文化的内涵和性质。用臃肿繁杂，没有效益的文化形式，表达简洁和效益的理念，这本身就是一个矛盾、一种讽刺。

2. 形式上的简洁性的具体要求

其要求的具体内容，可概括为以下五个方面。

（1）企业文化核心层的价值观念都必须归纳成警句和信条，以便于理解、记忆和传播。

（2）企业文化理论层对企业文化核心层的价值观念的论证，旨在说明其合理性、必要性及其彼此之间的关联关系，必须清除所铺演的与之无关的理论。

（3）在企业文化的实体层中，对人们的行为和行事方式构成约定的规章制度，必须简明扼要，以使企业组织各级各类成员都能一目了然。

（4）不允许在任何构成要素上涂抹神秘色彩的东西，任何可能让人不可理解和理解困难的东西都必须清除干净。

（5）在企业文化的任何一个构成要素中，都不允许有牵强附会、旁征博引的痕迹。

七、表现上的艺术性的标准要求

1. 表现上的艺术性的内容分析

要保证企业文化的价值观念及其分析论证的理论，能够得到广泛的认同，除了理论上的严密性和形式上的简洁性之外，还必须具有很强的感染力。因此，在企业文化表象层上的两个构成要素，是否具有充分的艺术性，是企业文化的内容和性质要求能否得到不断发扬光大、广泛传播的一个前提条件。只有具有充分的艺术性，才能使人们对企业文化中所包含的价值观念和理论体系喜闻乐见，愿意自主地去接触它，并通过这种接触，潜移默化地被感染，从而最终接受它，把它内化为自己的行为准则。

文化不等于艺术，但又与艺术存在着天然的渊源关系。没有文化内涵的艺术，这种艺术就只能是一个五光十色的水泡，不可能具有生命力，也不可能成为企业的核心竞争力。艺术作为一种特有的文化形式，必须有其特定的内涵，没有内涵的艺术是不存在的。同时，文化如果没有艺术性的表现形式，文化也就变成了干瘪的、死气的东西，也就会缺乏生命力。因此，企业文化必须尽可能通过多种多样的艺术形式来充分表现其核心层的价值观念和理论层、实体层的内容和性质要求。

2. 表现上的艺术性的具体要求

其要求的具体内容，可概括为以下五个方面。

（1）企业文化核心层的价值观念不能仅仅停留在格言警句上，尽管格言警句本身已经具有了一定的艺术感染力，但是还必须有与之对应的艺术形式，包括故事、小说、散文和雕塑、戏剧、歌舞等，以便能更形象地表现企业文化核心层的价值观念的内容和性质要求。

（2）企业文化所界定的各种行为准则，不能仅仅停留在生硬的制度上，必须把这种准则和要求，尽可能以艺术的形式传达给每一个员工。

（3）企业所设计的形象标志，包括企业徽章、品牌形象，都必须传达企业的价值观念内涵，不能仅仅只是一种视觉形式上的创新。

（4）企业报刊和内部网站不能仅仅只有规章制度与运行流程的内容，而应该有与这些内容相联系的形象艺术和语言艺术，包括绘画、剪纸、诗歌、小说、故事、幽默等。

（5）企业文化的语言艺术要有启发性，能使企业文化核心层的价值观念等能潜移默化地影响每一个员工的行为选择。

八、文化建设管理必须以强势企业文化建设为目标

任何一个企业，只要它连续存在一定的时间，有了一定的历史，都会形成其特有的企业文化。也就是说，企业文化并非一定要有意识地专门进行设计、构建，它才能形成和发展。它可能是在企业组织的运行过程中，企业组织的构成人员，把他们的思想观念、行事方式和思维程序，通过他们每一个人的脑、口和手，填充到企业目标体系、组织架构、岗位员工和运行流程四个构成部分之中后，不知不觉地沉淀下来形成的。但是，这种不自觉地形成的企业文化，并不一定能保证是企业发展所需的企业文化。企业发展所需的企业文化，不仅必须能起到协调行动、统一步伐的作用，而且还必须能够对企业组织的发展注入活力，能使企业组织健康长寿。也就是说，它只能是一种强势企业文化，而不是分裂、腐化企业组织，阻碍企业发展，扼杀企业生命活力的病毒、病菌和毒瘤。

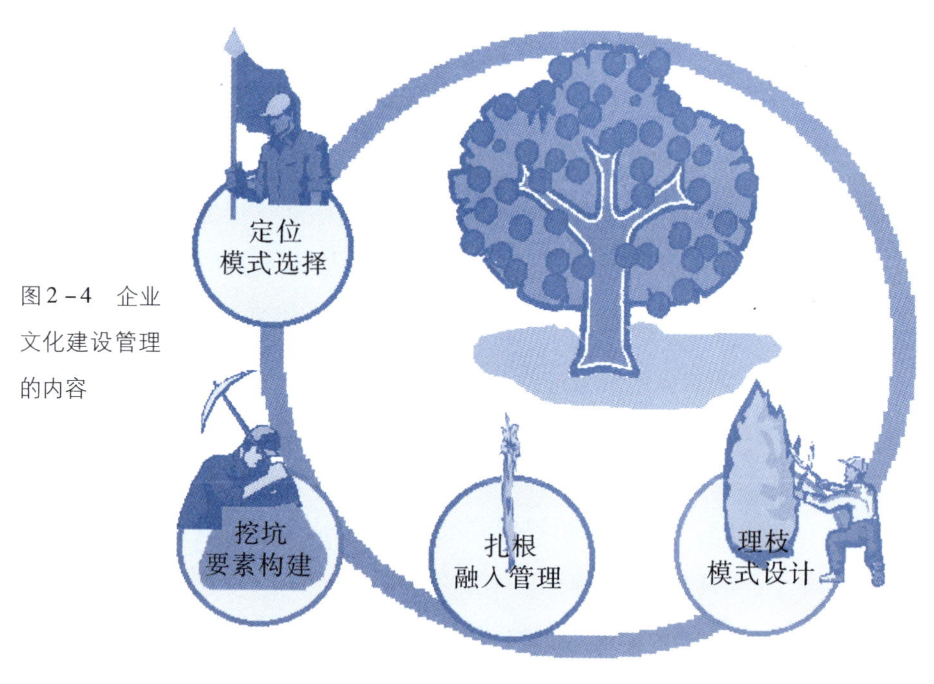

图2－4　企业文化建设管理的内容

因此，任何一个企业组织，要保证其健康、稳定的发展，就不能听任企业文化的自然形成和自由发展变化，就像栽在马路边的树，不能任其自然生长，要像剪枝打顶一样，必须对它的形成和发展变化进行管理。自主进行文化建设，也必须对文化建设过程中的活动进行管理，保证所构建企业文化对企业持续快速发展的推动促进作用。其目标有两个。

（1）确定企业文化的性质，稳定企业文化的作用方向，使之发展成为能推动和促进企业持续快速发展的强势企业文化。

（2）适时改造发展企业文化，保证企业文化对企业发展的推动促进作用，而不是等到企业发展陷入困境并将成为枯骨时再寻求给它注入健康长寿的基因。

这就要求对文化建设进行自主地操作和控制，并按照企业发展的目标要求选择、设计、构建企业文化。通过这种自主选择、设计、构建，对企业组织的意识形态、行事方式和思维方式实施管理，以协调企业组织另外四个构成部分相互之间的内在关系，协调企业组织运行，提升企业组织运行的效率和效益。

文化建设管理规范化的内容，主要包括四个方面。

（1）对企业文化模式进行选择和设计。即通过对企业文化核心层的构成要素——价值观念的内涵和性质要求进行选择与界定，选择确定要设计、构建的企业文化的性质，绘制确定所要建设的企业文化目标模式的蓝图。

（2）对企业文化的构成要素进行分析，确立设计、构建的标准要求，以保证企业文化构成要素的设计、构建过程严密有效。

（3）分析企业文化与企业组织另外四个构成部分（目标体系、组织架构、岗位员工和运行流程）的性质上的差异和内容冲突，以保证企业持续快速发展为标准进行取舍融合。

（4）对企业文化构成的三个模块分别进行分析，并确立其设计、构建管理的标准，以稳步推进文化建设的完善发展，确保企业文化对企业发展的推动促进作用不衰减。

第二章

文化建设目标模式选择设计的标准要求

要保证企业文化在企业发展中起到实际作用，文化建设的目标模式选择设计是首要工作。也只有当企业文化建设选择设计的目标模式充分符合企业的内外部实际情况，它才可能对企业持续快速发展起到推动促进作用。进而掌握企业内部和外部实际分析界定、企业文化建设目标模式模板选择分析以及企业文化建设目标模式的设计完善分析等方面的标准要求。

一、文化建设目标模式选择设计的意义

要保证企业文化在企业发展中起到实际作用，文化建设的目标模式选择设计是首要工作。也只有当企业文化建设选择设计的目标模式充分符合企业的内外部实际情况，它才可能对企业持续快速发展起到推动促进作用。

前面作过分析，企业文化就是相关联的复制因子的集合。如果企业文化是自然形成的，没有主观努力的自主建设活动介入，那么这个集合也就是自然形成的，是企业发展过程中历史选择的结果。

如果自主进行企业文化建设，这个集合就不再是自然形成的了，其选择也就不再是由企业发展的历史选择完成的了，而必然由建设工作的主导者选择。在这里如何选择企业文化建设目标模式，就成了一个必须首先回答的问题。所以企业文化建设的第一个阶段的工作——规划，就是企业文化建设目标模式模板的选择设计。

选择设计确定了企业文化建设目标模式，也就是绘制了企业文化建设的蓝图，把企业文化建设目标首先在建设者的心里勾画出来。这一工作从企业文化构成元素复制因子的集合的角度来说，就是确立企业文化构成元素复制因子的集合选择标准，确定让什么样的复制因子进入集合，以及把什么样的复制因子屏蔽过滤掉的标准。就像我国改革开放一样，西方的技术和管理被引进来的同时，西方的一些没落的意识形态也跟着进来了。所以有人说，就像打开窗子新鲜空气进来的同时也会飞进几只蚊子一样。我们不想让蚊子也进来，就必须装上纱窗进行过滤。选择设计企业文化建设目标模式，就是装上纱窗，只让推动促进企业持续快速发展的复制因子（新鲜空气）集合进来，把制约阻碍企业持续快速发展的复制因子（蚊子）挡在外面。如果二者都涌进来，那么推动促进企业持续快速发展的复制因子的作用，就会被制约阻碍企业持续快速发展的复制因子的作用所抵消，降低和失去其积极作用。

因此，这一阶段的工作不仅是自主进行企业文化建设不可或缺的，而且还必须作为重要的一环做到位。企业文化建设目标模式模板选择设计失当，也就是大厦建设规划设计不当，结果只能有两种，或是大厦无法建起来，或是勉强建起来了很快又倒塌。这就更谈不上其形状的美化和功能的完善了。

如何确立企业文化集合的构成元素——复制因子被集合进来的标准，这就是本章要讨论的问题。要回答这一问题，首先必须分析确定能够成为企业文化建设目标模式的企业文化类型（下篇将详细介绍）。企业文化建设目标模式模板的选择设计就是在根据各个可供备选的企业文化类型的特征、功能、局限与企业实际的对应关系完成基本模式的选择后，以所选择的基本模式为框架进行论证、补充，完善建设蓝图的绘制。

企业文化建设选择什么样的目标模式，企业领导者并没有多少自由，除非他想把企业折腾垮。企业的实际是确定的，社会发展的现实和趋势也不是由个人意志所决定的，能选择成为企业文化建设目标模式的前提条件也是确定的。唯一能发挥自己主观能动作用的，就是运用自己的聪明才智，保证对企业实际的分析界定充分客观。

因此，对企业的内部实际和社会发展的现实及其趋势进行分析界定，也就成了企业选择设计企业文化建设目标模式的基础和关键。全面、准确地分析界定了这内外两个方面的实际，企业文化建设目标模式模板的选择也就确定了其框架模板。

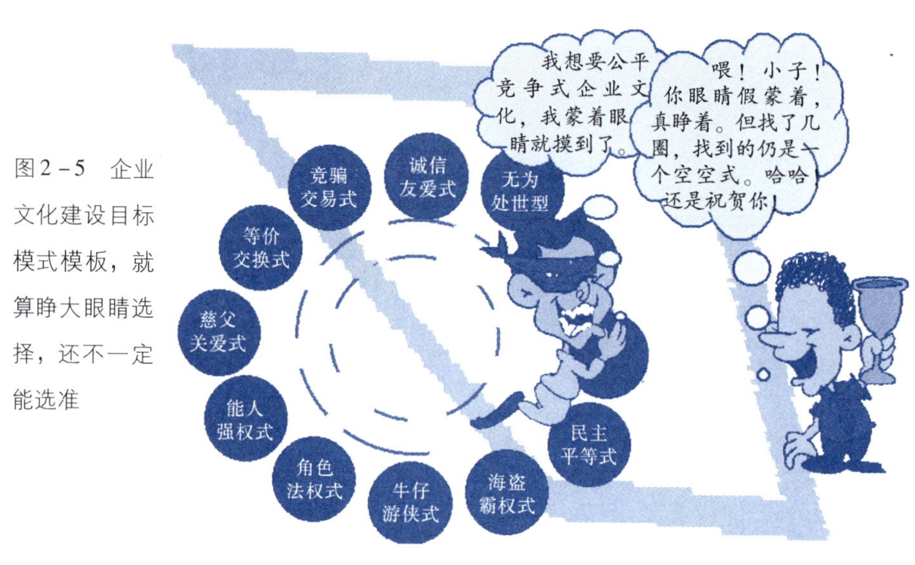

图2－5 企业文化建设目标模式模板，就算睁大眼睛选择，还不一定能选准

二、企业内部实际分析界定的标准要求

企业内部实际分析的内容和判断界定标准，笔者通过调查研究和经验总结归纳在《企业内部实际分析表》（见表2－1）中。表中内容与《企业规范化管理系统实施方案·组织架构管理》一书的第二篇中对于组织模式选择设计的实际分析基本相同，但因为着重点不同，所以，作了一些补充和调整。通过与表中判断标准进行比较，可很方便地界定企业实际的内容。

表2－1 企业内部实际分析表

分析项目	内容	状态	判断标准
规模特征	人员规模	小	100人以下
		中	100～3000人
		大	3000人以上
	资产规模	小	5000万以下
		中	5000万～300000万
		大	300000万以上

续表

分析项目	内容	状态	判断标准
	行业规模	小	单一行业
		中	2 ~ 5 个之间
		大	6 个以上
	收入规模	小	50000 万以下
		中	50000 万 ~ 1000000 万之间
		大	1000000 万以上
行业性质	科技性		企业经营收入的 50% 以上，来自于高科技产品，或创新，这就决定了企业的员工必然是以科学研究和技术开发的专业人员为主导
	生产性		经营以生产加工为主导，主要是接受委托加工和贴牌生产，产品销售上的投入，相对于生产规模较小，产品销售费用在总成本中低于 10% ，这就决定了企业的员工必然是以现场操作工人为主导
	商贸性		经营以商业贸易为主，包括国内商业服务和对外贸易，生产仅仅是补充和辅助，其收入在总收入的 30% 以下，这就决定了企业的员工必然是以商务专业人员为主体
	金融性		即从事金融产品经营，包括银行、保险、证券、信托、融资租赁、期货等服务，这就决定了企业的员工必然是以经济、金融类的专业人员为主体
	一般服务性		即经营的产品属于日常生活、娱乐服务，包括餐饮、洗浴、美发、婚介、家政、租赁、文化、体育、休闲等，这就决定了企业的员工必然是以素质要求不高的服务人员为主体
	特种服务性		即所从事的行业属于特种性质的服务行业，包括教育、卫生、媒体、咨询、广告等，这就决定了企业的员工必然是以知识密集性的专业人员为主体
	中介性		即从事企业经营所需资源的中介服务，包括人才中介、信息中介、投资中介、物资中介等，这就决定了企业的员工必然是以具有经营头脑的专业人员为主体
产品特征	专案产品		产品以智能投入为主，方式为量身定造，这就决定了经营投入必然是以人力资源为主，其发展紧紧依靠所拥有的专业人员的技能和经验的积累
	大件产品		单件产品价值大，在 1000 元以上，这就决定了经营投入必然是综合性的，人员也必然是多层次、多专业的综合
	普通消费品		也就是一般日常消费品，其生产规模限制不大，经营进入门坎不高，市场竞争激烈
员工特征	温饱型		员工受教育程度不高，在大专以下，经济状况不佳，工作的目的就是为了挣钱养家糊口，因而必然把经济收入作为其行为选择的主要依据
	事业型		员工受教育程度比较高，至少在大专以上，经济状况较好，工作的目的就是成就一份事业，实现自己的价值，对经济收入看得较淡，因而必然把价值成就和个人影响的提升作为其行为选择的主要依据

续表

分析项目	内容	状态	判断标准
	逍遥型		员工受教育程度不限，经济状况一般，工作、学习和生活寻求的都是乐趣，非常看重能按照自己的爱好行事，自主心强，讨厌被人指挥，抗拒约束，因而必然把个人自由和人际关系的融洽作为其行为选择的主要依据
目标特征	稳定发展		能以相对比较稳定的速度实现发展，避免大起大落的波动
	跳动发展		看重机会，希望捕捉到有利的机会以实现大发展，敢于冒风险
	平安长寿		不求发展，只求稳定守业，看重企业长寿，能使企业成为老字号
	强调社会责任		把企业的发展建立在承担社会责任上，直接把社会的安定、繁荣、发展作为企业发展目标
	社会责任淡漠		企业发展不太依赖于社会的安定、繁荣、发展，所以不太关注社会的安定、繁荣、发展，而仅仅看重企业自身的盈利和发展
经营实际	经营收入增长率	稳定	连续五年维持增长，各年的增长率与平均增长率相对波动都不超过20%
		一般	连续五年维持增长，各年的增长率与平均增长率相对波动在20%～50%之间
		不稳定	五年中有增有降，各年的增长率与平均增长率相对波动超过了50%
	税前利润率	稳定	连续五年维持增长，各年的增长率与平均增长率相对波动不超过20%
		一般	连续五年维持增长，各年的增长率与平均增长率相对波动在20%～50%之间
		不稳定	五年中有增有降，各年的增长率与平均增长率相对波动超过了50%
	劳动投入在经营成本中的比重	高	企业经营总成本中的劳动投入占30%以上
		中	企业经营总成本中的劳动投入比例在10%～30%之间
		低	企业经营总成本中的劳动投入占10%以下
	人均创收能力	高	人均经营收入为人均劳动投入的10倍以上
		中	人均经营收入为人均劳动投入的5～10倍之间
		低	人均经营收入不足人均劳动投入的5倍
	人均创利能力	高	人均税前利润为人均劳动投入的3倍以上
		中	人均税前利润为人均劳动投入的1～3倍以上
		低	人均税前利润不足人均劳动投入的1倍
产权结构	企业资产的占有情况	集中	企业产权50%以上掌握在1～3个人手中
		一般	企业产权50%以上掌握在4～20个人手中
		分散	控股最多的20个股东所占有的企业产权不足50%
	经营者控股	集中	50%以上的企业产权控制在1～3个企业经营领导者手中
		一般	企业经营层整体控制的企业产权不超过30%
		分散	企业经营领导层和管理层所控制的企业产权不足30%

续表

分析项目	内容	状态	判断标准
	普通员工持股	高	有70%以上的普通员工持有企业股份，总额占企业产权的50%以上
		中	不到50%的普通员工持有企业股份，其总额占企业产权的比例不足30%
		低	不到10%的普通员工持有企业股份，其总额还不到企业产权的5%
	国有股份比重	高	国有股份，占企业产权的70%以上
		中	国有股份，占企业产权的34%以上
		低	国有股份，在企业产权中的比例不到34%，甚至全无
领导人的特征	价值偏好	权力控制	喜好指挥控制他人，并以发号施令为乐趣和满足，这种老板必然会把控制他人的权力抓得紧紧的，也不乐意下属员工与之享有平等，也不会给予他们任何决策和管理参与的权力
		金钱占有	喜好金钱的集聚，把金钱看得很重，节俭而勤劳，这种老板必然会高度重视效率和效益，他对下属员工的态度，必然会随着与企业效率和效益关系的变化而变化
		价值成就	看重社会他人对自己的评价，把“能”的价值需求的满足放在首位，喜好表现自己，向往出人头地，这种老板需要更多、更广泛的人与之合作，为他事业的成功提供支持，他不仅会高度重视效率效益，而且会更加重视获得下属员工的忠诚，从而会礼贤下士，重视与每个人的友好合作关系的建立
	经营领导人的权力来源	遗产继承	在经营领导者个人所拥有的企业产权中，50%以上是通过遗产继承获得的
		创业积累	在经营领导者个人所拥有的企业产权中，主要是通过自己创业或出色的经营能力而积累起来的
		职务授予	对企业资产占有的比例很小，在最大股东排名中，名列30位之后，通过董事会的选聘成为企业领导人
	介入企业高层决策的人员集中程度	集中	企业高层决策主要由1~3人把持
		一般	企业高层决策在3~9人中完成
		分散	企业高层决策由10个以上的人共同完成

按照《企业内部实际分析表》分析界定企业内部实际，这一工作已变得非常简单，但以下三个要求，必须尽量满足。

（1）根据《企业内部实际分析表》所列项目内容，必须对照企业的现实，逐项分析界定，不能漏项。每一项内容都代表一个方面的实际，缺少一项，就意味着缺少一个方面的实际。

（2）分析界定必须严格地依据客观实际进行，包括查阅企业历年的统计报表，但又不能仅仅依据报表，更不能想当然，凭臆断界定。

（3）企业实际的分析界定工作，不能由企业领导人亲自动手，但企业领导人必须最后审定，以便让企业发展中不为下属所知的一些实际能得到准确的界定。

三、企业外部实际分析界定的标准要求

企业外部实际的分析界定，相比企业内部实际的分析界定，要困难一些。这个困难主要在于有关外部实际的信息很难全面、准确地收集到。不过对外部实际进行分析界定的操作要求也要低得多，主要是进行趋势性的分析，没有精确度上的限定。

图2－6 企业文化建设不能摸着石头过河

外部实际的内容主要有以下四个方面。

（1）企业所进入的行业市场实际。其内容包括：行业产品的生命周期预期有多长？现在处在生命周期的哪个阶段上？尚可延续的时间有多久？行业发展空间是大还是小？不同企业文化对企业发展的稳定性有不同的操作要求，这直接是对企业的行业产品发展的稳定性进行的说明。

（2）社会经济发展的实际。其内容包括：企业所在地社会保障体系建设和完善的程度如何？企业所在地社会经济的发展水平如何？不同的企业文化对企业组织成员个人行为选择的主要驱动力有不同的要求。这一实际可在一定程度上对这一前提条件是否满足提供判断的依据。

（3）社会文化观念的实际。其内容包括：社会主导价值观念是集中在

人的何种价值需求上？偶像人物是属于何种类型？社会文化观念会直接对企业组织成员个人的行为选择带来影响，企业文化并不能完全超越它。对这一实际进行分析界定的作用，与上一实际完全相同。

（4）员工来源的实际。其内容包括：员工来源的集中程度如何？是否广泛存在一家多人同在企业上班的情况？这一实际也可在一定程度上揭示员工行为选择的主要驱动力。

企业外部实际的分析界定，可在广泛收集相应信息之后，直接在《企业外部实际分析表》（见表2－2）上分析完成。

表2－2 企业外部实际分析表

分析项目	内容	状态	判断标准
行业市场	1. 行业产品的生命周期预期时间	长	30年以上
		中	10年以上
		短	10年以下
	2. 现在所处的生命周期	发展期	按营销学的定义判断
		衰退期	按营销学的定义判断
	3. 产品生命尚可延续的时间	长	10年以上
		中	5年以上
		短	5年以下
	4. 行业市场发展空间	大	尚有3倍于现有市场总量的市场容量
		中	尚有1倍于现有市场总量的市场容量
		小	不足1倍于现有市场总量的市场容量
社会经济发展	5. 企业所在地社会保障体系建设情况	完善	医疗、养老、失业三大保障覆盖全社会人口的70%以上
		比较完善	医疗、养老、失业三大保障覆盖全社会人口的30%以上
		已开始发展	医疗、养老、失业三大保障各自都有所发展，但不平衡，平均计算，覆盖全社会人口的比例不足15%
		基本没有	很少有人享有社会保障
	6. 企业所在地社会发展阶段	贫困	不能完全自主地维持衣暖体，食果腹，住有屋的人口占10%以上
		温饱	没有人衣不暖体，食不果腹，住没有屋，已有20%的人口在寻求衣食住行的质量，吃的讲营养，穿的讲漂亮，住的讲宽敞，行的有车辆

续表

分析项目	内容	状态	判断标准
		小康	不仅全部社会人口都吃的有营养，穿的已漂亮，住的已舒服，行的有车辆，而且30%以上的社会人口的生活已经有质量，即工作有满足，行为有修养，活动有爱好，身体有健康，政治有参与，意见能声张
		富裕	70%以上的社会人口生活已经有质量
社会文化观念	7. 社会主导价值观念	“有”的价值满足	人们看重的是吃喝玩乐等肌肤之利的满足
		“能”的价值满足	人们看重的是事业、成就和贡献
		“善”的价值满足	人们看重的是各种层次的社会政治、经济活动决策的参与
	8. 偶像人物类型	贡献型	科学家，企业家，思想家，学者，社会英雄
		娱乐型	影视明星，歌星，体育明星，冒险家
		富豪型	富翁
员工来源	9. 集中程度	高	50%以上来自一个小镇
		中	50%以上来自附近几个乡镇
		低	地域分布没有明显的特点
	10. 一家多人同在企业	多	属于一家多人，包括夫妻、父（母）子（女），同在一个企业的员工，占员工总数的15%
		少	属于一家多人同在一个企业的员工很少，甚至没有

企业外部实际分析界定，通过《企业外部实际分析表》来完成，其工作也相当简单，主要有以下三个方面。

（1）必须针对不同的内容选择不同的途径收集信息后进行分析判断，避免由一个人凭臆断进行界定。

（2）要分析界定的内容，如果无法收集到相关信息，可以空缺，以避免对于无法分析界定的内容进行臆断而导致对企业文化建设目标模式模板选择的误导。

（3）所作的任何一项内容的分析界定，都必须有分析界定的真实信息作为依据。

四、企业文化建设目标模式模板选择分析的标准要求

只要企业内外部实际的分析界定，是按照上述要求完成的，企业文化建设目标模式模板选择工作也就很简单了。其选择工作可直接在《企业文化建设目标模式内部实际对应关系分析表》（见表2－3）和《企业文化建设目标模式外部实际对应关系分析表》（见表2－4）上完成。两个分析表中的相关项目内容与可供企业文化建设目标模式备选的七种模式的对应关系，是笔者的经验总结，仅具有参考价值。为了弥补笔者经验总结的偏差，可在对企业实际进行分析界定前，组织企业高层管理者根据共有经验作一调整，首先确定一个大家认可的选择分析表后再对应分析选择。

“●”表示对应于企业实际，可作的一种选择。把每一个“●”记为一个点值，可直接根据对应的企业文化模式栏下所汇总点数的多少来选择。点数越多，说明企业内外部实际与所对应的那种企业文化模式相吻合的程度越高，反之则越低。其选择分析工作可分为两步完成。

1. 企业文化建设目标模式模板选择的内部实际对应分析的标准要求

企业文化建设目标模式模板选择的内部实际对应确定，必须在《企业文化建设目标模式内部实际对应关系分析表》上对应于企业内部实际进行分析选择，以避免选择的随意性。

表2－3 企业文化建设目标模式内部实际对应关系分析表

分析项目	内容	状态	对应可选择的强势企业文化的模式						
			等价交换型企业文化	慈父关爱型企业文化	能人强权型企业文化	角色法权型企业文化	诚信友爱型企业文化	民主平等型企业文化	公平竞争型企业文化
规模特征	人员规模	小		●	●		●		
		中	●	●	●		●	●	
		大				●	●		●
	资产规模	小		●	●		●	●	
		中	●	●			●	●	
		大	●	●		●	●		●

续表

分析项目	内容	状态	对应可选择的强势企业文化的模式						
			等价交换型企业文化	慈父关爱型企业文化	能人强权型企业文化	角色法权型企业文化	诚信友爱型企业文化	民主平等型企业文化	公平竞争型企业文化
	行业规模	小	●	●	●	●	●	●	●
		中	●	●		●	●		
		大	●			●	●		●
	收入规模	小		●	●		●		
		中	●	●	●		●	●	●
		大	●	●		●	●	●	●
行业性质	科技性			●			●	●	●
	生产性		●	●	●	●			●
	商贸性			●	●		●	●	
	金融性					●			●
	一般服务性		●	●	●		●		
	特种服务性			●			●	●	●
	中介性			●	●		●		●
产品特征	专案产品				●		●		●
	大件产品			●		●	●		●
	普通消费品		●	●	●	●	●	●	●
员工特征	温饱型		●	●	●	●			●
	事业型				●	●	●	●	●
	逍遥型						●	●	●
目标特征	稳定发展			●		●	●	●	●
	跳动发展		●	●	●				
	平安长寿			●		●	●	●	●
	强调社会责任			●			●	●	
	社会责任淡漠		●		●	●			●
经营实际	经营收入增长率	稳定	●	●	●	●	●	●	●
		一般	●	●	●		●		
		不稳定	●		●		●		
	税前利润率	稳定	●	●	●	●	●	●	●
		一般	●	●	●		●		
		不稳定	●		●		●		

续表

分析项目	内容	状态	对应可选择的强势企业文化的模式						
			等价交换型企业文化	慈父关爱型企业文化	能人强权型企业文化	角色法权型企业文化	诚信友爱型企业文化	民主平等型企业文化	公平竞争型企业文化
产权结构	劳动投入在经营成本中的比例	高	●	●	●	●	●		
		中		●	●	●	●	●	
		低		●	●		●	●	●
	人均创收能力	高	●	●	●	●	●	●	●
		中	●		●	●		●	
		低	●		●	●			
	人均创利能力	高	●	●	●	●	●	●	●
		中	●	●	●	●		●	
		低	●		●				
	企业资产的占有	集中	●	●	●				
		一般	●	●	●	●			●
		分散				●	●	●	●
	经营者控股	集中	●	●	●	●		●	
		一般		●	●	●	●		●
		分散				●	●	●	●
	普通员工持股	高				●	●	●	●
		中				●	●	●	●
		低	●	●	●	●		●	●
	国有股份比重	高	●		●	●		●	●
		中	●		●	●	●	●	●
		低	●	●	●	●	●	●	●
领导人的特征	价值偏好	权力控制	●	●	●	●			
		金钱占有	●		●	●		●	●
		价值成就	●		●		●	●	●
	经营领导人的权力来源	遗产继承控股	●	●		●		●	
		创业积累控股	●	●	●	●			●
		董事会选聘			●	●		●	●
	介入企业高层决策的人	集中	●	●	●	●			
		一般	●			●			●
		分散	●			●	●	●	●

2. 企业文化建设目标模式模板选择的外部实际对应分析的标准要求

企业文化建设目标模式模板选择的外部实际对应确定，必须在《企业文化建设目标模式外部实际对应关系分析表》上对应于企业外部实际进行分析选择，以避免选择的随意性。

表 2－4　企业文化建设目标模式外部实际对应关系分析表

分析项目	内容	状态	对应可选择的强势企业文化的模式						
			等价交换型企业文化	慈父关爱型企业文化	能人强权型企业文化	角色法权型企业文化	诚信友爱型企业文化	民主平等型企业文化	公平竞争型企业文化
行业市场	行业产品的生命周期预期时间	长	●	●	●	●	●	●	●
		中	●	●	●			●	
		短	●	●	●				
	现所处生命周期阶段	发展期	●	●	●	●	●	●	●
		衰退期	●		●		●		
	产品生命可延续的时间	长	●	●	●	●	●	●	●
		中	●		●		●	●	
		短	●		●		●		
	行业市场发展空间	大	●	●	●	●	●	●	●
		中	●	●	●		●		
		小	●		●		●		
社会经济发展	企业所在地社会保障体系建设	完善					●	●	●
		比较完善		●		●	●	●	●
		开始发展	●	●	●	●		●	
		基本没有	●	●	●	●			
	企业所在地社会发展阶段	贫困	●	●	●	●			
		温饱	●	●	●	●			●
		小康		●		●	●	●	●
		富裕				●	●	●	●
社会文化观念	社会主导价值观念	有	●	●	●	●			
		能			●	●	●	●	●
		善				●	●	●	●
	偶像人物类型	贡献型			●	●	●	●	●
		娱乐型		●			●	●	●
		富豪型	●		●	●		●	●

续表

分析项目	内容	状态	对应可选择的强势企业文化的模式						
			等价交换型企业文化	慈父关爱型企业文化	能人强权型企业文化	角色法权型企业文化	诚信友爱型企业文化	民主平等型企业文化	公平竞争型企业文化
员工来源	集中程度	高	●	●	●	●	●		
		中	●	●	●	●	●	●	
		低	●		●	●	●	●	●
	一家多人同在一个企业	多		●		●	●	●	
		少	●	●	●	●	●	●	●

3. 企业文化建设目标模式模板选择操作的具体要求

企业文化的目标模式选择的操作方法是，首先对应企业的实际进行标注，然后对与企业实际对应的项进行统计，对应项点数最多者也就是应该选择的企业文化建设目标模式。这一操作通过分析表的对应项确定进行，虽然非常简单，但以下三个具体要求必须满足。

（1）在进行企业实际分析之前，必须组织企业高层主管对《企业文化建设目标模式内部实际对应关系分析表》和《企业文化建设目标模式外部实际对应关系分析表》进行经验偏差调整，人员越广越好，以使共有经验与内在规律更接近。

（2）这种选择分析不能图省事，必须按照两个分析表所列的内容，逐项分析完成。

（3）在现实中，无论哪一种企业文化模式，被大众媒体炒得如何火热，既不能为之动心，更不能照搬。在其他企业可能成为推动促进企业持续快速发展的企业文化，不一定适合你企业的实际，照搬到你企业后不一定仍然具有这种强势作用。

（4）其选择思路草案，可由一个部门拟订出来，并在中高层管理人员的范围内组织讨论，但在达成基本共识之后，必须由企业董事会进行最后定夺。

五、企业文化建设目标模式的设计完善分析的标准要求

企业文化建设目标模式的设计完善，也就是在完成企业文化建设目标

模式模板选择的基础上通过调整所选择的基本模式与企业实际不完全吻合的内容，把与企业实际全面吻合的内容补充进来，然后以此为基础把企业文化建设目标模式的蓝图绘制出来。企业文化建设目标模式模板的选择仅仅是确定了一个可借用的框架模板，但这个框架模板并不能保证100%地与企业的实际相吻合，所以必须在所选择设计的框架模板的基础上进行补充、调整、完善。

图2－7 人恋恩情狗恋食，利益是扯不断的约束

1. 企业文化建设目标模式设计完善的工作

企业文化建设目标模式的设计完善工作主要是把已经选择设计的企业文化建设目标模式模板所具有的功能作用，与进行企业文化建设所要达成的目的和所要解决的问题进行比较，找出差距。通过吸纳同类企业文化中其他模式的内容予以补充，使之与企业的实际全面吻合，从而保证对企业的持续快速发展能充分起到推动促进作用。这一步工作包含以下五个方面的内容。

（1）反过来再思考：进行企业文化建设究竟要达到什么样的目的？相对于企业发展的实际，有一些什么问题，必须通过企业文化建设来解决？通过分析梳理，明确作出界定，列成清单。

（2）与清单对照，就所选择的企业文化目标模式模板的功能作用和限制条件进行分析比较，并确定：还有什么样的目的不能达成？什么样的问题不能解决？什么样的前提条件不能满足？为企业文化建设目标模式的设计完善提供依据。

（3）在同类的企业文化中，选择有助于达成补充完善企业文化建设目标模式的特征性内容，补充到所选择的企业文化建设目标模式模板中来。

（4）对企业文化建设目标模式内容进行整理，分析清除相互矛盾的内容后，确定其必须有的特点内容。

（5）根据必须有的特点内容，确定道德准则。

企业文化建设目标模式设计工作可对应《企业文化建设目标模式设计完善分析表》（见表2-5）和《企业文化建设目标模式设计蓝图说明表》（见表2-6），按照表中分析完成其具体操作。

表2-5 企业文化建设目标模式设计完善分析表

	序号	企业文化建设要针对的问题	与选做模板的企业文化模式功能作用对应项内容	与选做模板的企业文化模式特点对应项内容	问题能否解决
企业文化建设所针对的问题解决预期分析	1				
	2				
	3				
	4				
	5				
	6				
	7				
	8				
	9				
	10				
	11				
	12				
	13				
	14				
	15				
	16				
	17				
	18				
	19				
	20				

续表

	序号	企业文化建设要达成的目的	选做模板的企业文化模式对应功能作用	选做模板的企业文化模式对应特点	目的能否达成
企业文化建设要达成的目标达成预期分析	1				
	2				
	3				
	4				
	5				
	6				
	7				
	8				
	9				
	10				
	11				
	12				
	序号	选做模板的企业文化模式的前提条件		企业实际与前提条件对比满足情况分析	
企业实际与所选模式的前提条件差距分析	1				
	2				
	3				
	4				
	5				
	6				
	7				
	8				
	9				
	10				
	11				
	12				

续表

	序号	选做模板的企业文化模式不满足问题解决和目标达成的项目内容	在选做模板的企业文化模式中需补充功能作用项内容	在选做模板的企业文化模式中增减内容	能达成与否
企业文化建设目标模式设计分析	1				
	2				
	3				
	4				
	5				
	6				
	7				
	8				
	9				
	10				
	11				
	12				

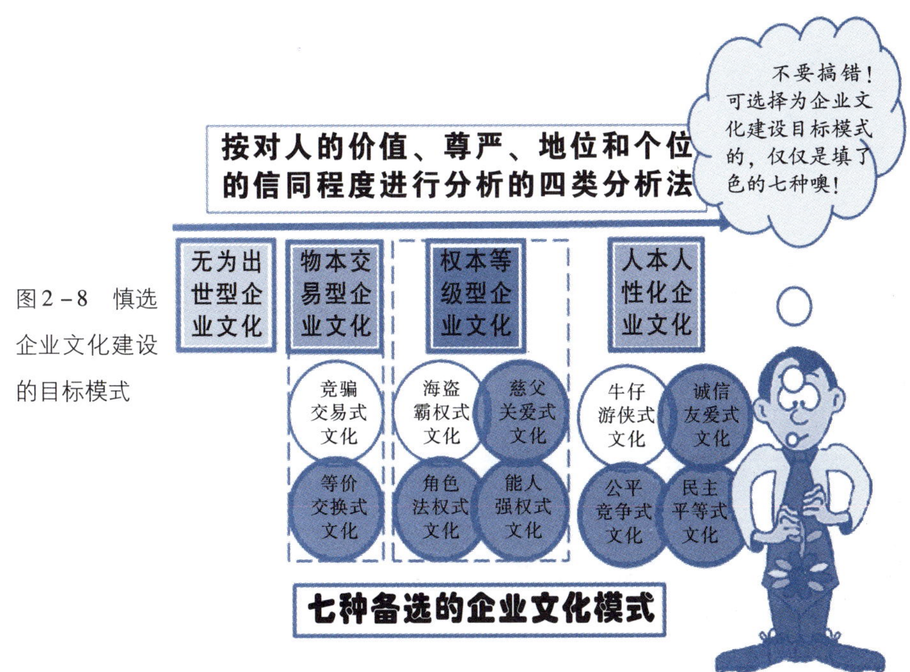

图2－8 慎选企业文化建设的目标模式

对于进行企业文化建设的目的和所要解决问题的梳理，不能在企业文化建设目标模式模板选择设计之前进行，否则就有可能导致忽视和放松对企业实际的分析界定，使企业文化建设目标模式模板的选择偏离企业的客观实际，最后使企业文化建设目标模式与企业发展脱节。因为梳理界定企业文化建设的目的，以及明确所要解决的问题，是一个主观判断问题。如果这种梳理工作在借助特定分析工具选择设计企业文化建设目标模式模板之前进行，就不可避免地会加大主观判断在企业文化建设目标模式模板选择上的影响。因此，这一工作只能在企业文化建设目标模式模板选择设计之后进行，这样既能限制主观随意性的影响，同时又让人的主观判断在这一工作中起到一定的补充作用。

表 2-6 企业文化建设目标模式设计蓝图说明表

项目	序号	特点内容简述	落实措施思路
特点简述及达成思路	1		
	2		
	3		
	4		
	5		
	6		
	7		
	8		
	9		
	10		
	11		
	12		
	13		
	14		
	15		
	16		
	17		
	18		
	19		
	20		

续表

项目	序号	功能作用简述	达成措施思路
功能作用简述及达成措施思路	1		
	2		
	3		
	4		
	5		
	6		
	7		
	8		
	9		
	10		
	11		
	12		

2. 企业文化建设目标模式设计完善操作的具体要求

完善企业文化建设目标模式设计操作的具体要求，可概括为以下五个方面。

（1）梳理企业文化建设的目的，确定企业文化建设所要解决的问题，不仅必须立足于现实，针对现实中要解决的问题，而且必须考虑到三五年内预期可能发生的问题。但不能过于超前，把久远的将来要达成的目标和所要解决的问题，纳入到现在的企业文化建设中一次性解决。

（2）必须对企业发展中存在的和可能发生的问题进行分类分析，并注意不能把企业发展与环境之间的问题也放到企业文化建设中来解决。企业文化所能解决的问题主要是与价值观念、行事方式和思维方式有关的问题。

（3）在界定选做模板的企业文化模式尚不能解决的问题之前，必须准确地把握选做模板的企业文化模式的功能作用，然后把它与企业发展中已经存在和可能发生的问题进行对比分析，以避免画蛇添足，补充根本不必补充的内容。

（4）截取补充完善选做模板的企业文化模式的内容，必须与选做模板的企业文化模式属于同类企业文化。否则，依其设计的企业文化目标有可能发生不兼容的问题。

（5）必须重视和维护企业文化模式在内涵上的完整性和系统性。选择设计了企业文化模式模板后，必须以这种模式模板为基础框架，能不做截取补充的，就要避免截取补充，以免画蛇添足损害了它在内涵上的完整性和系统性。

第三章

企业文化构成要素设计、构建管理的标准要求

设计确定企业文化建设目标模式，是文化建设中的一项关键性工作，但它还只是理清了思路，确立了一个框架，描绘了一个粗线条的蓝图。其实质性的工作到着手进行企业文化构成要素的设计、构建，才算真正开始。企业文化构成要素的设计、构建，也就是按照企业文化的内在结构要求，把企业文化建设目标模式的内涵，分别依据企业文化各个构成要素的形式要求进行具体化，把企业文化建设目标模式按照企业文化构成要素逐一进行设计、构建，使之由一种设计蓝图变成现实的企业文化。

企业文化是一个有机的整体，但它却是由一个一个的要素构成的。文化建设必须从各个不同的构成要素着手进行设计、构建，就像造林必须从种植一棵一棵的树开始一样。每一棵树之间可以不必一定有什么特定的联系，但企业文化的不同构成要素之间，却存在着确定的逻辑关系，就像植物的根、干、叶，动物的大脑、内脏、四肢和肌体一样，彼此的关系不能随意改变。因此，文化建设管理必须从企业文化构成要素的设计、构建着手，并且在它们的设计、构建中，还必须保证它们相互之间的逻辑关系不能人为地扭曲和打乱。

企业文化构成的四个层次——核心层、理论层、实体层和表象层，九个构成要素——价值观念、伦理哲学、科学技术、流程标准、规章制度、伦理道德、风俗习惯、形象艺术、语言艺术，必须分别进行设计、构建和完善。不同构成要素之间的逻辑关系是确定的，完成了各个构成要素的设计、构建，也就完成了文化建设工作。

一、企业文化构成要素设计、构建管理的基本要求

企业文化构成要素的设计、构建，必须满足以下六个基本要求。

1. 必须严格按照它们相互之间的逻辑关系组织

企业文化构成的四个层次是一个同心圆结构，由核心层的价值观念向外铺演逐渐展开的，其构成要素的设计、构建也必须有一个先后顺序。也就是说，对于企业文化构成的九个要素，必须由核心层的价值观念这一要素的设计、构建开始，逐渐由核心层向外演绎而设计、构建其他相应的构成要素。在企业文化构成要素的设计、构建过程中，必须严格把握这种次序要求，不能颠倒次序。只有内在层次上的构成要素的设计、构建基本完成之后，才能着手下一个层次的构成要素的设计、构建。这就像架桥一样，桥墩没有筑好就不能吊梁。

2. 必须突出重点、抓住关键

企业文化的九个构成要素，在企业文化构成中的地位，就其重要性分析，存在很大的差别。在其要素的设计、构建中，不能平均投入力量，必须着力于关键要素的设计、构建。如企业文化的核心要素——价值观念，是整个企业文化的纲，若抽去了这个核心要素，企业文化也就不存在了。实体层中的流程标准和规章制度，是构成企业组织共同行事方式的基础，无论企业文化模式是不是需要完善、健全的规章制度，但在企业文化建设的过程中，必须借助于它们来形成企业的共同行事方式。同时，也只有准确地抓住了重点和关键，才能纲举目张，获得事半功倍的效果。

3. 必须把员工广泛地吸纳到企业文化构成要素的设计、构建过程中来

企业文化不是私下暗箱操作制成的秘密武器，它最终必须体现在企业组织成员的价值观念、思维方式和行事习惯上。没有员工的广泛参与，仅仅由企业领导人从上向下强加给员工，很难避免造成员工抵制企业文化并产生逆反心理。因此，在企业文化构成要素的设计、构建中，必须充分体现员工民主参与的原则，让企业组织成员广泛投入到这一工作中来。一方面集思广益，使企业文化建设工作能有更多、更具特色的复制因子被创造、整理、提炼形成，以加快企业文化建成的速度；另一方面，让员工通

过这种参与，更完整、更准确地理解企业文化各个构成要素的内容和性质要求，并把企业文化建设所要形成的共同价值观念、共同思维方式和共同行事习惯的要求更快地内化为每一个成员自我约束的行为准则，成为严格意义上共同价值观念、共同思维方式和共同行事习惯。

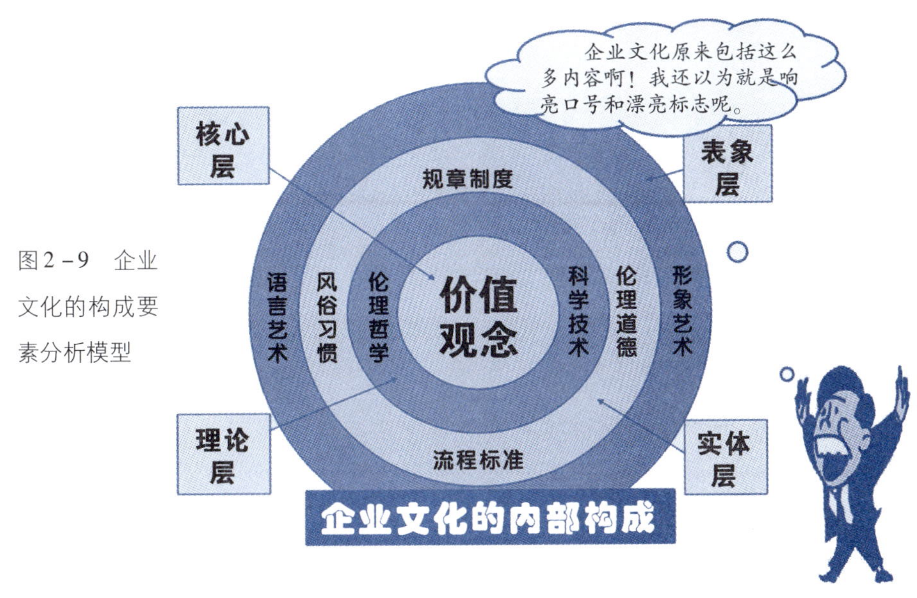

图2-9 企业文化的构成要素分析模型

4. 必须有典型事件的策划

企业文化构成要素的设计、构建，不是做书面文章，而是要在引起企业组织每一个成员的广泛关注之后，让企业组织成员从内心产生一种震撼。因此，必须通过设计策划一系列的典型事件，创构一些能长久地激荡在企业组织成员脑海的复制因子，把抽象的、看不见摸不着的思想观念，转化为承载典型事件活动信息的复制因子，使之看得见、摸得着、想得到，并让人不能不为之思考，不能不为之感动，以把价值观念的要求烙入企业组织成员的大脑。

5. 必须有严密的计划进行控制

企业文化构成的四个层次之间的演绎与被演绎的逻辑关系，是一种抽象与具体的关系，是将一种逻辑抽象演绎为具体的活动实践。因此，必须按照企业文化构成的四个层次的内在逻辑关系，制订详细的分步实施计划后，按照计划要求有步骤、有组织地稳步推进。

6. 必须注意表象层仅仅是装饰画

这里强调的是，既要重视企业文化表象层要素的设计、构建，又要避免陷入把企业文化建设等同于企业文化表象层的两个构成要素的设计、构建的误区。如果说核心层的价值观念和实体层的流程标准与规章制度是大厦的柱和梁，那么，表象层的两个要素就仅仅是贴在墙上的装饰画，不能没有它，但只有它建成不了大厦。

二、企业文化核心层构成要素设计、构建管理的标准要求

1. 企业文化核心层构成要素设计、构建管理的内容分析

企业文化核心层只包含价值观念一个要素，但这个要素却是构成企业文化的总纲，企业文化的性质和风貌完全是由它决定的。一个企业选择确立了什么样性质的价值观念，也就只能建设什么样性质的企业文化。因此，企业文化核心层的价值观念的选择和确定，是文化建设工作中的最基本和最关键性工作。

价值观念是影响人的行为选择的核心因素，有什么样的价值观念，就会有什么样的行为选择。任何一个人，选择某种行为，而抵制、拒绝另外的行为，这其中包含他个人的价值判断，是他认定应该如此的。这也是人区别于一般动物的一个根本性特征。一般动物的行为活动是由其本能决定的，活动的方式直接或主要是从它的遗传基因中接收其密码指令。人却不一样，有自己的意识。这种意识中包含的一个重要内容就是什么是好的，什么是坏的，什么是应该的，什么是值得的价值判断和选择。人的行为选择就是由这种内在的价值判断决定的。因此，要在一个企业中形成员工共同的思维方式和行事习惯，首先必须统一价值观念，并对价值观念这个要素进行设计、构建，用自主设计确定的价值观念来统一员工的价值观念。

作为企业文化核心构成要素的价值观念，它是一个体系，不是简单的一个闪光的观点。一个观点体现有特定的价值判断和选择，但它仅仅是做了某一方面的判断和选择。企业组织，无论其大小，都是一个复杂的系统，所以必然会涉及方方面面的关系。这九个方面的关系：投资者与劳动者之间的关系；劳动者与企业劳动设施之间的关系；管理者与被管理者之间的关系；员工与员工相互之间的关系；企业作为一个整体与员工个人之间的关系；企业作为一个整体与它所存在的社会之间的关系；企业作为一个整体与客户之间的关系；员工个体与企业客户之间的关系；企业与供货

商、经销商、银行等合作伙伴之间的关系，企业文化建设目标模式中可能已有界定，但不一定是一个完整的体系，企业文化核心层的价值观念的设计、构建，必须对这九个方面的关系的性质和要求都作出分析与界定。

我们知道，一个企业如果选择设计了企业文化建设目标模式，也就大体选择设计了企业文化核心层的价值观念的基本内容。实际上，任何一种企业文化模式也都是一组可相互融合协调的价值观念，但它并没有按照企业文化核心层的价值观念的体系结构要求进行分析和归纳。其选择设计仅仅是为文化建设提供一个直观的总体框架，预设一个效果图，并不能代替企业文化核心层的价值观念的设计、构建，甚至连其总结归纳工作也不能代替。

企业文化核心层的价值观念的设计、构建，却又远不等于对这九种关系的性质进行文字上的界定，而是必须让企业组织的每一个成员都明了其内涵，接受其思想，并内化为自己的行为准则。要达到这一目标，必须通过一系列的措施，其措施途径主要有四条（具体内容将在下篇讨论分析）。

（1）利益诱导。

（2）榜样示范。

（3）从众濡染。

（4）反复说教。

很显然，按照这四条措施途径实施，企业文化核心层的价值观念的设计、构建不是一蹴而就的事，必须通过包括四个阶段（具体内容将在下篇讨论分析）的一系列过程，即：

（1）归纳倡导阶段。

（2）宣传泛化阶段。

（3）标准统一阶段。

（4）习惯形成阶段。

这也就是说，企业文化核心层的价值观念的设计、构建，必须按照这四个阶段的工作内容，一步一步地向前推进，以使能推动促进企业持续快速发展的价值观念最终能为企业组织每一个成员全面接受和认同。因此，对企业文化核心层的价值观念这一构成要素进行设计、构建，也就必须按照企业文化核心层的价值观念的体系结构要求，根据设计完善的企业文化建设目标模式所界定的思路和方向，有计划、有步骤地归纳总结出来，并灌输给企业组织的每一个成员，让企业组织的每一个成员接受并认同后，发展成为企业组织共同的价值观念。

2. 企业文化核心层构成要素设计、构建管理的具体要求

企业文化核心层构成要素的价值观念的设计、构建管理的具体要求，可概括为以下七个方面。

（1）必须有关于人的价值观念的界定。企业文化核心层的价值观念体系的九种关系的性质要求，都要由它推演出来。其基本内容虽然已隐含在选做模板的企业文化模式中，但还必须根据企业组织成员认知的实际，用企业组织成员都能明了的语言形式界定说明，以使企业组织的运行和管理过程中每一个环节上的活动，都有一个总的指导思想。

（2）企业文化核心层的价值观念内涵的说明界定，内容体系必须完整。企业文化核心层的价值观念体系的九种关系，是企业组织运行和管理过程中不可避免地要涉及的相互关系。只要企业组织运行不中止，就要与各个方面的利益主体打交道，也就必须有对应的价值观念，对与不同利益主体之间相互关系的性质要求进行界定，以规范这些关系，并为其可能发生的矛盾提供解决和协调的思路和依据。

（3）企业文化核心层的价值观念内涵的说明界定，用语必须通俗、准确。价值观念本身就是一种信条，对它的归纳和界定，一方面必须大众化、通俗易懂，让每一个人都能明白；另一方面又要准确、贴切，以通过准确地界定这不同的相互关系的性质要求，让人明了自己被置于不同关系之中时所应该有的态度和行为准则。

（4）企业文化核心层的价值观念内涵的说明界定，必须言其能行，行其所言。企业文化核心层的价值观念不是空洞的口号，它必须最终落实到企业组织成员的行动上，成为企业组织每一个成员都必须遵守的共同行为准则。因此，绝不能把不能实施、也没有想到要实施的内容，界定到企业文化核心层的价值观念体系中来。

（5）必须全面组合运用企业文化核心层的价值观念设计、构建的四条途径：利益诱导、榜样示范、从众濡染、反复说教。仅仅有企业文化核心层的价值观念内涵的说明界定是远远不够的，必须通过多种多样的措施途径，把所界定的企业文化核心层的价值观念内涵，填进企业组织成员每一个人的大脑中去，让他们认同后转化为自己的行为准则。要想尽可能快地达到这一目的，任何一条单一途径都不能奏效。让四条途径相互补充、相互支持、配合实施，才能加快达到目标。

（6）企业文化核心层的价值观念的设计、构建工作，必须有计划地实施。企业文化核心层的价值观念设计、构建的四个阶段（归纳倡导阶段、宣传泛化阶段、标准统一阶段、习惯形成阶段）的工作中，每一个阶段的工作，都必须拟订出细节清楚、具有可操作性的实施计划，并按照计划组织实施，以稳步推进，防止随意性的发生。在这四个阶段的工作中，最重要的是标准统一阶段，即把由价值观念内涵要求具体化为强制实施的制度规范，通过利益诱导，首先使之成为人们不得不遵守的行为准则。人是有惰性的，没有外在的激励和约束，企业组织成员个人是不可能自觉地改变已有的意志行为和行事方式，以适应文化建设的要求的。因此，单有标语口号和不痛不痒的说教倡导，是很难把企业文化核心层的价值观念的内涵要求转化为企业组织成员每一个人的自觉意识和行为准则的。

（7）企业文化核心层的价值观念的设计、构建工作必须有重点。企业文化核心层的价值观念体系所必须包含的九个方面的关系，并不是同等重要的。直接决定企业文化性质的是管理者与被管理者之间的关系和企业作为一个整体与客户之间的关系。对这两种关系的性质有了明确的内涵，其他七种关系的性质也就很容易确定了。更关键的问题还不是性质的界定，而是让企业组织成员的每一个人，尤其是企业组织的高层管理人员，把所界定的这些种种关系的性质要求，直接转化为自己的行为准则，变成自己的自觉行为。

三、企业文化理论层构成要素设计、构建管理的标准要求

1. 企业文化理论层构成要素设计、构建管理的内容分析

企业文化理论层，是对企业文化核心层的价值观念的理论论证，企业文化核心层的价值观念必须由它赋予逻辑的力量。要使首先由少数人提出的价值观念得到广泛的认同，就必须由理论层赋予这种价值观念以逻辑力量，使其合理性和必要性在被认同的情况下，自觉地接受这种价值观念。任何一种价值观念，如果没有充分的理论论证，获得逻辑的力量，而仅仅作为一种信仰来传输，被人所接纳认同的难度就要大很多。这正是仅仅代表一种信仰的各种宗教都高度重视理论建设的原因之所在。企业文化的价值观念，也只有具有强有力的理论予以论证和支持，让它具有让人不得不

信服的信条，才能通过它的逻辑力量在企业内部广泛传播，快速普及，让接触到它的每一个人，即听、即信、即行。不可思议的事实，可能难以让人当真，但有自圆其说的理论支持的空话、假话，却可能让人确信无疑。尽管企业文化核心层的价值观念并不是空话、假话，但它也仅仅是一种思想、一种意识，并不是确凿的事实。所以没有强有力的理论提供支持，虽然重复一万遍，也可能让人接受，但那可能要走过漫长的历程。

企业文化理论层有两个构成要素：一是伦理哲学，二是科学技术。在这两个构成要素中，伦理哲学是重点。它是对人与人之间某种特定关系的性质要求的合理性和必然性的论证和说明，它直接是阐释价值观念所界定的特定的人与人之间的相互关系，为什么会有这种性质要求，为什么置于这种特定关系之中的人，必须以这特定的态度和方式处之。人是一个理性的存在，要他改变或形成某种观点，或采取某种行动，没有让他信服的合理性和必然性说明，是很难办到的。即使一个傻瓜，也必须有一个让他犯傻的理由。

科学技术是对在企业经营过程中发生的人与物之间关系的一种说明和界定。尽管在企业文化核心层的价值观念中，重点是界定人与人之间的关系，但人与物之间关系的性质又往往会影响和制约人与人之间关系的性质。虽然这种关系不需要在文化建设中花大的精力来论证，而是由所运用的科学技术所带来的效果和效益本身予以说明的，但在文化建设中，却不能忽视这一要素的存在。

企业文化理论层的构成要素设计、构建是否完备完善，往往是文化建设成败的关键所在。企业文化理论层的虚脱，企业文化核心层的价值观念仅仅停留在空洞的口号上，缺少必要的逻辑论证，企业文化核心层的价值观念也许永远只能是写在纸上的漂亮词句，既不可能影响企业组织成员个人的行为选择，更不可能成为构成企业核心竞争力的精神支柱。

2. 企业文化理论层构成要素设计、构建管理的具体要求

企业文化理论层的两个构成要素的设计、构建，要保证其效果，必须满足以下七个方面的具体要求。

（1）企业文化理论层的建设必须以伦理哲学的建立和完善为重点。通过这种伦理哲学的建设，直接把企业文化核心层的价值观念所界定的人与人之间关系的内容和性质要求的合理性和必要性，深入普及到企业组织成员每一个人的心中，让他们自己感觉到有一种无法抗拒的力量，使之不得

不改变自己行为选择的过程和方向。

(2) 凡是涉及人与人之间关系的价值观念，都必须由伦理哲学提供全面的分析论证，让人充分明了、认同和信服价值观念所界定的人与人之间关系性质要求的合理性、必要性和必然性。在任何两个不同的人之间的相互关系上，要让当事人选择他们从没选择过的方式来处理，不能简单地把老板或上司说的当做一个理由。

(3) 作为企业文化理论构成层的科学技术，不是要论证说明生产工艺、机器设备的原理，而是要分析说明：企业选择运用一定生产工艺的依据，其合理性、必要性和必然性何在？在对这一问题回答的基础上说明人与机器设备之间关系的性质。

图 2－10　有理才能让人心服

(4) 对于企业文化理论层的两个构成要素的体系和思路，必须反复组织培训，使之深入人心。理论仅仅写在纸上，是毫无用处的。只有让人们接受了它，变成了自己的行动，才会释放出无穷无尽的能量。尤其是企业管理人员，对于伦理哲学和企业生产经营所运用的科学技术，人人必须能耳熟能详，随口道来。企业管理人员作为企业这个社会群体中的一个特殊群体，肩负对文化建设的实施责任，也只有他们完整地理解和掌握了企业文化所包含的理论，才能通过他们的言和行，把作为企业文化核心层构成要素的价值观念贯彻到企业组织的每一个员工的心中。

(5) 企业文化理论层对价值观念的论证，必须逻辑严密。理论就是论理，是通过讨论说明事物的原理依据来让人信服，其关键是自圆其说。能自圆其说，并且所说的原理依据也毋庸置疑，这就是赋予了企业文化核心层的价值观念以逻辑的力量。

（6）企业文化理论层的设计、构建，要特别注意的是，绝不能用一些牵强附会的东西来充作企业文化理论层的构成要素。牵强附会的东西不仅不能增加企业文化核心层的价值观念的逻辑力量，相反还会让人起疑。真实光明的东西，不需要捂住，要捂住的东西也一定是见不得人的丑恶的东西。

（7）对于不能通过理论层进行分析论证的价值观念，必须重新界定其内涵，或者干脆直接舍弃。自己不能自圆其说，就更不可能让他人信服。把不能让人信服的东西，强加于人，也就是自己想做一个暴君，而且是下野流落街头的暴君。这就像那个已不再有人把他的话当话，但却还要不断向他人下达“圣旨”的堂·吉诃德。

四、企业文化实体层构成要素设计、构建管理的标准要求

1. 企业文化实体层构成要素设计、构建管理的内容分析

企业文化的实体层，是企业文化存在的主体部分。企业文化在企业管理中的作用，主要是通过它的四个构成要素（流程标准、规章制度、伦理道德、风俗习惯）来实现的。它是直接对理论层的进一步展开，是理论层所论证的价值观念在企业组织运行过程中的运用。要想企业文化能够充分起到凝聚人、管理人的作用，实体层的四个构成要素的设计、构建是其关键所在。企业文化其他构成层次的工作做得再完美，如果没有实体层的构成要素，而直接作用于员工个人的行为选择，这种企业文化最多也只是一种中看不中用的花枪。尽管我们说企业文化的实体层，是对由理论层的两个构成要素（伦理哲学和科学技术）论证过的价值观念的进一步具体化，但企业文化核心层的价值观念，能够在整个企业组织成员中达成共识，并自觉地按照这种价值观念的要求行事，把它作为自己的行为准则，就必须有实体层的作用才会成为可能。

任何一种观念都不会无缘无故、轻而易举地被他人接受。任何一种理论也只有把它付诸实践，才能产生巨大的能量。企业文化实体层也就是通过企业文化理论层论证而获得逻辑力量的价值观念，由理论向实践的一种

转化。这种转化必须借助强有力的外在约束来实现。没有外在约束，因为惰性的作用，人们很难把即使很好的理论自主地付诸实践。吸烟成癖的瘾君子，无论你怎样对他解释吸烟对人体有害，他都很难戒掉。只有规定，车间抽烟罚款500元，这时他才会考虑在车间抽烟是否值得的问题。

企业文化实体层的构成要素（流程标准、规章制度、伦理道德、风俗习惯）对人的行为都具有刚性或弹性的约束作用，不遵守就要受到来自不同方面、不同形式的惩处，让他的价值满足发生损失。也只有这种外在的约束力，才能抵挡人的惰性的作用，使人不仅要认同特定的价值观念的合理性、必然性和必要性，而且把这种价值观念变成自己行为的准则。正是从这个意义上讲，企业文化实体层不仅是对企业文化核心层的价值观念和企业经营管理理论的展开与具体化，而且具有形成企业共同价值观念的作用。企业共同价值观念形成的四条途径中，标准统一阶段就是通过实体层四个构成要素的作用实现的。

2. 流程标准

流程标准是企业组织运行过程中所有人员的具体行为活动方式方法的总称，通常是以生产作业指导书、组织运行规则的形式存在的。即使没有实施运行流程管理，进行流程梳理和设计、优化分析，企业组织运行过程中的具体行为活动的方式方法，也仍然可称为流程标准，只不过从流程管理的角度分析，它是混乱不堪，没有流程标准的流程标准。其要求是直接被企业生产经营所选择运用的技术所决定的。一台机器设备有它特有的操作规程，操作者只有按照操作规程行事才能保障操作者自身的安全和企业的利益。比如，有传送带和转动轮盘的设备，在操作规程上都有不留长发，不穿有长带子衣服的限制。违背这个要求就是自己与自己过不去，自寻伤害。流程标准的设计、构建过程也就是通过对企业组织运行过程进行流程梳理优化分析，确立作业指导书、组织运行规则的过程。其具体方法在《企业规范化管理系统实施方案·运行流程管理》一书中已经作过详细的讨论，此处不再重复。

3. 规章制度

规章制度是以标准的文字界定的企业组织成员的行为规则，而这种行为规则又直接是企业文化核心层的价值观念的具体体现。其要求有以下五点。

（1）强调通过对于奖励和惩罚的对象、内容、形式、数量的约定，以激励和约束组织成员为达成组织目标而努力。

（2）强调必须是以公开颁布下发的正式文件和文书的形式存在的。

（3）强调必须有专门机构监督贯彻落实。

（4）强调其核心功能作用是落实组织成员的行为活动责任。

（5）强调其内容不一定要员工认同，更不一定要员工参与制定，但如果由员工参与共同制定，并能得到员工的普遍认同，其在贯彻执行过程中的阻力就会大大降低。

因此，它是对企业组织成员处理企业内外部关系时遵循企业共同价值观念要求的情况进行的责任跟踪和责任兑现，因而它赋予了这种行为规则以明确的外在强制约束力，使不遵守这种规则的人在其价值满足上蒙受损失，付出代价。所以规章制度也可名之为责任制度，以强调其功能作用的重心落实在责任上。其具体方法在《企业规范化管理系统实施方案·组织架构管理》一书中已经作过详细讨论，此处不再重复。

4. 伦理道德

伦理道德是作为企业文化核心的价值观念，在企业内部人与人之间关系上的一种弹性约束体现。可能会给企业发展带来直接危害的相互关系，一般都会选择带有强制约束力的规章制度来协调。如果这种关系不会给企业发展带来直接的现实危害，对这种关系则可选择仅具弹性约束力的伦理道德来协调，用舆论和认同这两种力量来约束关系的双方。违背共有的伦理道德，就会被企业组织成员所摒弃、看不起，把他从这个社会中孤立出去。这种力量也是一种外在约束的力量，只不过不具强制性而已。

伦理道德与所体现的价值观念的关系也是一种抽象与具体的关系，道德准则是直接按照特有的价值观念演绎而形成的，其形式虽然不像规章制度那样需要具体化为明确的文字界定，但也需要通过拟订统一的宣传提纲来实现。也就是说，为了保证企业的这种伦理道德的统一性，必须在拟订伦理道德宣传提纲后，交由各级管理人员对照进行宣传教育。

5. 风俗习惯

风俗习惯是指在企业内部已经形成的并且相对固定的行事方式，是一种内化为人的潜意识，并由潜意识主导的行事规则。也就是说，一个人按照这种规则行事，已不再是出于一种功利主义的考虑，也不再考虑是否应该如此，而是感觉到本来就是如此。这种规则已不需要外在的强制和约束，外在的强制和约束已经达不到这个规则的控制范围。如果有人违背了这种风俗习惯，外在的强制作用已经降低了，人们不再用指责的口吻来谴责他的行为，而仅仅是用一种疑惑的眼光去打量他。似乎是在告诉他“你这种行为与他人不一样，让人不好理解”。当然，这种疑惑的眼光对这种违背风俗习惯行事的人也有一种约束作用。这个人会被他人列为异类，从而疏远其关系。这对一个具有社会性的人而言也是一种很大的处罚。

作为企业文化实体层的风俗习惯的形成，是与价值观念具体化、标准化形成的流程标准和规章制度持续不断地作用相关的。通过二者不断重复的外在约束作用，逐渐使被约束人习以为常后，不再觉得外在强制和约束的存在，这种风俗习惯也就构建完成了。

而要做到这一点，必须满足一个重要前提，这就是流程标准和规章制度所界定的行为规则必须不折不扣地贯彻落实，没有人敢违背，也很少有人违背。这一前提不满足，是不会有企业组织内部风俗习惯的设计、构建和形成的。

6. 企业文化实体层构成要素设计、构建管理的具体要求

企业文化实体层的这四个构成要素，都具有一定的约束作用，从而使得人们不得不按照它们所体现的价值观念的内容和性质要求行事。也正是它们的这种约束作用，才使企业文化具有强大的管理功能，使具有这种文化的企业不仅能凝聚人，而且也会约束人、激励人。因而只有企业文化实体层的构成要素设计、构建得完备完善，企业管理活动才会变得简单、有效。

企业文化实体层构成要素设计、构建管理的具体要求，主要有以下 15 个方面的内容：

（1）必须明确实体层的每一个构成要素，与核心层和理论层的构成要素之间的承袭演绎关系，以使实体层的每一个构成要素，都直接是核心层和理论层在企业组织成员具体行为要求上的展开。

（2）在实体层的四个构成要素中，必须明确各自的作用及其相互补充的关系。流程标准、规章制度、伦理道德和风俗习惯，所限定的内容都有各自不同的适应范围和对象，并且实现其约束作用的方式也不相同。正是这种不同使它们相互之间具有明确的互补性。

（3）要根据企业文化核心层的价值观念，通过对实体层的四个构成要

素定期进行自查分析，消除那些与价值观念不相吻合的内容，以保证实体层直接是核心层和理论层所界定、论证的价值观念原则要求的具体展开。

（4）从伦理层面分析，流程标准直接界定了人与人之间关系的具体要求。这种具体要求，一般都会对应到管理过程的责任关系认定上。这种责任关系认定必须明确、详细，必须用文字的形式明确界定，以约束行为关系的双方。

（5）从技术层面分析，流程标准直接界定了人与物之间关系的具体要求。这种具体要求，一般都会对应到相应设备的操作规程上去。这种操作规程必须明确、详细，不仅要用文字的形式予以界定，而且必须绘制成流程图，置于醒目的地方，以起到时刻提醒操作人员的作用。

（6）对于违反操作流程的行为，无论是否直接造成严重后果，都必须有相应的惩处约定，防患于未然。

（7）规章制度是企业文化实体中最重要的一个构成要素，并且都是由人自主设计形成的。其具体内容在正式讨论拟订之前，必须对它与企业文化核心层的价值观念的内容和性质要求之间的一致性进行论证，以避免任何与企业核心层相矛盾的内容存在。

（8）规章制度是一种强制性约束，对其违反者要追究责任。在其责任界定中，必须明确承担责任的方式和程度，以避免有禁难止、有激无励的情况发生。

（9）任何一个规章制度都包含强制约束的内容，要使这种强制约束能够全面兑现，必须有专职机构或人员负责贯彻落实检查和监督的工作，以保证对违犯者及时地进行约束兑现。

（10）对规章制度的专职机构或人员的“有法不依”行为，必须有事先确定的惩处约定。对于“有法不依”者的任何宽容和放纵，就是降低规章制度的应有权威性，甚至导致一种与企业发展要求相对立的虚浮文化。

（11）伦理道德是对规章制度的重要补充，凡是不必通过强制约束落实的行为要求，都必须以伦理道德的方式予以约定。

（12）伦理道德的约束虽然不具强制性，但对于每一个需要由它限定的内容，也必须作出明确具体的界定，并撰写成宣传提纲。

（13）已内化为潜意识行为的风俗习惯，往往具有很大的刚性，其形成难，改变也难。这就要求对已经形成的风俗习惯定期地进行清查，对于与企业发展价值目标的达成有冲突和危害的内容，必须通过规章制度来强行更正，以消除和改变制约阻碍企业发展的陈规陋习。

（14）对于能推动促进企业持续快速发展的风俗习惯，必须制定一些倡导和激励的办法和措施，加以巩固和发展。

（15）不同的企业文化模式，在实体层的四个构成要素的集合构建上，有不同的要求。对于这四个构成要素的集合构建，不必强调按照统一的要求实施。

图 2－11　被他人奴役而不自知的人

五、企业文化表象层构成要素设计、构建管理的标准要求

1. 企业文化表象层构成要素设计、构建管理的内容分析

在企业文化的四个构成层次中，能够相对独立于企业组织另外四个构成部分而存在的，也就是企业文化的表象层。它是企业为了让所确定的价值观念，论证这种价值观念的思想理论，以及由企业文化核心层的价值观念具体化而形成的企业文化实体层的标准要求，变得形象、生动、活泼，使之能激发人，让人喜闻乐见而创造的两个企业文化构成要素。它是把企业文化的其他三个层次所分析界定的内容，通过一种艺术的形式相对独立地表现出来，使之又反过来推动前三个层次、七个构成要素的完善和发展。企业文化表象层虽然不能直接给企业带来效益和利润，但它并不会因此而成为可有可无的东西。没有它，企业文化所体现的规则和要求，必然

会变得像一堆冰冷的钢骨铁架，让人毛骨悚然。从而使人感到自身渺小，没有价值，进而产生压抑抵制情绪。这就必然会使企业文化的种种规则要求对成员个人行为选择的诱导影响的作用降低。

表象层的两个构成要素无法对人的行为要求作出具体的限定，而仅仅是通过典型人物、典型环境、典型事件、典型语言来影响人们的思想意识和行事方式。当一种能给人们带来美的享受的典型形象塑造形成时，这种典型形象也就为人们的善与恶、美与丑确立了标准，会直接作用于人们的行为选择，形成企业共同价值观念、共同思维方式和共同行事习惯。

由于企业文化表象层具有相对独立性，所以很多企业把企业文化等同于这种表象层上的艺术形式的存在。企业文化构成的表象层与其他三个构成层次，是一种形式与内容的关系。如果企业文化表象层不是对企业文化其他三个层次的内容的艺术化表现，这种艺术表现也就不是特定企业文化表象层的构成要素了。同时，在形式上没有艺术感染力的内容，也必然会显得干瘪，没有生机和活力。

这两个要素的形成必须通过自主地创造、归纳、整理和提炼，以保证它们二者能准确地表达企业文化核心的价值观念及其展开形式的具体行为要求。在这里，形与实必须高度统一。实，就是作为企业文化核心的价值观念及其展开形式的具体行为要求；形，就是以形象艺术和语言艺术表现出来的具体形式。蒙牛和东航的企业文化是有形没有实，所以它不可能结出管理作用的果实来。要构建出能推动促进企业持续快速发展的企业文化，这两个要素的设计、构建也很关键。如果规划设计不当，形象艺术无法准确传达所要表达的内涵，或者过于矫揉造作、牵强附会，不可避免地会形成一种制约、阻碍企业持续快速发展的虚浮不实的企业文化。语言艺术也需要精心规划设计，尤其强调要通过对企业内部所有的新人、新事、新典型的艺术表现来构建企业文化的语言艺术形式。

在企业文化表象层的两个构成要素中，二者并不存在主次关系，其作用的大小，完全取决于企业对不同艺术形式的选择和运用能力，以及在这两种构成要素的集合构建上的资源投入。一般而言，语言艺术的投入比形象艺术的投入要省得多。形象艺术相对比较直观，而语言艺术却能更准确地表达所要表达的思想内容。

2. 企业文化表象层构成要素设计、构建管理的具体要求

企业文化表象层构成要素设计、构建管理的具体要求，主要有以下 10

个方面。

（1）表象层的两个构成要素，所表现的内容必须是，也只能是企业文化其他三个层次、七个构成要素所已界定的内容，不能另外加进任何与之有矛盾和冲突的内容。

（2）艺术表现形式要自然流畅，不允许有任何形式的穿凿附会。否则，内容和形式分化为两张皮，就会失去其意义而形成一种虚伪造作的企业文化。

（3）艺术形式的选择本身也要体现一定的价值观念要求。不能用与价值观念要求相违背的艺术形式、艺术风格来表现企业文化核心层的价值观念及其展开的具体行为要求。

（4）所选择的艺术表现形式必须雅俗共赏，具有感染力，能普遍地给人的心灵造成一种冲击或洗礼。

（5）形象艺术与语言艺术必须根据企业的具体实际进行组合，相互配合、相互补充，最大限度地发挥二者的感染力和艺术作用。

（6）两种艺术的创造往往都需要费用投入，而这种投入在具体项目上所带来的效益也不相同。因此，必须通过预算进行控制，以保证其投入效益。

（7）各种艺术典型都要充分利用和挖掘企业内部的原型，并以企业的现实为艺术创作的第一源泉。只有这样，才能保证其真实性和感染力。

（8）艺术夸张必须把握好度，对典型形象的提炼要避免无限拔高。否则会给人造成脱离实际、假大空的印象，引起员工的反感，降低自身的感染力。

（9）艺术形象的创造活动要有广泛性，即要求企业组织成员广泛地参与到这种艺术创造过程中来，以发挥和展现其艺术才能。同时通过这种广泛参与降低投入成本，增加艺术形象的真实性和感染力。

（10）对于企业文化的表象层的集合构建，必须有专门的人员对它负责，以进行筹划、组织和协调，保证这两种构成要素在作用和形式上的完整性和统一性。

第四章

企业文化建设落地融合管理的标准要求

企业文化作为企业组织的一个构成部分，与企业组织另外的目标体系、组织架构、岗位员工和运行流程四个构成部分有一个完全不同的特点，它不能脱离企业组织另外四个构成部分而独立存在。企业文化集合构建完成还只是其文本文案的完成，企业文化在落地融和之前都只能是企业文化表象层，企业文化要融和企业组织四个构成部分的总体要求。

一、企业文化不能独立于企业组织另外四个构成部分之外

企业文化作为企业组织的一个构成部分，与企业组织另外的目标体系、组织架构、岗位员工和运行流程四个构成部分有一个完全不同的特点，它不能脱离企业组织另外四个构成部分而独立存在。在任何一个企业组织中，都不可能找到一块独立的企业文化，即它仅仅是企业文化而不是其他别的东西。即使是企业内部组织的文学、文艺活动也是如此，它们在作为企业文化活动的同时，又是企业有计划、有组织地实施的一次特殊形式的内部沟通和交流活动。否则，它就不可能是企业文化的文化活动了，而只能是在地摊上就可以买到，放进影碟机中就可欣赏的“大片”。

企业文化就像生物的基因一样，相对于有机体，它无处不在，又无处存在。在企业的另外四个构成部分——目标体系、组织架构、岗位员工和运行流程中，无处不包含企业文化的相应规定性，在它们的内涵中不可能

完全摆脱企业文化的内在编码的影响。也就是说，企业文化是通过目标体系、组织架构、岗位员工和运行流程四个构成部分而存在与体现的，但它们却都不是企业文化本身。如果没有企业文化提供规范，企业组织另外四个构成部分也很难实现有效的整合，尽管这几个部分彼此之间存在一定的因果逻辑关系。因为如果没有企业文化，目标体系、组织架构、岗位员工和运行流程四者之间的逻辑关系，就像一个城市的电源被掐断一样，让整个城市陷入黑暗和混乱。

企业文化也可以有自己相对独立的存在形式，包括企业的经营宗旨、形象标志、厂徽、厂歌、厂旗，以及相应的标语口号。但它们却是从特定的方面，以特定的形式，对企业组织另外四个构成部分的一种限定或表现。写在纸上，挂在墙上，我们能看见的只是纸片和金属块。如果在纸片和金属块上的价值观念，不能限制或表现为企业组织另外四个构成部分的内在规范和约束，任何文化形式，都不可能构成这特有企业的文化形式，而只是在这相应企业的组织构成部分之外，贴上一个毫无意义的标签。

脱离企业组织另外四个构成部分而独立存在的企业文化，是根本不存在的，对企业发展也不会有任何推动促进作用。因此，能推动促进企业持续快速发展的强势企业文化建设，必须密切关注与企业组织另外四个构成部分的融合的问题，保证企业文化的每一个构成要素的内容都来自于企业组织运行的效率和效益的要求，进而把这种要求通过特定文化形式贯彻体现到企业组织的目标体系、组织架构、岗位员工和运行流程四个构成部分中去。

二、企业文化集合构建完成还只是其文本文案的完成

作为企业组织基因工程的企业文化建设，进入落地实施阶段，也就是在要素集合构建阶段的工作完成后，通过吊装、熔接施工，把原料、构件融合构建为与设计要求的功能作用一致的载体。这也就是对企业文化集合中各个子集的元素——复制因子与企业组织运行驱动信息进行关联、衔接，把企业共同价值观念、共同思维方式和共同行事习惯“三个共同”构建出来。

企业文化构成要素集合构建完成与体现共同价值观念、共同思维方式

和共同行事习惯的企业文化建设完成，远不是一个概念。由前者向后者统一的过程，就是企业文化建设落地实施的过程。企业文化构成要素集合构建的完成，严格地说，仅仅是企业文化构成要素集合构建的文本文案的完成，如果不能把文本文案融合到企业组织运行过程中，这些文本文案，就都是垃圾。

如果没有“三个共同”的集合构建完成，企业文化核心层、理论层和表象层三个层次的构成要素也都只是表象层的内容，核心层的价值观念不过是一些响亮的标语口号。理论层的企业经营管理理论，如果能自圆其说，也不过是弱智的理论工作者为申报职称而多挣几百元钱工资而杜撰的论文，是职称一评完就只能送纸厂化浆池的文字垃圾。如果不能自圆其说，理论层的企业经营管理理论，就连文字垃圾也不是，仅仅是连自己也骗不过去的谎言。实体层的四个构成要素的文本文案，连进入表象层的资格都没有。表象层还要有表象，即话要说得好听，形要塑得好看。流程标准、规章制度等文本文案，连“话要说得好听”的标准都不满足，而又没有贯彻落实，就只能是垃圾一堆。很多流程标准、规章制度，话也不通，理也不清，没有人愿多看一眼，这就是事实。一些国有企业的管理人员转换岗位或离岗时，清理丢弃的废纸垃圾，成摞成筐的大都是规章制度等文件文本。

一般人都认为只要企业文化表象层要素的集合构建完成了，企业文化的建设工程也就完工了。其实这仅仅是企业文化建设的基因工程施工的开始。基因是无法独立于生物机体之外存在的，作为企业组织基因的企业文化如果独立于企业组织运行过程之外，它就不是企业组织基因，也不是严格意义上的企业文化。因为其文还没有“化”到企业组织成员的思想和行为中去。落地实施这一阶段的工作则是把规划构建完成的企业文化集合中复制因子所承载的信息指令，与企业组织运行驱动信息统一起来，实现由前者向后者的转化，并达成完全的统一。

作为企业组织基因密码的企业文化，它主要是寄存于企业组织另外四个构成部分上，只有企业文化表象层具有相对的独立性，可相对独立存在企业组织另外四个构成部分之外。企业文化的内涵和性质都必须直接通过企业组织另外四个构成部分的性质与风貌展现。就像蒙牛和东航一样，企业文化表象层所标榜的内容，没有最终体现在企业组织的运行过程中，它也就不是蒙牛和东航的企业文化内容。要进行企业文化建设，就必须分析确定这种依存与被依存、展现与被展现的融合关系，并对这种关系进行管理。

企业文化作为一个整体是不能独立存在的。不依存于企业组织另外四个构成部分独立存在的仅仅是冰山一角的企业文化表象层，并且这露出水面的表象层，是否代表企业文化的内容和性质要求，还带有很大的不确定性。不仅蒙牛和东航如此，很多企业都如此。它们的企业文化建设也主要是企业文化表象层的集合构建，企业组织运行过程却经常与表象层所表现的内容和性质要求相背离。表象层所标榜的内容与企业组织运行过程是两张皮，所以企业文化就起不到基因密码的作用，对企业的持续快速发展也没有推动促进作用。这种表象层，不仅不能起到传播企业文化核心层的价值观念及其具体化的标准要求的作用，相反，本身还会不自觉地造成一种浮夸、弄虚作假的企业文化。

要保证企业文化建设工作的有效性，其重点必须放在企业文化集合构成要素与其赖以存在的企业组织另外四个构成部分的关系融合上，即让所选择、设计、构建的企业文化集合构成要素融合到企业组织运行过程中去。分析确定企业组织另外四个构成部分所体现的企业文化的内容和性质要求，是不是企业文化建设所选择、设计、构建的企业文化集合的复制因子所承载的信息指令，这也就是对企业文化集合构成要素融合企业组织运行过程的管理。这种管理本身也会直接决定企业文化建设的成败。

三、企业文化在落地融合之前都只能是企业文化表象层

企业文化核心层和理论层构成要素的设计、构建，在与企业组织另外四个构成部分实现融合之前，也都只能是企业文化表象层内容。蒙牛企业宗旨所概括的“对消费者，提供绿色乳品，传播健康理念”，是蒙牛企业文化核心层和理论层构成要素吗？答案是否定的。因为它所概括的内容与蒙牛企业组织运行过程完全脱节，是两张皮。说的是“对消费者，提供绿色乳品，传播健康理念”，行的却是不顾消费者的基本健康，容忍奶品中存在有严重损害消费者健康的三聚氰胺，甚至在奶品中添加未经许可的成分 OMP。东航概括有“让旅客安全舒适地抵达”的东航使命，可又多次上演把旅客载运到目的地上空后又返回起点，折腾戏弄旅客的丑剧。东航

概括有“满意服务高于一切”的东航精神，可航班严重延误，不仅不给予耐心解释和提供补偿性服务以安慰旅客，而是聚众殴打旅客。东航概括有“树诚信严谨作风，做精益求精维护”的理念，可企业内部管理不善，导致旅客一次乘机两次购票的荒唐发生后还要推卸责任，赖账不退还二次购票款。这类企业文化表象层的标榜，无论冠以什么名称，什么宗旨，什么精神，都与企业文化核心层的价值观念无关，也无法成为企业组织的基因。基因是物种自身所特有的，是无法从外部派给特定物种的。

企业文化实体层的四个构成要素，也都必须具体存在于企业组织另外四个构成部分的运行活动之中，是这种运行活动本身所应该有的标准和要求，而不是从外部贴上去的标签。否则，这种展现与被展现、依存与被依存的关系就不可能协调融合起来。

即使企业文化表象层的两个构成要素，也不能例外，必须有丰富的生活源泉，并且这种生活源泉也只能来自于企业组织另外四个构成部分的运行过程之中。超越这一点，作为企业文化表象层的艺术形式也就必然是干瘪的，缺少感染力，没有生命力的空洞说教。

图2－12　企业文化对决策制定的影响是无法逃离的

四、企业文化融合企业组织另外四个构成部分的总体要求

企业文化与企业组织另外四个构成部分实现融合的总体要求，可概括为以下四个方面：

（1）企业组织另外四个构成部分必须把企业文化的内容和性质要求具体化。任何脱离企业组织另外四个构成部分来讨论文化建设管理的行为，都只会把文化建设引向歧途，使文化建设成为毫无意义的娱乐游戏活动。企业文化的内容和性质要求的任何一个内容，也都必须体现在企业组织另外四个构成部分的具体规定性上，并且这种具体规定性必须是严格地从企业核心价值观念中演绎推导出来。作为企业文化核心构成要素的价值观念，不仅仅是企业文化的价值观念，而且是企业的价值观念。二者是统一的，绝对不能分离，否则文化建设也就失去了所有意义。

（2）企业文化不能脱离企业组织另外四个构成部分的实际存在和发展。企业文化除了其表象层之外，其他的构成部分都是具体体现在企业组织另外四个构成部分的活动之中，其具体内涵和性质的选择，必须紧密地联系实际。尽管它可以提出比现有实际更高的目标要求，并向这种目标要求去努力、发展，但这种目标要求绝对不能脱离实际。任何脱离实际的东西，失去了可操作性，就会被人们所摒弃。

（3）企业文化的专职管理者不能随意发号施令。在文化建设中，设置文化建设管理的专门机构是必要的，设立企业首席文化官也是必要的。但在企业组织运行中，企业文化管理机构或首席文化官只能起到倡导和协调的作用，不能随意杜撰所谓的文化新概念，强加于企业组织另外四个构成部分的运行和管理上。否则，只会使对企业的发展起推动和促进作用的强势企业文化，变为妨碍企业发展的浮夸不实的颓败企业文化。

（4）企业文化是融合在企业组织运行的每一个活动、每一个环节中的，企业的每一个管理人员，都应该是文化建设的布道者、实施者和完善者。任何一个管理人员都不能把自己摆在与企业文化对立的地位，轻视、抵制文化建设工作。否则，就可能导致企业文化与企业组织另外四个构成部分的分离，使文化建设工作成为毫无意义的涂鸦装饰画。

第五章

内部管理模块发展完善管理的标准要求

内部管理模块的功能作用是协调企业组织运行过程中，在企业内部发生的种种关系。内部管理模块是企业文化的核心。按照三种管理实施工具与六种管理方式的对应关系，掌握管理模式的内涵、种类及其选择思路，区分管理模式选择的人性认知限制，以管理模式的构成组合分析，达到内部管理模块发展完善管理的具体要求。

一、企业文化发展完善管理的内容分析

文化建设管理，实际上包含两个相对独立的内容：

（1）对文化建设的实施过程进行管理。这一管理的目的是使文化建设从模式选择，到文化建设成形，都紧紧扣住持续推动和促进企业发展的目的，即构建强势企业文化，保证文化建设不偏离服务于企业持续快速发展的方向。

（2）文化建设基本完成之后的发展、完善管理，就像对种植在大街上的绿化风景树进行打顶、理枝一样，其目的在于使企业文化不断发展完善，以最大限度地起到推动和促进企业发展的作用。

为了获得发展完善管理的方便，按照企业组织运行所涉及的三组关系，分别把企业文化分解为具有相对独立性的三个构成模块，也就十分必要。这种分解不仅便于企业文化发展完善管理的实施，而且还可直接为文化建设的分阶段实施提供方便，使企业可根据自己的实际分别从不同的构

成模块着手分阶段进行设计、构建和完善。

企业文化的三个构成模块在功能上各自也是相对独立的。内部管理模块的功能作用是协调企业内部投资人、经营者、管理者、劳动者四者之间的相互关系，其范围仅限于企业组织运行过程中在企业内部发生的种种关系。外部营销模块的功能作用，是协调企业与产品客户、社会公众、国家政府之间的相互关系，其范围既包括购买企业产品和服务的客户与企业之间的相互关系，也包括与向企业提供各种经营资源的社会公众、国家政府之间的相互关系。商务合作模块的功能作用，是协调企业与可能成为战略联盟的各种各样的社会经济组织，以及为企业提供服务的各种各样的社会经济组织之间的相互关系。

为了便于通过这三个模块的设计、构建和优化，对企业文化的发展完善进行有效管理，在对这三个构成模块在设计、构建和优化上，就必须确立相应的标准要求。

在企业文化的三个构成模块中，最能够体现企业文化性质的是内部管理模块。内部管理模块所协调融合的内部关系的性质，直接决定外部营销模块和商务合作模块的内涵和性质。外部营销和商务合作的活动主体，都是企业内部的相关利益主体，它们的地位和价值观念，必然会直接影响到他们在这些活动中的态度和行为选择。

二、内部管理模块是企业文化的核心

在企业文化的三个模块中，内部管理模块是核心。协调客户和合作伙伴关系的价值观念所具体化的行为准则的实施，必然会涉及企业组织内部相互之间的关系。即使是与产品客户之间的关系也最终要由占企业组织内部成员绝大多数的员工来面对和具体处理，如果没有员工的认同和实践，其实施标准和要求就必然成为一纸空文。所以内部管理模块的性质和特征，也就直接决定了外部营销模块和商务合作模块的性质和特征。因此，内部管理模块的完善和优化，必须作为企业文化管理实施过程中重中之重的内容。细究其理由，有四个方面：

（1）协调与外部客户及合作伙伴关系的价值观念所具体化的行为准则的实施，涉及企业内部所有人员，没有下属员工的认同和实践，其标准和要求不免落空。

（2）企业文化首先是作为管理实施工具建设和发展的，因而使协调与下属员工之间关系的价值观念，具体化形成的相应规则标准，在整个企业文化中就具有主导地位，它所体现的价值观念会直接决定外部营销模块和商务合作模块的性质。

（3）与下属员工的关系也是一种企业与合作伙伴的关系，任何一个员工个人与外部合作伙伴一样都有自己独立的利益，并且与企业组织都没有人身依附关系。所以协调这种关系的内部管理模块的性质会延伸为处理其他两大关系的立场和方式。

（4）与下属员工的关系是企业更普遍、更直接、更经常要面对和处理的关系，即使是与客户的关系，也最终要由占企业组织成员绝大多数的一般员工来面对和具体处理。

也正是内部管理模块的这种特殊地位，决定了企业文化管理的重心和实施的思路。尤其是要通过企业文化管理渐进地对企业文化进行变革改造，必须由内部管理模块开始，再向外部营销模块和商务合作模块渐次推进。

三、三种管理实施工具与六种管理方式的对应关系

内部管理模块的功能作用，在于协调融合企业内部的五种关系，以调动投资者、经营者、管理者和劳动者四方面的积极性，而不仅仅是其中某一个方面的积极性。所以在这五种关系中，任何一个关系的激化都或多或少地影响到企业的发展。前段时间国美公司大股东黄光裕与公司经营管理当局的矛盾，已闹得不可调和，不得不借助资本的权力来决断，这与内部管理模块所包含的关系失当直接有关。在国美大股东黄光裕与公司经营管理当局的矛盾中，不是黄光裕个人与公司董事会主席陈晓个人之间的矛盾，而是汇集了方方面面的矛盾，并且这种矛盾的公开化和激化已经对公司的发展带来严重的不良影响。

人的价值需求是多种多样的，不是只有吃喝玩乐，还表现为自我价值和自我立法的“能”和“善”的价值需求，并且不同类的价值需求又是可以相互转换的。在食不果腹的年代，能餐餐吃饱，也就包含一种“能”

的需求的满足。正是人们价值需求的多样性和可转换性，让人有所感触的情境变得多样化了，不再仅仅是给予和剥夺金钱物质利益两种状态。权力、组织和文化是任何管理方式都不可完全回避的工具手段。要尊重人、信任人、关怀人、教诲人、激励人和约束人，管理者手中就必须控制有相应的权力、组织或文化。没有这三者，表现为特定管理方式的情境，就无法构筑出来，从而也就没有管理方式。管理实施工具是米和盐，管理方式是炊，有米有盐才成炊。

图 2－13 内部管理模块的六个管理方式与三个管理实施工具的关系

1. 尊重人所需的管理实施工具

尊重人不是运用权力来尊重，但其影响作用却直接依赖于实施尊重的人所拥有权力的大小。只有权倾一国的吴王和武子胥对要离的尊重，才能让要离舍生忘死，成为勇士中的勇士。组织发挥尊重人作用的前提是组织成员的平等关系，组织成员之间越是平等，就越会让人感到被尊重，反之亦然。文化发挥尊重人作用的方式与组织一样，越是注入平等的内涵，就越会让人感到被尊重，反之亦然。

2. 信任人所需的管理实施工具

信任人也直接依赖于权力，没有权力且地位低下的人，无论是否给予他人以信任，都不会对他人的行为选择产生什么影响诱导作用。组织发挥信任人作用的前提是组织成员相互之间的充分沟通，这种沟通渠道越通畅，就越会让组织成员感到被信任。文化只要包含有信任人的价值观念，也就可以传播相互信任的信息了。

3. 关怀人所需的管理实施工具

关怀人尽管不是直接依赖于权力这一管理实施工具，但不拥有权力的人，也就是说他手中没有掌握能为人带来价值需求满足的资源，关怀就会成为一句空话。关怀也可以从感情上使对方得到一定的安慰，但没有为人带来价值需求满足的资源，也就很难使这种关怀作用于被管理者的行为选择。关怀人也可通过组织来实施。一个人置身于一定组织之中，这本身就会给人带来一种安全感。尽管组织强调的是秩序，但组织作为一个稳定的社会群体，使组织中的每一个人实现了相互理解、相互认同，从而就可增加相互之间的情感，自然而然地使之形成相互关怀的关系，并且关怀人表现出的就是一种情感。文化可用做关怀人的工具手段，是靠这种文化中所包含的尊重人和人性的价值观念来实现的。只要在文化中注入了尊重人和人性的价值观念，就可以直接使人感受到关怀。

4. 教诲人所需的管理实施工具

权力在教诲人中有特别重要的作用，有权有势的人，话语分量就重。但他在实施教诲时，却不能张扬自己所拥有的权力，否则会引起对方的反感，降低教诲对人的行为选择的影响作用。权力和地位过低的人，往往是难以使对方接纳自己的意见的。人微必然言轻。组织在教诲人中所起的作用是靠它所设定的责、权、利三者之间规则实现的，这三者之间的平衡本身就可以起到提示人如何进行行为选择的作用。对教诲人作用最大的管理实施工具是文化，文化本身就是靠教化来产生管理作用的。

5. 激励人所需的管理实施工具

激励人，构筑得与失、荣与辱、升与降，乃至生与死的边际情境，必须主要依赖于权力这一管理实施工具，只有权力才能创造出这种边际情境。文化和组织中都包含事先设定的得与失、荣与辱，顺应其要求就可获得相应的价值需求，反之亦然。因此，二者也都可用做激励人的管理实施工具。

6. 约束人所需的管理实施工具

约束人是与惩罚，即剥夺对方的价值需求满足联系在一起的，所以约束人的管理实施工具主要是权力。只有拥有剥夺对方的价值需求满足的权力，才能实施惩罚。组织的约束人作用，是靠对各个岗位的责、权、利的规则设定来实现的。要享有权力和利益，就必须承担相应的职责，这本身就是一种约束。文化所具有的约束人的作用，是通过社会的认同和否定来实现的。若不愿被这个社会所否定，其行为选择就只有选择这个社会所能认同的行为方式，这也是约束。

四、管理模式的内涵、种类及其选择思路

1. 不同管理方式的组合构成不同的管理模式

内部管理模块，就其内在结构关系分析，就是运用权力、组织、文化三种工具构筑尊重人、信任人、关怀人、教诲人、激励人、约束人六种不同的情境，以影响、作用于组织成员的行为选择的过程。尊重人、信任人、关怀人、教诲人、激励人、约束人每一种情境都可独立地作为管理方式对被管理者的行为选择发挥影响作用。但在管理实施的过程中，为保证对被管理者的行为选择影响作用的效果，一般都不仅仅选择一种管理方式，而是选用多种管理方式构成一定的组合，即尊重人、信任人、关怀人、教诲人、激励人、约束人六种管理方式兼选兼用，构成的不同的组合以共同作用于被管理者的行为选择。选用尊重人、信任人、关怀人、教诲人、激励人、约束人六种管理方式的不同组合，就构建了不同的管理模式。相对于同一被管理者，不同的管理模式会有不同的管理效果。因为被管理者作为主体性存在，其自身状况不同，当时处境不同，其价值需求的重点也就不同。任何管理方式只有当它与被管理者的价值需求重点相吻合时，才能对其行为选择产生作用。

2. 管理模式知多少

不同的管理模式，也就是由不同的管理方式构成的不同组合。所选择的管理方式不同，以及选择运用的程度不同，会构成不同的管理方式组合。每一种管理方式组合，就是一种管理模式。六种管理方式能构建出多少种组合，就有多少种管理模式。六种管理方式能构成多少种管理模式，可通过以下组合的计算得出准确的答案。

（1）选择一种单一的管理方式构成的组合有 C_6^1 种。

（2）选择两种管理方式构成的组合有 C_6^2 种。

（3）选择三种管理方式构成的组合有 C_6^3 种。

（4）选择四种管理方式构成的组合有 C_6^4 种。

（5）选择五种管理方式构成的组合有 C_6^5 种。

（6）选择六种管理方式构成的组合有 C_6^6 种。

由上述组合计算可知，可能的管理模式总共有 $C_6^1+C_6^2+C_6^3+C_6^4+C_6^5+C_6^6$ 种。

3. 只要适合企业实际，平均主义也有效率

平均主义是与低效益联系在一起的，一谈及平均主义，就直接让人联想到造成普遍懒惰低效益状态的大锅饭，但它却也有管理效益。美国林顿公司是全美管理最好的100家企业之一。在林顿公司，每一位员工都是股东，并且都只拥有一份股份，而且只有在工厂内上班的人才能拥有股份。每一个人，上自总经理，下至新进工厂的工人，每个小时的薪资完全相同。

业务状况走下坡路时，全体人员一律减薪，减薪幅度也完全相同。薪资被称作“预付利润”（Advance on Profits）。每个季度，都要进行利润分配。利润按照该段时间内每位工人投入的工作时数来分配。企业营运良好的年度，每一位工人平均可得五万美元以上的分配利润，要高出全美平均收入水平近一倍。

公司股东会每年一次，通过股东会选举出一个九人的董事会，负责制定公司基本的经营管理决策。然后董事会再选出总经理、工厂领班和两名换班管理人。如果工人对管理人员不满意，他们可投票表决，请管理人员辞职。1982年就有六名董事遭到解聘，因为该年公司发生了有史以来的第一次亏损。

为了维护公司的平等原则，厂内所有职务均以“投票”的方式决定，而以年资为决定要素。工厂管理人员对违犯工作规则的人，有处分的权力。禁烟区内抽烟会遭到自动停职三天的处分。

其他过错，如经常缺勤、对其他同事出言不逊、拒绝执行工作命令等，会受到不同程度的处分。处分的形式有：口头警告、停职三天、停职两周、停职一年、开除。后两种处分必须由全体成员三分之二以上的人表决通过，才可执行。

这是一种不折不扣的彻底平均主义，但这种彻底的平均主义居然也有

效率，它创造了高出其他公司水平50%的经济效益。[①]

4. 高压专制管理，也会创造出高效益

山东有一家畜牧企业，曾是我国农业部树立的一面旗帜，其内部管理和效益都是畜牧业系统的佼佼者，但这个公司的管理却是严格意义上的高压专制管理。

总经理在公司不仅拥有绝对的权威，他的话简直就是“圣旨”，没有人敢打折扣。他的副手和中层干部向他汇报工作，几乎没有人敢坐下来。他抬头望他们谁一眼，谁就会打哆嗦。有一次，总经理出差归来，副总经理来向他汇报这一段时间公司的工作情况。总经理并没有批评副总经理，但我早已从旁边看到这个副总经理在颤颤发抖。

不过，总经理为人很正派，并能十分严格地要求自己。一次出国考察，同行的几个人都不抽烟，他作为一个已有50年烟龄的老人，却在短短的几天中把烟戒掉了。他自己工作很努力，他的下属没有人敢在工作上怠慢的。在公司的任何一个地方，都事事管理得有条不紊。他的管理办法就是严格的惩罚，除了扣发工资奖金之外，还有当众呵斥、停职写检查等。

公司的环境也很特别。它坐落在一个海湾的一片荒滩上，方圆5公里内没有村庄人户，公司就成了一个相对独立的小王国。总经理也就是这个王国的国王。

5. 一定管理模式能否产生最好效益的原因分析

究竟哪一种管理模式最好、最有效？这却是一个无法解答的问题。世界上只有管理得最好的企业组织，没有最好的管理模式。这就像世界上只有个人最喜欢的乐曲，没有最好的乐曲一样。乐曲都是用不同的音阶、音调组合而成的，不存在最好的问题，只存在一定个人喜欢与否的问题。

管理模式是用管理方式组合而成的，能产生最好的效益，也就是最好的管理模式，但不能说这种管理模式就是最好的。如果说有最好的管理模式，那么这种管理模式，就应该是套到任何一个企业组织，都会产生最好的管理效益，否则这种最好的管理模式就是不存在的。

一定的管理模式，能否产生最好的管理效益，取决于两个方面的原因：

① 参见哈佛管理丛书编译组：《全美管理最好的100家公司》，台北，哈佛企业管理顾问公司出版部，1987年7月第二版，第233~236页。

（1）这种管理模式能否很好地适应管理者、被管理者、管理目标等管理因素的实际状况。若把惠普管理模式套到贩毒集团的管理中，这个贩毒集团也就不存在了。反之亦然。

（2）企业岗位员工对一定管理模式适应的程度。人的行为具有相当大的可塑性。同样一个人，他在一种管理模式下会工作得很好。当把他置于另一种完全不同的管理模式下时，开始可能会很不适应，不能好好工作，但经过一段时间的适应之后，他又有可能创造出非常优异的业绩。

不过一个企业要获得最好的管理效益，只能主要靠调整管理模式，以适应企业的实际，不能把希望寄托在让被管理者对所凭空构建的管理模式的适应上。当然，对于少数后来者，只能让他们适应已有的管理模式，而不能为这少数人而调整已有的管理模式。

五、管理模式选择的人性认知限制

把人当人管，就会构建出管人的模式，把人当牛马管，也就只能构建出管牛马的模式。管理下属员工与管理牛马绝不一样。

牛马也会帮助你做事，包括耕地、推磨、拉车、驮运等，但它们所做的这些事，与人所完成的工作完全不一样。牛马无法自主地完成某项任务，哪怕是最简单的任务。下属员工却不同，他们不仅可以独立自主地完成一些任务，而且还可创造性地完成很复杂的任务。牛马做事得有人照管，但这种照管远不同于对下属员工的管理。管理下属员工是通过一定的管理方式对他们的意志行为发挥诱导和影响作用来实现的。牛马只有本能，没有意志行为。要牛马干活，除了强制之外，别无选择。而要让下属员工做好工作，并不一定需要强制。

1. 七种人性人格假设的七种不同管理实施思路

对人性人格的认识和假设不一样，其管理实施思路，也就会不一样。七种不同人性人格假设至少可以引出七种不同的管理思路。

这个问题，作者在其《管理学新原理——卓越管理的理论和方法》一书中，已作过系统分析，现将要点摘录如下。

（1）建立在经济人假设认知基础上的管理实施思路：适时选用激励和教诲、约束管理方式。

(2）建立在动物人假设认知基础上的管理实施思路：就是约束，约束，再约束。

(3）建立在社会人假设认知基础上的管理实施思路：尊重、信任和关怀。

(4）建立在自我实现人假设认知基础上的管理实施思路：尊重、信任，更大的尊重，更大的信任。

(5）建立在复杂人假设认知基础上的管理实施思路：尊重、信任、关怀、教诲、激励、约束六种管理方式的灵活运用。

(6）建立在企业文化人假设认知基础上的管理实施思路：教诲、尊重和信任。

(7）建立在主体人假设认知基础上的管理实施思路：通过规则构筑稳定的情境以尊重人、信任人、关怀人、教诲人、激励人、约束人。

2. 认同哪一种人性人格假设，是受人生经历左右的

作为老板或管理人员的，都希望他的下属员工忠诚听话、热情积极、能干机灵，但希望只能是希望。你认为人性人格是怎样的，这却不是由你的偏好和希望决定的，而是由你人生经历中的体验左右的。你在长期的人际交往中感觉到人的性格特征是怎样的，也就是你对人的性格特征的一种假设和认知。之所以只是一种假设和认知，是因为你的这种感觉可能是真实的，也可能是歪曲的。有一个寓言讲，有一个地方与外部交流很少，并且因为缺碘，所能见到的人都是粗脖子。一天从外边来了一个正常的人，人们反而为他的细脖子而感到奇怪，这就是他们的经历使然。对人的性格特征的认知也会如此。

3. 对人性人格的认知越是客观，构建的管理模式就越能保证高效

在那个都是粗脖子的人群中，他们就认为细脖子是一种不正常的畸形。所以有人非常关切地问他，是不是细脖子居住的地方非常寒冷，一年四季都系着粗大的围巾？是不是生活很艰难，脖子都饿细了。比如，一个企业的一部分员工富有高度的责任心，对老板或主管的不当意见，敢于当面提出不同意见。如果老板或主管心胸宽阔，很欣赏这种人的个性和品质，认为这种不同意见对避免自己的决策失误，保证企业的稳定发展有非常大的积极作用，并给予表扬鼓励，这种人在这个企业就会越来越多。相反，如果企业的老板或主管心胸狭窄，认为这种敢当面提出不同意见的人

就是顶撞他，是跟他过不去，让他丢脸，也就不会容忍这种人的存在。在此，正常的反而被认为是不正常的了，企业也就不可能构建出高效率的管理模式。

六、管理模式选择的其他限制

1. 组织目标的限制

围猎不同于钓鱼。组织目标会制约管理模式的选择。组织的性质不同，组织的目标也就不同，这是不言而喻的。红十字会的组织目标与贩毒集团的组织目标绝不会一样。即使是同样的企业组织，其组织目标也会随着企业发展阶段的变化而变化。公司还小的时候，资本积累是首要目标，赚钱也就成了它全部活动的目的。公司发展到初具规模之后，它就要寻求社会知名度和美誉度。这时，它除了赚钱之外，还必须投资一些公益事业，包括各种形式的捐款、捐物。公司发展为大公司之后，社会责任、人生价值就成了它不可缺少的追求。

组织目标不同，要达到目标的手段途径也不同，所能选择的管理模式在性质上也会存在一定的差别。黑社会组织就不可能主要通过尊重人、信任人来实现其目标，而修道院如果主要通过惩罚来约束，那它也就只能关门了。

图2－14 蠢人蠢过猪，不是新闻

2. 管理人员素质的限制

担着骨头带着刀的屠人不怕狼，肺活量大的人声音才洪亮。管理主体自身状况和所处的情境会制约管理模式的选择。

管理模式的选择可以有管理者自身的偏好，更主要的是由管理者自身的状况和所处的情境决定的。智商平平、能力一般、心胸狭窄的人，绝不会选择尊重人、信任人这样的组合来构建他企业的管理模式。他自身没有出众的地方，又担心他人对他的地位构成威胁，他除了通过控制，把他人变成自己驯服的奴隶之外，就感到无以稳定自己的地位，体现自己的价值。信任人对他来说，是件很难的事，他会担心智商比他高的人耍了他。正是这种危机感使他绝不敢信任人。管理者的地位有危机，担心被他人挤走时，他只会把控制约束人放在管理方式的首选地位上。

福特·亨利二世开始执掌福特公司时，也是相当开明的，既能信任人，也能尊重人。他把老亨利手中危机重重的福特公司带向了第二个发展高峰。但当他感到李·艾柯卡已威胁到他的地位时，开始变得越来越专制，最后以莫须有的罪名挤走了艾柯卡，这导致公司连续 4 年滑坡，累积亏损达 15 亿之巨。可他担心的事最终还是发生了，但并不是艾柯卡取代了他，而是他不得不退出公司董事会，交出董事长权杖。

从一定程度上分析，一个企业的管理模式就是这个企业领导人的一面镜子。

3. 岗位工作性质的限制

岗位工作的性质不同，也会直接限制管理模式的选择。对赤手搬砖的管理与设计钱币图案的管理绝不会相同。工作并不是抽象的劳动力付出，有些工作纯粹是一种苦役，如搬砖、打石头等。有些工作本身却可能是一种自我价值的实现，是工作者非常希望完成的工作，能参与和承担这种工作，本身甚至直接会带来一种让人自我陶醉的享受，如艺术创造等。

有些工作本身就能体现工作者的价值和意义。美国总统年薪仅仅 20 万美金，还顶不上一个中型企业总经理的年收入，美国通用电器公司的总裁韦尔奇 1999 年的年收入高达 2.17 亿美元，是克林顿年薪 1000 多倍。Oracle 公司的 CEO 埃里森 2001 年的年收入突破了 7 亿美元，是现任美国总统小布什的 2300 多倍。但因为总统的工作本身更具有价值和意义，即使工作没有任何收入，也会有人干。2001 年，纽约市第 108 届市长竞选结束，亿万富翁、共和党人迈克尔·彭博击败民主党候选人马克·格林当选为纽约市市长。他放弃 19.5 万美元的年薪，每年只领取象征性的 1 美元作为报酬，使竞争对手格林只能甘拜下风。纯粹的体力付出，没有报酬是不会有人干的。设计钱币图案的工作虽没有当总统那么让人感受到自身的价值，但其工作意义却也能让人眼热，能有机会做这一工作，这本身就是一种激励。

靠脑力输出的创造性工作，单纯地约束控制是难以见效的，由简单的体力劳动付出完成的工作，没有约束可能很难让人做好。

体力劳动工作与脑力劳动工作相比，差异很大。

（1）体力劳动简单，脑力劳动复杂。复杂劳动不可能通过简单约束控制实现管理效率。

（2）普通体力劳动可替代性高，脑力劳动可替代性低。替代性低的劳动者稀缺难寻，过度地控制约束就会把他们挤走。

（3）体力劳动努力程度可见性高，脑力劳动努力程度可见性低。努力程度可见性低的劳动，显然不能依靠简单的控制进行考核和奖罚。

（4）体力劳动自主性要求低，脑力劳动自主性要求高。对自主性要求高的劳动施以过多的控制约束，会影响其创造性的发挥，进而会影响劳动的效率。

（5）情感对体力劳动效率的影响度低，对脑力劳动效率的影响度高。情感对效率影响高的工作就必须给予充分的尊重、信任、关怀。

4. 企业成长主导资源的限制

企业成长主导资源的不同，是资本还是知识？这会对管理模式提出不同的要求。靠钱赚钱，谁有钱，谁就可以成为绝对的权杖执掌者。建立在严格约束基础上的专制独裁可以获得效益。但当资本出现过剩，知识信息成为发展瓶颈时，任何形式的专制独裁都不会有管理效益。王安的绝对权威只能葬送王安电脑公司。比尔·盖茨是大老板，但从不摆大老板的威风，这正是微软由小到大快速发展的重要原因。

5. 背景文化的限制

口水也会淹死人，背景文化的性质也会制约管理模式的选择。无论是企业，还是其他性质的组织，都只能存在于大社会之中。这种大社会的文化性质会直接限制其企业组织的管理模式的选择。比如“空降兵”式的选用企业高层管理人员，在欧美企业中，是一种成功的做法，但在华人文化圈中却很少获得成功，其中一个重要的原因就是背景文化的影响。在欧美文化中，尤其是美国的文化，特别突出个人英雄主义，而在华人文化中，个人英雄是没有地位的。这就决定了管理模式的选择要受到背景文化性质的限制。

七、管理模式的构成组合分析

尊重人、信任人、关怀人、教诲人、激励人、约束人这六种管理方式，根据其选择运用的程度，可以构成很多种组合。每一种组合都可构成一种不同性质的管理模式，而不同的企业文化却直接对应着不同性质的管理模式。就可供强势企业文化建设选择的七种企业文化模式进行分析，可以明显地发现，管理模式的管理方式组合差别。如果以圈中数字表示选择的先后顺序，并用先后顺序表示所组合进来的相应管理方式的运用程度。即越是最先选择，就说明这种管理方式在这个管理模式中起到的作用越大。沿着这一思路进行分析，就可得到《企业文化模式与管理模式对应分析表》（见表2－7）所示的不同对应组合。

表2－7 企业文化模式与管理模式对应分析表

管理方式 企业文化模式	尊重	信任	关怀	教诲	激励	约束
等价交换型企业文化				③	①	②
慈父关爱型企业文化			①	②	④	③
能人强权型企业文化		④		②	③	①
角色法权型企业文化		④	⑤	③	②	①
诚信友爱型企业文化	①	②	③	⑤	④	⑥
民主平等型企业文化	③	①	⑥	⑤	④	②
公平竞争型企业文化	③	④	⑥	⑤	①	②

八、内部管理模块发展完善管理的具体要求

企业内部管理模块发展完善管理的具体要求，可概括为以下六个方面：

（1）管理方式的组合选择，必须与选做模板的企业文化模式的性质要求相吻合，不能有矛盾和冲突。内部管理模块是特定企业文化中的一个构成部分，只是为了便于对企业文化进行管理，才把它独立出来进行设计、构建，绝不能把它独立于它所存在的企业文化整体之外。

（2）必须严格根据管理者和被管理者的实际对管理方式进行取舍组合，不能用个人的偏好取代客观实际的限制。六种管理方式本身并没有优劣之分，能否取得预期的管理效果，关键在于是否与企业实际相吻合，而不在于某一种管理方式特别有效。

（3）每一种管理方式都有其具体的实施途径，如何实施必须有完整而系统的设计和规划。不是说选择了某一个管理方式，这个管理方式就会自动地起作用。没有设计合理且具体有效的实施途径，所谓的管理方式选择也就成了一句空话。

（4）在对管理方式进行取舍选择之前，必须对各种管理方式在企业管理上的可预期效果作一个评估。不同的管理方式，在作用效果的大小、见效的快慢、时效的长短等方面，不仅本身存在差别，而且不同的企业实际还可能会放大这种差别。没有其预期效果的评估，就进行取舍选择，这种取舍选择必然是盲目的。

（5）在对管理方式进行选择组合之前，除了必须分别对六种管理方式的效果进行评估外，还必须对这六种管理方式在企业付诸实施的可能途径进行清算。包括可以具体运用的方法、所能运用的资源、所存在的限制等，以明确界定各个不同的管理方式的实施途径的可行性。一般而言，可以运用的方法越广、所能运用的资源越多、所存在的限制越少的管理方式，就越是可取的管理方式。

（6）对管理方式的取舍选择，尽管有先后和主次之分，但必须尽可能广泛。多选择运用一个管理方式，只会提升一种管理效果，其限制仅仅在于管理投入上的多少。任何一个管理方式的实施都会有投入发生，

其区别仅仅在于，有的大，有的小。投入的内容也不尽相同，有的是资金，有的是管理人员的精力。任何一种投入都是有限的，只有把有限的投入投放到能产生最大的管理效果的管理方式上，才能使总体效果达到最佳。

第六章

外部营销模块发展完善管理的标准要求

外部营销模块的功能作用，是协调融和企业组织作为一个整体以及成员个人与市场客户、社会公众和国家政府两两之间的三种关系。这样就要掌握外部营销模块的内涵，外部营销的五个营销方式——理解、关怀、引导、欺骗、强卖，营销模式的构成组合分析，外部营销模块发展完善管理的具体要求，最终获得市场客户、社会公众和国家政府的认同。

一、外部营销模块的内涵

外部营销模块的功能作用，是协调融合企业组织作为一个整体以及成员个人与市场客户、社会公众和国家政府两两之间的三种关系。其所协调融合的关系对象都完全独立于企业之外，除了通过为之带来价值需求满足进行诱导之外，很难使他们的行为选择发生改变和调整。

企业要实现其发展目标，又必须通过与外部社会大系统进行广泛的资源变换，以获得公众的资本资源、人力资源的和市场购买等方面的支持，尤其是市场购买方面。在这里也就有一个如何影响和诱导国家政府和社会公众、客户的行为选择，以使之增加与企业进行资源变换的问题。也就是说，让国家政府和社会公众、客户选择有利于企业发展的行为，包括购买企业的产品，为企业提供经营所需的资本资源、人力资源等。要达到这一目的，企业必须通过一定的营销实施工具，即通过一定的中介工具架起企业与国家政府和社会公众、与客户之间的桥梁，使相互之间建立稳定而紧密的资源变换关系。这些工具主要有五种：一是服务，二是广告，三是渠道，四是品牌，五是人员。

企业最终能否获得社会公众和客户的认同，不仅在于是否拥有充分多的资源投入以打造这些营销实施工具，而且在于是否运用特定营销实施工具，设计、构建出能直接影响国家政府和社会公众、客户行为选择，以与企业进行资源变换的具体方式。这就是营销方式。营销方式是使企业与国家政府和社会公众、客户之间的资源，变换成为可能和现实的途径与方法。

二、外部营销的五个营销方式

企业最终能否获得市场客户、社会公众和国家政府的认同，不仅在于是否拥有充分的资源投入以打造这些营销实施工具，而且在于是否运用特定营销实施工具，设计、构建出能直接影响市场客户、社会公众和国家政府行为选择，以与企业进行资源变换的具体营销方式。

1. 营销方式的内涵

所谓营销方式，就是通过营销实施工具直接作用于营销对象行为选择，使企业与市场客户、社会公众和国家政府之间的资源变换成为可能和现实的具体途径和方法。营销最终是做交易，如何才能让这个交易得以进行，并最终使企业获得投资回报，这就需要企业根据与对方的价值观念所设定的标准和要求，来选择设计作用于对方选择的途径和方法。

就其内容分析，营销方式可分为五种，即理解、关怀、引导、欺骗、强卖。

2. 理解

所谓理解，就是对与之进行资源变换的对方的行为选择和利益的实现，表示认同和尊重，认可在相互之间的资源变换过程中对方获得应有利益的合理性。这也就是站在对方的角度，根据对方本身的实际需求，来组织营销活动。这种理解包括三个方面的内容：对对方需求的合理性的理解；对对方提出特定需求的心理状态的理解；对对方的种种需求限制和购买限制的理解。这些理解是在与对方进行平等沟通，并在尊重对方、信任对方的基础上实现的。典型的例子是海尔洗衣机卖到农村后，有些不识字的老太太，因为操作不对而导致洗衣使用效果下降、洗衣机损坏加重。这一信息反馈给海尔之后，海尔人首先想到的不是指责这些农民老太太的无知和愚昧，而是对她们给予充分的理解，并采取措施，把文字使用说明书改为图示说明书。把说明书所介绍的内容，用连环画的形式表达出来，使任何一个不识字的人都可以按图索骥，准确操作，科学使用。这里的理解，首先是强调客户的现实是合理的，其要求也是合理的。不能用 20 世纪 20 年代老福特的营销观念："我的汽车就是黑的"，把自己的产品无条件地强加于客户。

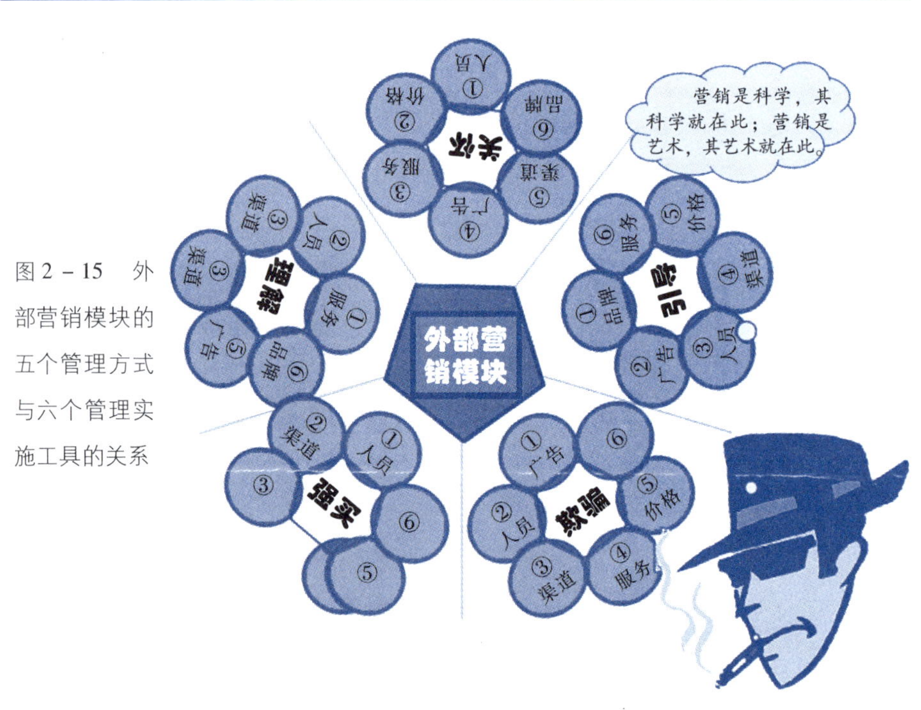

图 2－15 外部营销模块的五个管理方式与六个管理实施工具的关系

3. 关怀

所谓关怀，也就是在资源变换过程中，不仅认可对方获得自身利益的合理性，而且给予充分的关注，甚至在自身利益不受损害，或者不需要做大的投入的情况下，给对方利益以充分的照顾，以保证对方利益的满足。关怀强调的是要以一颗同情的心对待对方，把对方的不方便、不幸，视为自己的不方便和不幸，从而为对方提供种种帮助，以解决对方的困难，为他们创造方便带来幸福。在现实市场营销中，就有一种忽视客户的倾向，不断增加产品的功能，以挑逗他人的欲望，诱使购买。比如，家电通信类产品的厂家大都只是想到怎样增加产品的功能，增加产品的技术含量，以尽可能让中高层的收入者掏腰包，并没有想到还有众多的人对这类产品的需要，因收入的限制而无法满足。没有人在保证产品基本功能的情况下，如何简化这些功能，降低成本，以为众多客户提供需求的满足。所有降价行为几乎都是迫于竞争的压力而被动地打价格战的结果。老福特在理解客户的这一点上做得不够，但他却能真诚地关怀客户，通过生产单一黑色的 T 字型汽车，让这种高档消费品进入普通工人的家庭。关怀强调从对方真实的需求出发，为对方着想，为对方的根本利益的满足提供支持。

4. 引导

所谓引导，也就是站在对方的立场上，为对方着想，让对方自愿地进行资源变换来获得它自身利益的最大满足。这也就是站在客户的立场上，为客户提供消费指导，让他合理消费、理性消费，使之花尽可能少的钱，获得尽可能多的需求满足。这种引导包括为客户提供完整的产品信息，不让客户为所谓的时髦所蒙蔽，也就是要避免客户作无谓的购买，或作不经济的消费。

5. 欺骗

所谓欺骗，这就是为了获得一私之利，不惜通过向市场客户、社会公众和国家政府输送虚假的信息，误导对方，使之在不明真相的情况下作出对其不利的行为选择。这就是用一些花言巧语和不实承诺，让对方付出代价，而又得不到他真实需求的满足。这种欺骗营销方式仅仅是在玩一种输赢游戏，我赢你输，由你的损失来填充我的钱包。引导和欺骗实际上是同一行为的两个方面：站在客户利益的基础上，进行诱导，使客户能以有限的购买力实现最大的满足，这就是引导。如果仅仅站在如何才能让客户多掏腰包，自己多赚钱的角度，挑逗客户，激起客户的购买欲望，甚至不惜说假话，骗得客户掏腰包，这就是欺骗。

6. 强卖

所谓强卖，就是不顾对方的需求意愿，强制性地与对方进行资源变换，把自己所拥有的资源转让给对方。强卖也就是强买强卖，最典型的例子就是有些自由市场上的地头蛇，你只要多看几眼他的商品，更不用说试了、摸了，就必须购买，否则就难以脱身。

三、营销模式的构成组合分析

这五种营销方式的不同选择和组合也就构成不同性质的营销模式。性质不同的营销模式，对市场客户、社会公众和国家政府的行为选择所产生的诱导影响作用的稳定性也不相同。很显然，理解、关怀、引导三个营销方式及其组合构成的营销模式，虽然不能让企业从社会公众或客户那里赢得暴利，但却有助于相互之间资源变换关系的长久稳定，使企业获得持续发展上的支持。欺骗和强卖两个营销方式及其组合构成的营销模式，可能通过不等价的交换，从社会公众或客户那里赢得暴利，使企业在短期内实现暴富，但却会恶化相互之间的关系，并最终被市场所抛弃，让企业走上不归之路。三鹿集团就是因为主要依赖欺骗这一营销方式发展而走向灭亡的典型案例。

五种营销方式要现实地作用于客户，就必须借助于一定的营销实施工具。所谓营销实施工具就是对客户施加影响的具体工具手段。无论是引导客户，还是欺骗客户，无论是理解关心客户，还是强迫客户购买，都必须借助一定的工具手段作用于客户。作用于客户的工具手段也就是营销实施工具。它主要包括六个方面：品牌、服务、广告、渠道、价格、人员。其内涵很容易理解，在此不作更多的分析。

在这六个营销实施工具中，其作用性质并不完全相同。广告、渠道、价格、人员属于中性的营销实施工具，它们可用于五种营销方式中的任何一种，也就是说，它们可以用于表示理解、关怀、引导，也可以用于欺骗和强卖，但品牌则只能用于理解、关怀、引导三个营销方式。

对应运用管理模式的分析方法，在可能成为强势企业文化的七种模式中，所对应的营销模式，直接可表现为《企业文化模式与营销模式对应分析表》（表2－8）所示的不同组合。

表 2-8 企业文化模式与营销模式对应分析表

企业文化模式＼营销方式	理解	关怀	引导	欺骗	强卖
等价交换型企业文化	⑤		①		
慈父关爱型企业文化	④	③	①		
能人强权型企业文化	⑤	④	①		
角色法权型企业文化	②	④	①		
诚信友爱型企业文化	③	①	②		
民主平等型企业文化	②	③	①		
公平竞争型企业文化	①	②			

四、外部营销模块发展完善管理的具体要求

外部营销模块发展完善管理的具体要求，可概括为以下六个方面：

（1）营销方式的组合选择，必须与企业所选择设计的管理模式的性质要求相吻合，不能对内一套，对外一套。对外关系的性质也会反过来影响企业组织内部四个利益关联主体相互关系的性质。

（2）在与市场客户、社会公众和国家政府进行资源变换的过程中，必须尽可能遵循等价交换原则，不能贪图一时一刻的利益而丧失对方的信任。外部营销模块所面对的主体对象，都完全独立于企业之外，企业能与之发生关系的方式主要是价值交换。这种交换又往往面对多个竞争对手，因此，外部营销模块又直接表现为一种外部竞争关系。要保证企业在这种外部竞争关系中的地位和稳定，就必须避免任何让对方蒙受损失的交换交易行为发生。

（3）在营销方式及其营销模式组合的选择上，必须尽可能避免选择对企业只具有短期效益，而就长期而言可能会存在负面作用的营销方式，以保证企业能与市场客户、社会公众和国家政府在资源变换上结成稳定的联系。

（4）必须在全面准确地分析企业所能用于变换的资源的基础上，选择设计企业的营销实施工具及其组合，并保证使企业的营销实施工具及其组合，与企业可能用于变换的资源规模相适应。

（5）必须定期对企业所选择的营销实施工具的效果进行评估，以检验

企业的营销实施工具及其营销模式组合与企业所能用于变换的资源规模相适应的程度，并不断积累发展营销实施工具，以增强企业与市场客户、社会公众和国家政府进行资源变换的能力。企业所拥有的资源状况的多少，并不直接等同于企业与市场客户、社会公众和国家政府进行资源变换的能力的大小。只有在拥有充分多的可用于与市场客户、社会公众和国家政府进行变换的资源的同时，又建有通畅的沟通桥梁，才能使企业的这种能力最大化。

（6）对企业所选择的营销模式，必须定期进行组合优化分析，并不断优化，以使企业与市场客户、社会公众和国家政府进行资源变换的交易成本达到最低，进而使企业经营效益达到最高。

第七章

商务合作模块发展完善管理的标准要求

企业要通过为客户提供尽可能多的价值需求满足来实现其发展的价值增值，越来越依赖于与外部各种社会经济主体建立广泛的合作伙伴关系。这就必然会在企业文化中形成一个相对独立的商务合作模块，以协调融和这些关系。进而，通过商务合作模块发展完善管理的内容分析及其构成组合分析，来达到商务合作模块发展完善管理的具体要求。

一、商务合作模块发展完善管理的内容分析

随着市场经济的发展和人类社会本身的发展，企业要通过为客户提供尽可能多的价值需求满足来实现其发展的价值增值，越来越依赖于与外部各种社会经济主体建立广泛的合作伙伴关系，即建立广泛的战略联盟以共同服务于市场客户需求的满足。这就必然会在企业文化中形成一个相对独立的商务合作模块，以协调融合企业与各个商务合作伙伴的关系。商务合作伙伴彼此之间的合作，都是为了实现自身利益的最大化。这种合作对象由于完全独立于企业之外，这就决定了这种合作具有竞争和合作两个方面的性质。一方面要对已形成的利益进行竞争，以实现自己所得的那块儿利益最大化；另一方面，又要使这种合作关系能够实现稳定和发展，以保证能够获得更长久和更多的合作利益。

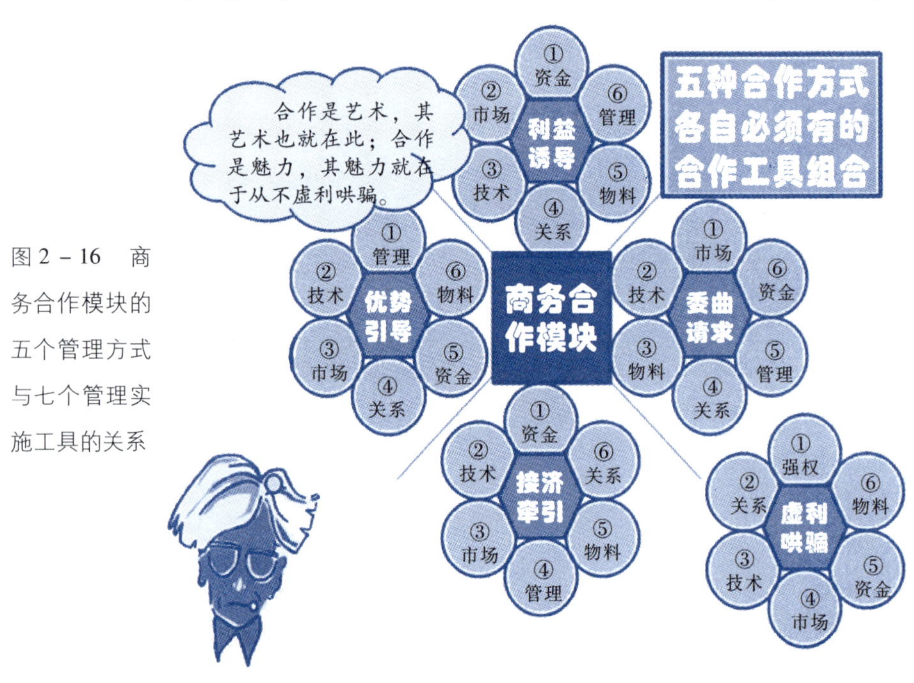

图2－16 商务合作模块的五个管理方式与七个管理实施工具的关系

在这种商务合作关系中，每一个合作伙伴都有自己独特的资源结构。这种不同的资源结构是彼此合作的前提。这些为不同社会经济主体所拥有的资源，也就是彼此进行合作的工具，即我们分析过的五种支点资源——管理、资金、技术、物料、市场。但是，如果这五种支点资源，分别为不同的社会经济主体所拥有，不能组合到一块进行现实的经营，也就不能为企业发展带来任何帮助。而要把分别属于不同社会经济主体的支点资源，与自己企业的资源整合起来，以服务于企业的发展目的，但要借助一定的方式。这种让对方出让其所拥有的资源的方式，就是合作方式。

二、商务合作的五个合作方式

所谓合作方式也就是直接作用于合作伙伴行为选择的具体途径和办法。合作实际上也是做交易，只不过交易物不是用于消费而是用于经营活动所需。如何才能让这个交易得以进行，这就需要根据与合作伙伴关系的价值观念所设定的标准和要求，选择设计作用于合作伙伴行为选择的途径和办法。合作方式主要有五个方面：

1. 委曲请求

委曲请求是通过向与自己关系相对友善的企业或社会经济组织诉请支援和帮助，谋求对方出让所拥有的资源，与企业进行一种不平等的合作，让对方在合作中获得较大利益的同时，也使企业获得发展的机会，或者摆脱危机，走出经营困境。它强调以弱势自居，通过打动他人的同情心来取得与人合作的机会和利益。这种方式是直接把企业之间的关系简化为人与人之间的关系，通过情感的作用来改变合作伙伴的行为选择，同时也让合作伙伴从合作中获得丰厚的回报。

2. 利益诱导

利益诱导是通过所能给对方带来的利益，让对方为了从合作中获得它所向往的利益，诱使对方出让其所拥有的资源，与企业的资源结合，构成特定的资源结构，在平等互利的基础上进行合作，以实现互利互惠、共同发展。它强调承诺对方的利益，利用对方对利益的追求，吸引对方与自己合作。

3. 优势引导

优势引导就是通过集中资源的运用，使企业自主创造出一个让可能的合作伙伴形成依赖从属关系的优势地位，尤其是创造一种在特定支点资源上的垄断地位，引导对方出让其所拥有的相关资源，进行一种远非平等基础上的合作。它强调通过特有的优势让对方作出没有选择的选择，迫使对方放弃自己的部分利益来合作。

4. 接济牵引

接济牵引就是在对方发生经营困难或危机时，主动提供有条件的援助，以缓解对方的困难和危机，以此牵引对方出让有效的资源，与企业进行一种不平等的合作。在这种合作中，在让对方最终缓解困难，度过危机的同时，使对方让出一定的应得利益。

5. 虚利哄骗

虚利哄骗是通过承诺不可能兑现的利益引诱对方，让对方出让其所拥有的资源，进行一种仅仅表面上的平等合作，而实际上是仅仅保全自己的利益，使对方的利益根本无法兑现，甚至这种利益本来就是子虚乌有的。它是以不能实现的承诺和不存在的利益来引诱对方与自己合作，以侵占对方的利益。

三、商务合作的实施工具

合作方式是用合作实施工具来推动的，无论是优势引导、利益诱导、委曲请求，还是接济牵引、虚利哄骗，都必须以其对方所需的东西作为工具，空口说与对方毫无利害关系的话，是绝不可能使对方选择与自己合作的。

合作实施工具主要是能够构筑跨位、跨越式发展的五个支点资源，包括管理、资金、技术、物料和市场（参见《企业规范化管理系统实施方案·决策制定管理》一书的第一篇）。它们是赢得合作伙伴认同，实现合作的前提条件。如果这五个支点资源的其中任何一个形成了自己独特的优势，并且这种优势还具有一定程度的垄断，那么它也就能稳稳地撬动数倍于企业经营资源的其他社会经济组织的资源，为企业的发展所用。

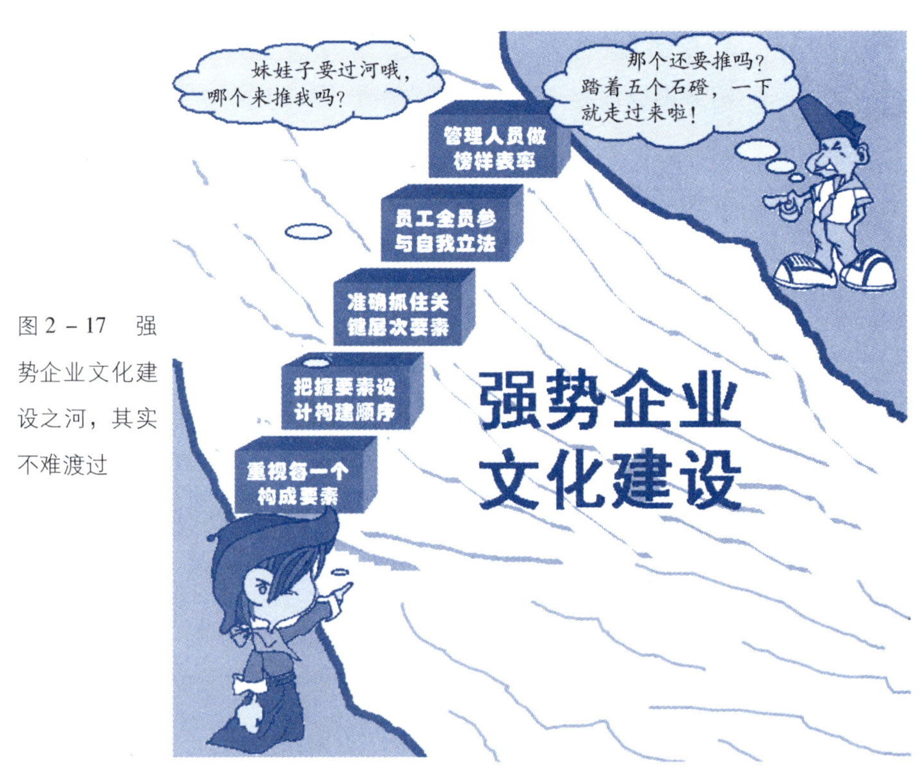

图2－17　强势企业文化建设之河，其实不难渡过

企业通过合作，撬动其他社会经济组织所拥有的资源为我所用的效益，也就决定于对支点资源优势的选择和创造。所选择的恰好是他人所

需，并且其创造投入也不高，这正是众多后起的企业实现跨位、跨越式发展，超越老牌大企业的成功经验所在。美国的微软公司、耐克公司、戴尔公司如此，中国的联想、华为等无不如此，而最典型要数中信建设。但不同的支点资源，却具有完全不同的特征。

合作实施工具，除了五个支点资源，关系、强权等也可用做合作实施工具。所谓关系则是与掌控企业发展所需资源分配权的人或机构存在一种特殊联系，并且这种特殊联系可以直接或间接地影响其对企业发展攸关的资源的分配。一般而论，市场自由化程度越高，这种关系的作用越小，反之相反。一个地产商甚至会选择与其父掌握有城市土地分配大权却不名一文的傻子合作，这就是关系的作用。所谓强权就是一种公开或不公开的暴力。强权是战乱时期或者在法制不健全社会中，维持企业发展的一个重要资源。企业处于这种特殊情况下，要实现发展，就必须有强权支持。即使在正常社会，诸如饮食、娱乐等特殊企业，往往也不得不寻求地头蛇、黑社会组织提供强权保护，而后者的合作实施工具就强权。

四、商务合作模块的构成组合分析

不同的合作方式，有不同的合作实施工具组合，除了虚利哄骗这一方式要用到强权之外，其他合作方式都不用，但其组合有所差别。

不同的合作方式，就是一种不同性质的合作关系。选择不同的合作方式构成的组合，也就构成不同性质的合作模式。现仍沿用内部管理模块设计、构建所运用的分析方法，可得到如《企业文化模式与合作模式对应分析表》（见表2－9）所示的不同组合。

表2－9　企业文化模式与合作模式对应分析表

合作方式 企业文化模式	委曲请求	利益诱导	优势引导	接济牵引	虚利哄骗
等价交换型企业文化	④	①	③	②	
慈父关爱型企业文化	④	③	②	①	
能人强权型企业文化		③	①	②	
角色法权型企业文化		②	①	③	
诚信友爱型企业文化	④	①	②	③	

续表

企业文化模式＼合作方式	委曲请求	利益诱导	优势引导	接济牵引	虚利哄骗
民主平等型企业文化		①	③	②	
公平竞争型企业文化		①	②	③	

五、商务合作模块发展完善管理的具体要求

商务合作模块设计、构建的具体要求，可概括为以下八个方面：

（1）通过对合作方式进行选择、组合，以设计、构建商务合作模块，必须对应于选做模板的企业文化模式，不能相违背。外部关系的性质，不可避免地会反射到内部关系上来，至少会在下属员工心中造成对应的印象。

（2）强势企业文化强调，要在互利互惠基础上谋求与各类社会经济主体的合作，并遵守等价交换的原则，以实现互利共赢，结成长久、稳定而广泛的商务合作伙伴关系。所以在合作方式选择上，要尽可能选择利益诱导方式，避免选择有损于对方利益的合作方式。

（3）强势企业文化强调，要在平等互利的基础上结成广泛的战略合作伙伴关系，但并不忌讳运用优势引导和接济牵引这两种互利而不平等的合作方式。这两种合作方式是企业自主运用市场竞争的残酷性为企业谋求发展。平等与否，只是相对的，能让对方获得它所希望的利益，而并非平等的利益，并没有什么可指责的。有市场竞争，就不会有绝对的平等。

（4）运用优势引导和接济牵引这两种互利而不平等的合作方式进行合作，必须慎重实施，尤其要注意不能采用任何霸道强硬手段实施，以避免导致对方的反感和不满。要求只是按照利益满意化的原则进行合作，而不是依照利益最大化的原则，把所有能迫使对方让出的利益都据为己有。

（5）强势企业文化强调，必须杜绝运用虚利哄骗的合作方式。它是一种为市场经济机制健全的社会所禁止的方式。选择这一方式不免要承担欺诈的法律后果，并最终受到法律的制裁。

（6）必须经常组织强化与外部社会经济主体合作意识的教育培训，增强企业各级员工的合作意识，提升合作实施工具的开发力度，以使企业适

应社会经济发展的现实。

（7）必须定期清算企业所拥有的支点资源，并分析确定能用于与其他商务伙伴进行合作的特色资源——具有一定垄断地位的资源，以便在为对方带来利益满足的同时，能为自己企业的发展带来更大的利益。

（8）必须对自己的资源结构进行设计，自主地发展和积累独具特色的支点资源，尤其要避免小而全的资源结构，以增强对外扩大合作的能力。通过结成广泛的战略联盟，在最大限度地满足客户价值需要的同时，实现企业的发展。

第三篇

文化建设管理规范化的方法

内部管理模块，是运用权力、组织、文化三种工具，构筑尊重人、信任人、关怀人、教诲人、激励人、约束人六种不同的情境以影响、作用于组织成员的行为选择的过程。外部营销模块是运用品牌、服务、广告、渠道、价格、人员五种工具，构筑理解、关怀、引导、欺骗、强卖五种不同的情境以影响、作用于客户行为选择的过程。商务合作模块是运用管理、资金、技术、物料和市场五种工具构筑委曲请求、利益诱导、优势引导、接济牵引、虚利哄骗五种不同的情境以影响、作用于商务伙伴行为选择的过程。本书通过这种结构式分析，使文化建设管理工作变得简单有效而不神秘了。

第一章

文化的分类分析方法

对文化分类问题的探索，作者1997年在其《管理学新原理——卓越管理的理论和方法》一书中，紧紧扣住对人的价值的认定假设和判定这一点，对文化进行了分类，其分析思路和方法至今仍可以说是无可挑剔的。在这本书的分析中，笔者把文化分成了四种，即无为出世型文化、物本交易型文化、权本等级型文化和人本人性化文化。下面展开进行分析。

一、无为出世型文化

1. 无为出世型文化的特点

这种文化完全否定人生的价值和人的主观能动作用，认定人生只不过是孽海受苦或者负罪受罚，视人生为一种不得已的负担。并且自己也无法摆脱这种处境，什么都是天意，是上帝、先天早已事先安排好的。其特征如下：

（1）否定人生的价值。

认为人在造物主和上帝面前是无所作为的，谁也无法抗拒上帝和先天的安排，个人所能作的选择只能是驯服地听任造物主和上帝的摆布。人本身的存在除了体现造物主和上帝的旨意之外，没有任何价值，也没有任何意义。如果人不能自主，只能顺应外部力量完全无所作为，人生的价值也就没有了。一个人能做什么、能做成什么，并不是他个人努力的结果，而是造物主和上帝的安排。他能做什么、做成了什么并不能体现他个人的什么价值，而是造物主和上帝的奇迹。人在这种情况下所能做的就是顺应造物主和上帝的安排，或者虔诚地敬奉上帝，通过这种虔诚地敬奉上帝——贿赂上帝而获得上帝的眷顾，重新给予安排。

（2）否定人的主观能动作用和意义。

因为已认定人生没有价值，所以任何主观能动作用都不会有任何结果，坚信“命中只有八合米，走遍天下不满升”。除了安分守己、乐天安命之外，其他都是多余的。不要有自己的企求，也不要有自己的奢望，一切都由造物主和上帝安排，任何努力和追求都是枉然。在这种情况下，人不再是自己存在的原因，而仅仅是造物主和上帝的意志对象。是上帝安排让你做人，如果你不顺从上帝，上帝甚至会惩罚你让你来生做牛做马。富贵和贫贱也都没有差别，富贵是上帝的意志，贫贱也是上帝的意志，与自我努力没有任何关系，有成就者不要志高气昂，受挫者也不必自艾自怨。

（3）否定人生的目标。

人生没有价值，人的主观能动作用是多余的，不会有结果的，所以人生的目标也就是多余的。因而认定人不过是徒具人形的一种过渡性存在物，与山水草木、牛马虫豸没有什么区别。人的一生和它们的存在也没有区别。人若要给自己设定目标，不仅毫无意义，而且还会让人生感到痛苦。

（4）其行为特征是无所谓的。

因为人生没有价值，人生的主观能动作用不存在，人也就不具有主体性，也就不可能有自己的寻求，所以干什么都是无所谓，能否干成什么也是无所谓的。人的意志行为是有目的的，若没有了目的，行为当然也就无所谓了。人是无能为力的，如何干也就无所谓了，因为能力都是造物主和上帝所拥有，有谁还会关心如何干呢。加之人生没有价值和意义，因而干与不干也就无所谓了。人生本身就没有意义和价值，人自身的存在也就是多余的，还有什么必要去努力呢？人的存在本身，也只不过是因为造物主和上帝要人存在这一旨意不好违抗才存在，所以什么也就都是无所谓，生无所谓，死也无所谓，贫穷无所谓，富贵也无所谓。

（5）其心理特征是不争。

人没有自己的追求，也无法有自己的追求，所以人们在心理上就感觉到任何一种形式抗争都是多余的。因而处事待人都以一种不争的态度来对待，把一团和气看得高于一切。甚至认为同船渡也是五百年所修成的缘分，能在一起共事、能有机会相互交往，这都是多年修成的缘分，每个人都必须珍惜。没有必要仅仅是为并不是自己所能够争来的东西而伤了这个缘分。

图3－1 企业文化的四类十一种分类法

通过以上五个特征的分析，或许人们已经感觉到这种文化已经远离现实，是天方夜谭，世界上根本不存在。其实不然，我们如果用心观察，在南亚和东南半岛的一些国家仍可以找到这种文化的痕迹。在这些地方的企业中，从老板到员工、从管理者到被管理者，都认定天命高于一切。让你做下属并忍辱负重，你就不要有抱怨，这是天命。下属看上司也是如此，你来管理我们，有权向我们发号施令，你也不要神气，这是天命。下辈子倒个位，也许就是我来管你们了。人们普遍有这样一种意识，所以这种无为出世型文化也就仍然在现实中存在着。不过，在激烈的大市场中，任何一个企业面对的环境就是一个动物世界，优胜劣汰、弱肉强食是通行的规则，因而使这种无为出世型文化，无法在这种动物世界中延续和发展。

2. 无为出世型文化的优点

这种文化的优点是人与人之间没有矛盾，相互之间也可以做到关爱，但每个人似乎都是在为不可抗拒的上帝出差、效劳。因而彼此之间还会感到有一种团队精神，每个人也会感到有一种归属感。在这里的人没有心理压力和负担，尽管没有什么令人兴奋的愉快事，但也没有人感觉到有什么不快。这对于以求安定为主旨的社会的确是一种比较好的文化。

3. 无为出世型文化的缺点

这种文化的缺点是效率太低。没有人寻求效率，也没有人认为效率会是一个问题。在这种文化中，要引进一种新思想，新观念是很困难的，没有人会对这些东西感兴趣，人们对什么事都无所谓，所以任何激励措施也都是无效的，就像一个泥青池，扔进一个石头也难以产生一点涟漪一样。他们都没有追求，也无法用所追求的目标物进行激励。即使对他给予关怀，他也不会感激，他感到什么都是天意，你关怀我也是天意安排。你对他施以惩罚，他也不会有多少抱怨，他也认定是应当如此。所以在有这种文化的企业中，不可能谋求什么管理效益，也无法谋求管理效益。

我国沿海省份的一些民营企业，为了获得更低的劳动成本优势，把劳动密集型产业转移到缅甸、老挝等地，就遭遇了这种文化的困扰。在当地聘用的员工受小乘佛教的影响，无为出世文化在他们心中根深蒂固。生产效率低下、需要赶订单时，没有人愿意加班，即使是增加加班工资提高奖励幅度，也没有用。最后，有的企业不得不再转移回国内。

二、物本交易型文化

1. 物本交易型文化的特点

物本交易型文化，相对于无为出世型文化，在人的价值观念上是一种进步。它不再否定人生的价值与意义，认定人生就应该有自己的追求。但是它把人生的这种价值和意义，仅仅定义在人的生理感官的刺激和满足上，认定人生的意义和价值就是吃好、穿好、玩好。它所倡导的人生价值观念是“人生短暂，需及时寻乐”。所以“得行乐时且行乐”，“花开堪折直须折，莫叫花落空折枝”。

这种文化强调人生的物质享受的价值和意义，从而让人们为了实现这种物质享受而去努力。它把人与人之间的关系，简化为一种物与物之间的关系，相互之间都是为了金钱和财富而相互利用对方进行的交换，并最大限度地获得金线和财富。金钱和财富的积累也就成了人生的价值，因而谁的钱越多，谁的人生价值也就越大。在人与人之间，每个人都会为自己的物质利益而争斗。

这种文化相比无为出世型文化的一个最大特征是，它可以通过人们对金钱财富的追逐而激励人们的积极性和创造性，从而使提高企业管理效益成为可能。当人到了无所求的地步，也就无法使其为之所动，人也就变成了一个个不怕水烫的死猪了。人只要有所求，就能够用他所求来诱导他，这就使管理成为了可能。

这种文化的特点可以概括为五个方面。

（1）金钱、物质利益是唯一能够打动人心的诱惑。

用于激励人行动的措施成了唯一的金钱、物质利益。在这里，人们谈论的都是钱，“干这件事可以赚多少钱”，“干好了这件活儿给多少钱”。钱成了人与人之间联系的媒介，人与人之间都是为了钱而交往和合作。钱是人与人之间关系的一种润滑剂，任何人和人之间的矛盾与不快都跟钱相关，也都可以用钱来抹平。

（2）人们高度重视金钱物质利益。

在人与人相交的过程中，总是锱铢必较。因为金钱、财富是人生价值的唯一体现。人生是短暂的，因而使之对金钱、财富的积聚和物质享乐总是没有终极的满足。每个人都希望获得更多的财富，实现更多的满足。所以在人与人之间的关系上，谁都不会放弃任何一点应该属于自己的金钱财富和物质享乐。

（3）人与人之间的关系相对简单。

需要他人为你提供什么帮助时，首先就应该想到能给他人支付多少金钱作为代价。若没有想到这一点，无论对方如何承诺，最后都会成为空谈。

（4）人与人之间温情脉脉的面纱被彻底拉掉。

在这里，感情和情义也到了论斤论两出卖的地步。给钱给物就有感情，有情义，不给就是无情无义。所以管理者要被管理者做好工作，就必须细心地核算他做好工作必须付出的努力有多大，给多少金钱回报才能让他动心，才会使他严格要求自己，付出真心和努力把工作做好。也只有这种管理才能成为这种文化中的有效管理。

（4）金钱具有无限的力量。

资本在这种企业中具有至高无上的权力，资本的所有人可以随心所欲地对工人呼来喝去。工人也认同这一点，他们即使感到内心不平，也能够容忍。“谁让自己没有钱呢?”“有一天我赚够了钱也会像他们一样。”有人把这种意识称为货币拜物教，道理就在此。

2. 物本交易型文化的优点

这种文化的优点，是可以通过金钱、财富的激励而创造比较高的企业组织运行效率。因为人们都向往钱，也都在乎钱，所以钱就对他们具有十分大的吸引力。运用钱就可以把他们的积极性和创造性发掘出来，变成企业的经济效益。同时，在管理操作上也比较简单，干得好就发奖金、加工资，干事的人就会很有积极性。我国20世纪80年代的乡镇企业的发展和私营企业的发展之所以能取得比较好的效益，直接与这一点相关。人们普遍贫穷，金钱物质利益的需要是第一位的，吃饱穿暖是加在每个人身上的一种重负。谁能给较多的钱，他就给谁多干活，从而使乡镇企业和私营企业在设备、技术都比国有企业落后很多的情况下，取得比较好的经济效益。而在国有企业，工人有一个虚浮不实的主人翁地位，但在工作的经济回报上不直接、不对等，干好干坏一个样，干多干少一个样，在工资收入上没有体现出来，所以工作的热情和积极性总是高不起来，因而使设备和技术都领先的国有大厂，却败给了手工操作、敲敲打打的小作坊。其原因就在于此。

图3-2 不是越大越好，适合才好

3. 物本交易型文化的缺点

这种文化的缺点是难以形成企业的凝聚力，人们都从金钱的角度考虑问题，从没有人真正关心对方。做企业的老板、管理者的，今天有活儿就给钱让你干，明天没了订单就让你走人，等有了订单再招人。做工人的，也只是考虑我所付出的劳动，是不是即刻得到了应该有的经济回报，如果有另外一家企业能够多给三块五块，他会毫不犹豫地辞职，转投于他人门下。人们都从金钱的角度考虑问题，两眼都只是盯着现利、现得。员工如此，老板也如此。没有人从长远的角度来思考企业发展问题，也没有人想到要从企业的长远规划着想，稳定企业发展的人力资源，甚至对人力资源进行规划和投入。老板和员工仅仅是一种一手交货一手交钱的买卖。甚至老板还会欺骗员工，克扣员工应该得到的工资。

这种文化在广东、浙江的一些中小型民营企业中仍然广泛存在。一些企业老板，会花大钱为自己及儿子、孙子建造死后的殿堂——陵墓，也不会对员工动一点怜悯之心、增加一点工资，或者让一分利给合作伙伴，以谋求企业的长期稳定发展。尽管这种文化不是他们有意识地选择和构建的结果，却因为他们对人生价值的理解，使他们不自觉地形成了这样一种文化。随着他们企业规模的扩大，使他们感觉到没有凝聚力的企业是难以获得持续稳定发展的，所以他们大都已开始谋求改变这种文化。同时，与他们相处一地的成功企业又为他们提供了榜样，沿着这种物本交易型文化的思路来发展企业，是不可能把自己的企业做稳、做大的，但仍然有一部分企业仍满足于这种文化下的一时赢利。

从另外一种角度来思考这个问题，当这个企业规模有限、财力有限，没有自己特有的市场优势，又要实现自己企业的有限发展，这种文化也不失为一种最优的选择。

物本交易型文化又可分为竞骗交易式和等价交换式两种。

三、权本等级型文化

权本等级型文化，相对于物本交易型文化，在人生的价值和意义上又向前推进了一步。它认定人生的价值不再仅仅是物欲的满足，而且还有物欲之外的心理需求的满足。这种文化把人的目光引向了权力，认定谁获得了权力，谁就实现了人生的价值和意义，谁获得的权力越大，谁实现的人生价值和意义也就越大。从而使激励他人行为选择的途径，进一步得到了丰富和发展。

1. 权本等级型文化的特点

所谓权力也就是人能够把自己的意志强加给他人，让无权者和权小者顺从自己的意志。因为权力有大有小，这种权力大小的差别也就形成了严格的等级关系。在价值观念上，这种文化强调，强权的合理性与服从的必要性是并存的。也就是说，有权就可以为所欲为，权力就是判断对错的标准，不存在应该不应该的问题，无权和权小的就必须服从，不服从就是不应该。

权本等级型文化是一种有序的文化，但这种秩序并不包括权力更替的过程。因此，权本等级型文化与物本交易型文化一样也是一种弱肉强食的文化。无权者也可以通过种种途径获得权力，从而让原来的有权者无条件服从。所以这种文化既要求无权者当温顺的奴隶，同时也允许不择手段地谋取权力。

权本等级型文化的特点可以概括为七点：

（1）下对上的绝对服从。上司只要下属用双手做事，不需要带上脑袋。让做什么、怎么做，就做什么、怎么做，不允许问为什么。事情只要是按照上司的要求去做的，都由上司承担责任，结果好坏与做事者不相关。

（2）上对下的绝对权威。下属员工只能听令，理解的要执行，不理解的也要执行。上司不允许下属议论思考，所指令事情的正确与否和应该与否的问题。

（3）上下之间等级森严。在这种上下关系没有改变之前，上司拥有绝对的权威。对下属可以任意气使颐指，下属除了听令还是听令，也不存在感到自己的尊严和价值被贬低，甚至还把这当做一种不可违抗的天命。“父打子不羞，官打民不羞”嘛。

（4）制度规章只有事先的警告作用。在这种文化中，也强调制定一些管理制度，但这种管理制度不过是一种事先的警告。它可以根据上司当权者的需要，随时随地调整。比如制度规定睡岗罚款30元，如果大老板碰上心情不好时，可把他大骂一通，罚款500元。如果大老板恰好有一个好心情时，他会说：“是太辛苦了，这次不罚款了，下不为例，以后注意吧。”

（5）没有不变的规则。在这种文化中，没有不变的规则。权大就是规则，权大的可以向下任意发号施令，没有人可以说这不符合授权控制的规则。凡是比他权小的人都只能绝对服从，他没有必要用一个规则来约束自己。

（6）被管理者只能成为驯服工具。权小者和无权者以忠为本，越权犯上是最大的不忠和无理。对于当权者，无权的下属就要“去我”，成为没有自我意识的驯服工具。

（7）高度重视秩序。这种文化强调秩序，认为秩序高于一切。不过其内容很简单，就是下对上的绝对服从。

2. 权本等级型文化的优缺点

权本等级型文化的优点，概括起来，主要有两点：

（1）这种文化能保证企业组织运行实现较高的效率。因为当权者一声号令，就可以让所有的人统一行动。因此，企业组织运行的效率相对较高。

（2）这种文化具有一定的凝聚作用。权小者和无权者对当权者的依赖和服从已被普遍认为是自己的天职。

权本等级型文化的缺点和局限也有两点：

（1）过分强调服从。从而导致对下属被管理者的积极性和创造性受到压抑，进而使企业很难通过创新，快速适应市场的变化来实现企业的持续发展。

（2）这种文化的企业组织运行风险比较大。企业整个命运和前途都由处于权力金字塔之尖的老板一人左右，老板的任何缺点和局限性都会被放大，并给企业带来灾难性的后果。众多企业一人决策失误而把企业推向深渊，就是种文化局限性的反映。

3. 权本等级型文化的现实形式

权本等级型文化，在东西方都有广泛的典型实例存在。老沃森时代的IBM的企业文化就是一种典型的祥和慈父式的权本等级型文化。

在东方世界儒家文化圈的企业中，有相当一部分都具有权本等级型文化的特点。因为儒家文化中的两个核心观念，直接是权本等级型文化的内在要求。一是“君臣父子”等级观念。它强调“唯上智与下愚不移”的上尊下卑。这也就是权本等级型文化的核心观念。二是强调权力价值高于一切，唯权是从、唯权是尊。这是权本等级型文化的行为准则。

权本等级型文化又可分为海盗霸权式、慈父关爱式、能人强权式、角色法权式四种现实形式。这四种现实形式，并没有实质上的区别。在强权文化中，只要下属无权者驯服、温顺，凶神恶煞的当权者也会像慈父一样，对下施以慈爱和保护。在慈父文化中，如果无权者下属犯上、不敬重当权者，慈父也会露出凶神恶煞的面孔。

在现实中，最典型的是角色法权式，其在现实中的一个非常广泛的变体——科层官僚文化，曾经受到马克斯·韦伯的高度肯定，并且还作过专门的研究。也正是他的这种研究和肯定使建立在这种企业文化基础上的科层管理，几乎在全世界统制了大半个世纪。

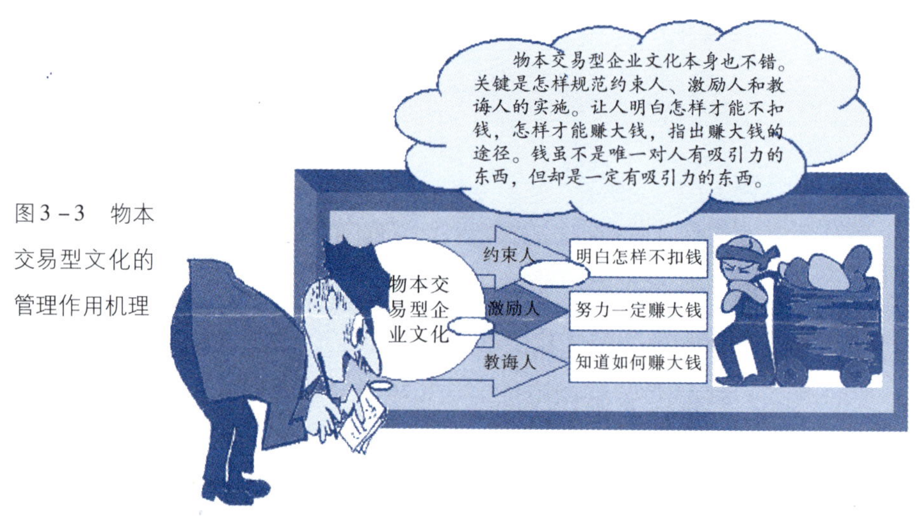

图3－3 物本交易型文化的管理作用机理

科层官僚文化与权本等级型其他文化的差别，仅仅在于处于高层的当权者在应用权力时所要受到的限制不同。在科层官僚文化中，上司只能对他的直接下属进行授权并进行指挥，不允许越级授权和越级指挥。除了这一特征之外，二者的特征完全一致，所以这种文化可直接划为权本等级型文化这一大类中。

四、人本人性化文化

人本人性化文化与无为出世型文化正好是处于对立的两极，无为出世型文化可以说是一种废我、无我的文化。而人本人性化文化刚好相反，是充分肯定自我、高扬自我的一种文化。这种文化充分肯定人的主体性和能动性，以及人生的价值和意义。强调以人为本，把人本身作为活动的中心，从而尊重人的价值和权力，承认人的地位和个性。

1. 人本人性化文化与前两类文化的差别

在这种文化中，人的种种欲望都能得到肯定，并认定任何人都有权力寻求所有欲望的满足。人本人性化文化与物本交易型文化不同。物本交易型文化只认定人的物欲价值和生理感官满足的价值，人本人性化文化所认定的人生价值比它的内容要丰富得多。它既包括表现为自身生命基本需要的满足的“有”的欲望价值，也包括自我价值得到实现的“能”的欲望价值，还包括价值判断实现的“善”的欲望价值。它认定人是一个伟大的存在，这种伟大既体现在生命的奇特可贵上，又体现在人生意志的力量和不可战胜上。

权本等级型文化在对人生价值的认定上，相比物本交易型文化有所发展，但仅仅是在物欲和生理感官满足的价值之外加进了部分“有”和“善”的价值内涵，它不承认人的尊严和个性。这一点是权本等级型文化与人本人性化文化最大的差别所在。

2. 人本人性化文化有四个共同特征

（1）强调民主参与。

认定民主参与相对于这个社会之中的任何一个个体，都是他应该享有的权利，并且也是人发展他的主体性，实现他的价值的前提条件。也就是说，这种民主参与为每个人价值的实现提供了条件，他可以根据自己的实际，选择自身价值实现的途径。民主参与这一特征刚好与权本等级的独裁专制相对立。独裁专制把大多数人排斥在价值判断和价值选择过程之外，是人的意志或叫做主体性的畸形发展，是人的这种主体性以与人为难的形式表现出来，让人只能在指令和服从两者之间进行选择。民主参与与这种独裁专制相反，它不允许独断剥夺大多数人发展实现其价值的机会，从而也就保证了任何一个欲有所作为，而又能有所作为的个体不会因为他人的压制而影响其自我价值的实现和自我价值判断的实现。

（2）强调平等合作。

认定每个个体要实现自己的价值，发展自己的主体性。虽然具有同等的机会，但单个个体单枪匹马、孤军奋战很难成功，必须与他人协力合作。没有他人的合作，个人的主观能动作用就要受到很大的限制。因此，合作成为人的价值实现和主体性发挥的一个前提条件。要有效地实现这种合作，就必须以平等为前提，即在平等的基础上进行合作。合作不能单方面地把自己的意志强加于人，不允许单方面地把自己的意志强加于人的平等，也就成了最有效合作的前提条件。每个人都为了自身的利益而与他人合作，但这种合作又不允许在任何意义上否定他人的利益。

（3）强调利己利人的统一。

这也就是说，既要求利己，但又不能损人，倡导利人也利己。既不赞同损人利己，也不高谈毫不利己、专门利人。自己不可能做到毫不利己、专门利人，同时也不奢望有谁能毫不利己、专门利人，为别人的利益牺牲他自己的利益而贡献于他人。认定每个人都只寻求自己的利益，认定自己的行为只服务于自己特定的目的和目标，这是天经地义的。只不过要强调的是，这种利己绝对不能以损人为前提。因为利己若损人，就是把自己的意志目标凌驾于他人之上。任何一个他人也都是有自己价值追求的主体性存在，不会容忍他人把意志强加于自我。因此，利己也利人则是最好的行为选择，即自己的意志努力不仅可以实现自己的意志目的，而且也可以为他人的意志目的实现带来满足。在通常的情况下，利人和利己这对矛盾是可以实现统一的。即在利人的基础上实现利己，比如受聘于董事会的总经理，只有当他为股东赚取足够多的利润，实现企业发展的同时，才能又使自己的才干得到发挥，实现自我价值。

（4）强调通过立法规范来协调各个行为主体之间的关系。

每个人都在寻求自己的价值和利益，这就使人与人之间不可避免地会发生冲突和对立，而这种冲突和对立又会反过来使这个社会的每个个体的利益和自我价值的实现受到制约。为了寻求每个个体的利益和价值实现的最大化，就必须通过一种所有个体都认同，并遵循的规则来约束自己的行动，从而使个体之间的关系得到协调，减少摩擦和对立。这种共同认同并遵循的规则就是企业的规章制度和伦理道德。

人本人性化文化可分为牛仔游侠式、诚信友爱式、民主平等式、公平竞争式四种。

第二章

企业文化建设目标模式模板的选择方法

任何一个企业组织所需要的都只是强势企业文化，即在企业管理中能起到激励员工、统一意志、协调行动作用的企业文化。这种功能作用，绝不是任何一种形式的文化都有的。相反，有些文化还会妨碍企业组织成员统一意志、协调行动，甚至会直接导致员工的意志消沉、人心涣散，腐化和分裂企业组织。正是这个原因，企业的文化建设，首先就必须对企业文化建设目标模式进行选择和设计，即对企业文化建设目标模式的性质特征进行规划，确定企业文化建设目标模式的基本内涵，描绘出强势企业文化的蓝图。因此，企业文化建设目标模式模板的选择就成了企业文化建设管理必须高度关注并必须做到位的一项重要工作。

一、不可选做企业文化建设目标模式模板的四种文化

所谓可选做企业文化建设目标模式模板的文化也就是能满足第二篇所界定的强势企业文化的七个基本要求的文化。在按照对人的价值、尊严、地位和个性认定程度进行分类分析的 11 种文化中，等价交换式企业文化、慈父关爱式企业文化、能人强权式企业文化、角色法权式企业文化、诚信友爱式企业文化、民主平等式企业文化、公平竞争式企业文化等七种模式，都可以选做企业文化建设目标模式模板，并通过完善补充而成为强势企业文化。

无为出世型文化、竞骗交易式企业文化、海盗霸权式企业文化和牛仔

游侠式企业文化，不能选做企业文化建设的目标模式模板。这是因为它们为模式模板仅仅进行完善和补充，是不可能成为强势企业文化的。无为出世型文化不能选做企业文化建设目标模式模板的原因，根据前面已分析过其特点和缺点就已明确。它完全否定人的价值、尊严、地位和个性，引导人们逃避自我意识，让人放弃在现实社会中的追求，而听天由命，甚至向往天国。因此，无法起到统一意志、协调行动、激励员工的作用，这里不再赘述。下面就其余三种不能选做企业文化建设目标模式模板的原因进行分析。

1. 竞骗交易式企业文化

这种文化不承认什么道，能到手的就是财，受骗是因为对方愚蠢；能从对方骗取金钱财物，这是我的聪明。以奸诈待人，是能骗就骗，能捞就捞，坑蒙拐骗，假冒伪劣，不择手段。在这种企业文化模式中，劳资之间、管理者与被管理者之间、员工相互之间，都以能欺骗对方，从对方手中得到用自己的“聪明”赚来的钱财利益为荣。任何两个人之间都是挖空心思进行相互算计，没有人有安全感，也没有人想到要与对方结成长久的联系，都是“一锤子买卖”，没有人希望会有第二次交易。这种性质的企业文化只会加剧企业组织内部的混乱，导致没完没了的矛盾和冲突，无法稳定组织成员及其相互关系，因而不可能对企业发展有任何推动促进作用。

图3-4 权本等级型文化的管理作用机理

2. 海盗霸权式企业文化

海盗霸权式企业文化的特点，主要可概括为以下三个方面：

（1）它没有让人广泛认同和尊崇的权力来源，即权力本身不具有合法性。在这种企业文化中，“皇帝轮流做，明天到我家”，是人们通常的心态。在这里无论采取什么手段，只要能赢得权力就行。通行的规则是成者为王、败者为寇。这种权力来源上的秩序被打破，致使权力等级变化变得极不确定，甚至是混乱不堪。

（2）它的权力运用也没有让人能把握和认同的规则。在这种企业文化中，翻手为云，覆手为雨。在这里要奴役任何一个人，不需要任何理由，只要他所握有的权力足够大，无论这种权力是由什么作为依据，甚至只是赤裸裸的暴力。因为组织成员没有统一的行为准则，从而使企业组织的统一步调，协调行动变得非常困难，因而使企业组织无法获得必须有的效率。

（3）人际关系特别紧张。在这种企业文化中，因为没有让人普遍遵守的行为准则，人与人之间相互算计、相互欺骗、相互倾轧变得肆无忌惮。没有人会有安全感，人人自危，甚至变得自顾不暇。因而使组织成员无法把自己的精力，投入企业发展的努力和贡献上来。相反，努力作贡献的人还可能成为人人都想吃一口的唐僧肉。

因此，这种性质的企业文化，也不可能对企业发展有任何推动促进作用。

3. 牛仔游侠式企业文化

这种企业文化，强调的仅仅是按照自己的兴趣偏好行事，做自己想做的，干自己感兴趣的事，因而能最大限度地挖掘人的创造性，发挥个人的能动性，但这种创造性和能动性仅是建立在个人英雄主义行为的基础上。组织成员则只是强调个人的价值、尊严、地位和个性要全面给予尊重，而不愿接受企业组织在行为活动中的配合和协调约束。像牛仔和游侠一样，崇尚个人英雄主义，喜欢单打独斗，即使抛尸荒野也心甘情愿。因此，它使企业组织作为一个整体所需的最基本的相互协作、相互配合、相互支持都难以实现。企业组织作为一个以效率和效益为基础的社会经济组织，既需要每一个人最大限度地发挥自己的能动性和创造性，又需要彼此之间相互配合、相互支持、相互协作。

牛仔游侠式企业文化，也并不是不尊重他人的价值、尊严、地位和个性，而是当自己的价值、尊严、地位和个性与他人的价值、尊严、地位和个性发生冲突时，从不愿作任何形式的退让，以通过妥协来保全组织整体，而是宁可撕碎组织整体也要保全自己的价值、尊严、地位和个性。任何一个社会组织都是由人构成的，完全不发生矛盾和冲突，是绝对不可能的事。一旦有矛盾冲突发生，企业就会四分五裂，企业组织的持续稳定发展也就不可能了。

正是由于这两个原因，决定了牛仔游侠式企业文化很难成为强势企业文化。

二、等价交换式企业文化

1. 等价交换式企业文化的特点

等价交换式企业文化，强调人与人之间的关系只有金钱物质利益一种，除了认定人们行为选择受金钱物质利益驱使的合理性之外，还特别强调“君子爱财，取之有道”。应该归我的，绝不轻易假人，不应该归我的，我也不取，在人与人之间遵循一种等价交换的原则。在这里，也并不是因为谁特别高尚，不想获得比给对方价值贡献更大的金钱物质利益，而是认定，维持一种诚实无欺的等价交换，建立和巩固长久的交换关系，会获得更多、更大的金钱物质利益。彼此之间，因为受到长久稳定联系需要的约束，谁都不会图谋通过欺骗的方式，从对方寻求更多的金钱物质利益。等价交换式企业文化的特点，除了具有物本交易型文化的 4 个共有特性外，还有以下 13 个方面的特点。

（1）金钱物质利益是任何两个人之间彼此相互联系的唯一纽带，谁都不会认同金钱物质利益之外的任何东西。

（2）无论是在企业内部，还是在企业与客户、合作伙伴或其他社会组织及成员或社会公众之间，都只是强调等价交换的原则，并且严格遵循，并且锱铢必较。

（3）相互之间都希望维持一个长久的等价交换关系，彼此诚实守信，从不存心欺骗对方，而仅仅谋求等价交换中应该获得的金钱物质利益。

（4）交易关系事清即结，强调笔笔清，完成一次交易就清算一次，相互之间尽可能互不欠账。

（5）交易关系的持续，是建立在没有外在诱惑的基础上，如果有更加优惠的第三方交易出现，使其中一方获得更多金钱物质利益，原有的交易关系，只要没有难以解除的协议约束，就会马上终止。

（6）在金钱面前，人人平等。没有不变的上下级关系，一切都是围绕金钱物质利益进行的，没有谁需要特别尊重，也没有谁会对另一个人特别尊重。

（7）人们尊重的也仅仅是金钱，受尊重仅仅是因为他有金钱，金钱就是尊严，没有金钱就没有尊严。

（8）一切都以金钱物质利益为核心，事物评价标准简化为能否带来金钱物质利益的满足。

（9）推动人行为选择的，就是金钱物质利益的最大化，能否达成一种长久稳定的交易关系，关键在于对方能否比第三方带来更大的金钱物质利益满足。

（10）在内部劳资关系上，实行严格的计件工资和有标准产出计量的计时工资，在企业老板一方，是干多少活，给多少钱；在员工一方，是给多少钱，干多少活。

（11）对于员工和活动于其中的社会，企业不承担等价交换应付金钱代价之外的任何责任，即使对方发生天灾，家毁人亡，也不会给予同情和帮助。

（12）企业老板享有完整的企业资产所有权，企业大小决策，老板一人说了算，没有任何人干预，也没有人能干预。

（13）其基本道德准则是：金钱为上，利益第一；等价交换，互不相欺。

2. 等价交换式企业文化的功能作用

等价交换式企业文化也有它特别的优点，这都包含在它的功能作用中。其功能作用，可概括为以下三个方面：

（1）激励作用直接、即时有效，可即刻调动企业组织成员工作上的积极性和热情。

（2）人际关系简单，人们都把心思放在最大限度地赚钱上，组织内耗低，效益高。

（3）调控管理容易，企业老板或上司主管的意图，可简单地通过金钱报酬的增减得到贯彻。

3. 等价交换式企业文化被选为企业文化建设目标模式模板的前提条件

这种企业文化，要选择为文化建设的目标模式模板，必须满足以下五个前提条件：

（1）企业经营范围小，不需要过多的外部合作和其他社会组织或公众的认同和支持。没有人会赞赏锱铢必较，唯利是图的人或组织，更不会有人为这种组织或个人提供发展的外部支持。

（2）组织结构必须简单，不能有过多的中间环节，否则就不能保证企业组织运行的效率。在企业组织内部任何一个中间层次的增加，都会导致应得金钱利益的被截留，进而损害这种企业文化赖以存在的基本原则——等价交换。

（3）企业经营的产品或服务相对简单，不需要投入什么复杂的脑力和智慧，仅仅有简单的技能和体力就够了。高素质的人才，不会仅仅盯住金钱物质利益，而可能会把自己价值的实现放在更重要的位置，从而会抵消仅仅建立在金钱物质利益基础上的激励机制的作用。

（4）企业内外部关系简单，不存在复杂多变的人际关系。否则，人际关系亲疏的不同，会使等价交换原则的维护变得困难。

（5）员工素质较低，寻求的主要是金钱物质利益的满足，没有金钱满足的价值需求之外的更大、更高的价值需要满足。否则，就不能保证金钱物质利益对他们所具有的激励诱导作用。

三、慈父关爱式企业文化

1. 慈父关爱式企业文化的特点

慈父关爱式企业文化，是建立在企业老板家长式权力基础上的一种企业文化模式，整个企业组织就像一个大家庭。作为家长的企业老板，对员工的工作、学习和生活各个方面的需求都有安排，都会提供保障，员工也乐意在老板家长式的照顾和控制下工作、学习与生活。其特点除了具有权本等级型文化的共有特性外，主要有以下 14 个方面的特性：

（1）在权力的形成上秩序井然，构成权力的依据——暴力、财富、舆论、信息和魅力，在企业组织内部，得到了广泛的认同和尊崇，没有人质疑所拥有权力的合法性。

（2）在权力的运用上井然有序，有让绝大多数人都认同的行为规则，下属员工对老板和上司主管的行为选择，能准确地预测，从而员工发挥主观能动性有了一定的空间。

（3）人际关系不再紧张，组织成员大都依据通行的规则行事，尽管这种规则仅仅在老板心里，可能并没有通过文字界定。

（4）组织成员一方面具有充分的安全，另一方面又都有获得自己价值需求和得到权力的正当途径，老板对每一个员工都公平对待，不偏袒。

（5）企业老板掌控着企业组织运行过程中的所有权力，所有管理人员，包括所聘的总经理、副总经理，都只是他的助手，老板仅仅通过指令临时授予一定的权力。

（6）企业老板对待下属员工都很仁慈，关怀员工，对下属员工就像对待自己的晚辈一样，在工作、学习和生活的每件事上，都作了周密的安排。

（7）被企业老板授权，承担一些管理工作的管理人员，相对于下属员工，也是慈父，不关怀体贴下属员工，不把下属员工当晚辈一样呵护的人，是不会授给权力的。

（8）下属员工都很尊重、爱戴他们的老板，也都驯服地按照老板的旨意行事，并且都能站在老板的立场上对老板的工作指令进行发挥。

（9）下属员工全面拥有工作、学习和生活上的安全，只要不是恶意忤逆老板，故意与老板作对，其工作、学习和生活都可得到保障。

（10）员工都满足被老板安排好了的工作、学习和生活，也都把老板当做自己的父母来依靠，不再有其他企求。

（11）企业组织就像一个大家庭，充满了温暖和温情，人际关系融洽，所有员工都在一个老板的关爱和控制下活动，没有什么矛盾和冲突并相互关爱。

（12）等级程序严明，任何犯上作乱，忤逆违抗老板的思想和行为，都是不能容忍的，任何忤逆违抗行为都会受到“家法”处置。

（13）下属员工不能谋求老板自主给予之外的权力，尽管争权夺利的行为也往往难以避免，但老板一般不会把权力授给争夺者。

（14）其道德准则是：关怀下属、体贴员工、尊上爱下、安分守己。

2. 慈父关爱式企业文化的功能作用

慈父关爱式企业文化的功能作用，主要有以下四个方面：

（1）企业组织权力集中，决策集中，运行效率高，对外部环境变化反应速度快，能有效地抓住多变的市场机会。

（2）企业组织成员都在一个慈父般的老板呵护和控制下，并且对他高度认同和信赖，企业有很高的凝聚力。

（3）员工与企业组织结成了紧密的依存关系，并形成了得失与共、荣辱与共的意识，容易形成共同愿景，容易协调活动方向，容易统一行动步调。

（4）员工归属感高，人员稳定，一般不会发生人员流动带给企业的发展危机。

3. 慈父关爱式企业文化被选为企业文化建设目标模式模板的前提条件

虽然慈父关爱式企业文化的功能作用很突出，但要选择为文化建设的目标模式模板，必须满足以下四个前提条件：

（1）企业发展稳定，能为企业组织成员提供工作、学习和生活全方位的安全保障。否则，人心就会发生动摇，企业组织就会濒临解散。被慈父呵护的员工只能共荣华，不能共患难。

（2）企业规模不大，人员相互之间交流比较充分，相互之间的情感融合、稳定。就像要保证一家人的和睦友好一样，单有家长由上而下地给予关怀和协调是不够的。

（3）企业老板有高度的社会责任感，能以保障员工的工作、学习和生活需求满足为己任。在企业发展与保障员需求满足之间发生冲突时，会毫不犹豫地选择后者。这就像家长只会选择卖房子满足全家人的生活需要，而不会卖儿女维持奢华的房舍一样。

（4）企业组织成员来源比较集中，并且与企业相距比较近，使员工家人都能得到企业老板仁慈之心的照耀，甚至一些员工还是一家多人在这个企业工作。否则，只要员工还有难以通过企业解决的困难，就不免让他们产生其他企求，降低企业的凝聚力。

四、能人强权式企业文化

能人强权式企业文化，是建立在企业老板具有超人能力基础上的一种企业文化。老板的超人能力构成了他对员工的绝对权威，整个企业组织由他这种权威笼罩着，企业组织运行也完全依靠这种权威来推动。

图3－5 权本等级型企业文化的特征

1. 能人强权式企业文化的特点

能人强权式企业文化的特点，除了权本等级型文化所共有的之外，还有以下16个特点：

（1）企业老板能力超人，在决策判断能力、社会交际能力、技术开发能力、市场开拓能力上，都有过人之处，是鹤立鸡群。

（2）老板的能力被员工高度认同，员工个个都很服气，不仅认可老板的能力，而且由衷地佩服，甚至把老板奉为自己的偶像。

（3）企业老板相对于员工不仅有很高的威望，而且可以成为依靠，带来所需利益的满足，在下属员工心中，老板不仅是明星，而且是救星。

（4）能人型老板手下的主管，也都个个身怀绝技，不一定能超过老板，但一定有超越他下属员工的能力。

（5）企业老板和上司主管对待下属员工都很严厉。任何事情都是说一不二，行事果断，言必行，行必果。

（6）下属员工对于老板，是言听计从，从不违抗，也不敢违抗，也从不敢私下揣度老板的意图，仅仅按照老板指令要求行事，不允许有微言大义的发挥。

（7）下属员工也都希望成为能人，并时刻担心被老板发现自己的无能和过失，工作认真而机械，态度积极，但精神紧张。

（8）员工工作作风雷厉风行，没有人怠慢，也没有人敢怠慢，任何拖沓怠慢行为都会受到斥责，工作效率高。

（9）在管理下属员工的方式上，老板可能简单粗暴，下属员工稍有不足，就可能招来一顿臭骂，老板不会把精力用在与下属员工的耐心沟通上。

（10）企业组织内部人际关系简单，除了服从还是服从，资源信息流动方向简单明了，从上到下，从下到上，不允许有任何形式的横向流动。

（11）等级程序严明，但只要下属员工有了超越老板的办法措施，让老板认同，老板不仅会宽宏大量，而且还会给予加倍奖赏。

（12）组织纪律严明，并且这个纪律直接是老板的指令，没有大篇的企业管理制度，老板的指令就是管理制度。

（13）下属员工没有充分的安全感，任何无能行为都会遭到老板的指责，甚至马上会被开除。

（14）老板对下属员工也没有什么同情心和关怀，下属员工的作用就是走狗，有兔子追着了就可得到一块肉，追不着，饿死也难以获得老板的同情。

（15）老板的指令都具体明确，不需要发挥和创新，下属员工的工作处于被动状态，不敢创新，因而缺乏能动性。

（16）其道德准则是：愚昧的蠢死、无能的饿死都是该死，没有人会怜惜。

2. 能人强权式企业文化的功能作用

能人强权式企业文化的功能作用也很明显，主要有以下四个方面：

（1）企业组织决策速度快，对外部环境变化反应及时，有助于抓住瞬息万变的市场机会。

（2）企业组织直接通过不容置疑的指令推动，反应快，行动有力，企业组织运行效率高。

（3）企业内部没有懒人和闲人的生存空间，能激励员工积极努力地按照指令工作。

（4）企业老板有无可置疑的权威，企业组织容易统一步调，协调行动，尤其是便于集中资源和力量进行突击性的工作。

3. 能人强权式企业文化被选为企业文化建设目标模式模板的前提条件

能人强权式企业文化，要选择为文化建设的目标模式模板，必须满足以下五个前提条件：

（1）企业老板必须有不容置疑的超人能力，员工从内心认同其权威性，并且其权威性没有人能动摇。否则，就不可能有能人的强权。庸人的强权，则只能靠暴力维持。这种强权是不可能维持企业持续快速发展的。

（2）中层管理人员队伍必须强大有力，每个人的能力强、悟性高、反应快。否则，老板的意志就会脱节，成为空谈。

（3）需要下属员工完成的工作必须相对简单，工作成效的好坏，与主观能动性的发挥没有关系，而仅仅与按照旨意努力的程度相关。否则，可能会因为与老板或上司的指令要求发生误差而导致冲突。

（4）企业规模不能太大。每一个角落的工作和事务，都能准确而完整地被能人老板所把握，不能有老板的权威照耀不到的地方。否则，管理层次变多，基层工作与能人老板的要求发生差距，就可能激起老板与下属员工之间的冲突。

（5）如果能人老板的权威性受到其他能人的挑战，整个企业组织运行机制就会发生混乱。

五、角色法权式企业文化

角色法权式企业文化，强调通过规章制度进行合法授权后，让岗位员工拥有推动企业组织运行的权力。在这里强调的是不允许有超越规章制度的特权存在，不允许对合法授予的权力挑战，企业组织运行的所有活动都必须遵照“法权”行事。这种企业文化可以说是儒家思想文化和法家思想文化这两种中国传统文化在企业管理中的演化与融合。

1. 角色法权式企业文化的特点

角色法权式企业文化的特点，除了权本等级型文化所共有的之外，还有以下 16 个特点：

（1）处于企业高层的都是特定方面的权威，都拥有一定的权力，使其他人不敢忽视，也不能忽视，企业组织运行只能依靠他们共同确定的管理制度来推动。

（2）在企业组织中，没有人能超越通过合法程序确立的企业组织运行管理制度的“权威”，企业组织的最高权威不是人，而是管理制度。

（3）企业组织运行活动的任何一个方面都有严格而完整的规章制度限定，任何一个个人都必须严格遵循，不能越雷池半步。

（4）企业决策在高层通过广泛沟通协商和妥协，在达成一致意见的基础上制定，除非时间特别紧急，否则一般不会按照少数服从多数的原则投票协调意见分歧和矛盾。

（5）处于企业组织高层的这一部分人员垄断了企业的所有权力，企业等级严密，上对下的控制一点儿也没有放松，更不会给予下属员工民主权利。

（6）企业决策稳重，任何一个决策都必须通过大量的沟通协商，甚至妥协才能达成，决策的速度慢，造成对外部环境变化反应的速度也慢。

（7）企业组织运行要维持一个庞大的管理队伍，决策的制定和制度的拟订、颁布和执行监督，都必须投入大量的人力和物力，管理成本高。

（8）企业组织运行井井有条，人人都做事，事事有人做，整个企业组织就像一台大型机器，一环扣一环，不紧不松，严密配合。

（9）岗位员工的工作职责明确而严格，他们也许并不明白自己工作的意义和作用，但必须无条件地按照标准要求完成，每个人都是管理制度限定下的齿轮和螺丝钉。

（10）岗位员工的能动性和创新都严格限定在制度规定的范围之内，只能按照事先确定的标准行事，不能标新立异。

（11）人际关系松散，彼此之间都不关心对方，人人都只管自己职责的履行，真正是“个人自扫门前雪，不管他人瓦上霜”。

（12）每一个岗位都有明确的任职条件要求，角色承担人是从外部招聘填充，还是从内部晋升提拔，都没有关系，也没有什么优先次序，谁最符合条件就选择谁。

（13）岗位员工之间有严格的等级划分，上下之间不允许有任何形式的越位，就像机器上的零部件一样，都有确定的精确度要求，超越与不及一样不能容忍。

（14）下属员工有比较大的安全感，没有大的过错，企业发展只要不发生危机，不会轻易解聘人。

（15）对外合作需求度低，态度冷淡，没有人积极寻求对外合作。外部组织和个人也都害怕它迷宫般的办事程序，若不是迫不得已，也没有人会寻求与之合作。

（16）其道德准则是：秩序规范，上智下愚，中庸稳重，不偏不倚。

2. 角色法权式企业文化的功能作用

角色法权式企业文化尽管存在明显的软肋，但其功能作用却也很显著。归纳起来主要有以下6个方面：

（1）决策稳重，虽然速度慢，难以抓住一些有价值的市场机会，但投机失误风险也很低，可以保证不发生重大决策失误。

（2）企业组织运行稳定，适用于经营周期长、生命周期也长并且需求规模大的产品，在稳步占领市场的同时，实现企业稳定发展。

（3）企业组织运行的步调依靠完善、全面的规章制度协调，精确度高，有利于协调配合严密的大件产品的生产经营和大型工程项目的组织。

（4）企业组织运行变得井然有序，无须领导人投入精力照顾，从而可以解放自己，使自己有更多的时间和精力，进行有关企业发展长期规划和规章制度的思考和制定。

（5）企业的发展不是靠少数能人来推动，对员工个性特征要求少，因而可以通过广泛的协作和集思广益，以集众人之力来成就少数能人难以成就的大事。

（6）企业尽管难以实现突飞猛进的发展，但只要所进入的行业产品市场不发生萎缩，就可保证企业持续快速发展。

3. 角色法权式企业文化被选为企业文化建设目标模式模板的前提条件

角色法权式企业文化，要选择为文化建设的目标模式模板，其前提条件也比较严格，主要有以下七个方面：

（1）企业产权相对分散，不存在企业所有权形成的特权所带来的干扰。否则，就不免发生企业所有者对企业组织运行的干预，从而导致对正常秩序的破坏。

（2）在企业的上层，为众多能人所共有的权力通过竞争，达成了平衡，不存在任何形式的特权人物。因为任何特权人物，都会破坏通过协商达成的种种约定，包括企业管理规章制度。

（3）企业组织从架构到每一个运行环节，都必须有完善、健全的管理制度，为员工提供行为活动的标准。否则，在规章制度中，只要存在任何一点空白都会导致衔接的混乱。

（4）作为员工行为活动标准的规章制度，必须经过专家的分析、设计和论证，使之具有充分的科学性和合理性，以保证相互衔接吻合和运行的效率。在规章制度中，任何一点衔接问题都可能导致企业组织运行发生混乱。

（5）企业规模必须足够大，有充分大的规模经济来支撑庞大的管理费用投入。企业组织运行秩序的实现，是要花成本的。如果这个成本不能得到补偿，企业组织不免会被拖死。

（6）企业所进入的行业市场稳定，产品生命周期长。企业组织对市场反应速度慢，所以只能进入不需要快速反应的行业产品市场。

（7）行业进入门槛高，不会有无赖分子来搅局。这种企业文化无法保证企业组织运行的敏捷性，就像大象难以斗过猴子一样。因此，如果有无赖分子搅局，它的优势也就不存在了。

六、诚信友爱式企业文化

诚信友爱式企业文化，强调尊重每个人的价值、尊严、地位和个性，并把自己的价值、尊严、地位和个性的实现，建立在对每个人的价值、尊严、地位和个性的尊重的基础上，使相互之间在价值、尊严、地位和个性的实现上，结成一种依存关系。因此，它是一种建立在团结、合作、尊重、信任基础上的高效团队取向的企业文化。

1. 诚信友爱式企业文化的特点

这一企业文化模式的特点，除了人本人性化文化所共有的之外，还有以下16个方面：

（1）强调个人利益和个人发展，对整体利益和整体发展的依赖，从不把个人利益和价值的实现凌驾于他人和团队组织之上。

图3－6 诚信友爱式企业文化的管理方式作用机理

（2）员工之间不分等级，一律平等，其价值、尊严、地位完全取决于他为企业组织所作贡献的大小。

（3）承认个人的价值和贡献，把企业的发展建立在每一个成员的努力和贡献基础上，但又强调通过谦虚礼让的伦理道德规则来遏制过分的个性张扬行为。

（4）人际关系融洽，相互之间都能严于律己、宽以待人，发生了矛盾和冲突，都能自主地通过平等沟通交流，寻求相互理解以缓解和消除。

（5）组织成员拥有高度的安全感，不存在背后算计他人的行为，每个人的精力都可集中于企业发展价值增值及积累目标的达成努力上。

（6）组织成员有具体明确的共同愿景，每个人都把个人愿景的实现建立在企业组织共同愿景实现的基础上，不允许存在与企业组织共同愿景不相容的个人愿景存在。

（7）高度的相互依存关系，使每一个成员都高度地尊重团队合作，把团队合作作为实现个人价值、尊严、地位和个性的途径和手段。

（8）企业组织内部没有成堆的规章制度，协调企业组织成员行为的仅仅是几条简明扼要的行为准则。

（9）让人遵循共同行为准则的措施，主要不是跟踪检查监督，或严厉的惩罚，而是依靠团队成员的认同和否定，被团队成员亲近、关怀、尊重、信任是最大的奖赏。

（10）企业组织中没有绝对的权威存在，决策制定严格建立在平等磋商、相互迁就对方价值判断的基础上，企业决策慎重但迟缓。

（11）组织成员对企业组织认同度高，成员相互之间认同度也高，企业的决策贯彻无须监督和跟踪，每个人都会积极努力，管理费用投入比较低。

（12）岗位员工都有自己专司的工作职责，但责任划分并不严格，任何个人，只要有精力和能力，都有义务协助、支持其他成员专司职责的履行。

（13）不仅在企业内部尊重每个人的价值、尊严、地位和个性，而且也尊重客户的价值、尊严、地位和个性，能高度理解客户、关怀客户。

（14）对外强调广泛建立市场战略伙伴关系，以结成战略联盟来为客户提供价值需求，也重视对外合作伙伴关系的发展和维护，可由合作达成的目标，就不会孤军奋斗。

（15）在与外部合作伙伴关系的处理上，强调重视合作伙伴的利益，不需要对方诉求，就会为合作伙伴的利益作出安排，强调谋求互利共赢基础上共同发展。

（16）其道德准则是：诚实守信，尊重关爱；友好互助，团队合作。

2. 诚信友爱式企业文化的功能作用

诚信友爱式企业文化，是一种让人非常向往的企业文化，它的功能作用很突出，主要有以下五个方面：

（1）企业组织真正能像一个生命有机体一样运行，企业组织成员彼此配合、相互支持，企业组织共同愿景与成员个人愿景高度一致，利益上的依存关系把每一个成员都完全融合在组织团队之中。

（2）组织团结、步调统一、合作充分，能高效地完成一些需要紧密配合的开发、开创性工作，愿景统一，意志目标一致，不需要外在强制来协调统一行动的步调。

（3）人际关系高度融洽，成员个人不仅拥有充分的安全感，而且心情愉快，人员高度稳定，彼此亲近、相互尊重、相互信任、相互关怀，成员个人的心理需求可在此获得比较充分的满足。

（4）企业组织为成员个人提供了充分发挥其创造性的外部环境，任何一个人的创造性都可以在团队成员的支持下，得到充分的发挥。

(5) 尽管决策速度并不是很快，但决策的贯彻执行可保证全面、高效，每个人都是做自己决策的事，责任心必然高，积极性也必然强。

3. 诚信友爱式企业文化被选为企业文化建设目标模式模板的前提条件

诚信友爱式企业文化，在很多方面都让人感到理想化了，似乎成了天方夜谭。但它并非是一种理想，在现实中也不乏有这种企业文化的典型实例。只要满足了它的前提条件，它完全可以成为现实，并且这些前提条件也不难满足，主要有以下四个方面的内容：

(1) 企业规模不能过大。如果过大，只能采取小企业基础上的邦联式战略联盟的形式来组织。因为这种企业文化有效运行的前提是成员相互之间能充分沟通。如果企业规模超过了企业组织成员充分沟通达成理解的规模限制，相互之间的亲近、信任和关怀关系就要打折扣，尊重也会变成一种虚礼。

(2) 成员个人都有比较高的个人修养，不仅看重个人的经济福利收益，而且看重生活的质量。否则，势必会导致不顾他人价值、尊严、地位和个性，而强化彼此之间的竞争。

(3) 企业组织内部的工作主要是表现为脑力付出的创造性劳动。每个人的工作都具有相当高的价值，并且是相互补充，谁也不能取代谁，使相互之间能够建立一种紧密的依存关系。只有彼此之间存在着高度的依存关系，才能让成员个人都尊重对方、信任对方、关怀对方，并保持与对方的亲近关系。

(4) 企业产权形式以共同投资的合作制为佳。不能存在外部所有者对企业的横加干预，以及从外部把意志强加于企业组织成员的事。产权占有上的不平等，或外部所有权的干预，都会造成企业组织成员的差异，有差异就不免导致相互依存关系的削弱。

七、民主平等式企业文化

民主平等式企业文化，强调成员个人的价值、尊严、地位和个性的独立。相互关系的协调主要是根据少数服从多数的原则由民主表决确定的制度规则来实现的，同时它强调每个人都有平等参与企业组织决策和管理的权力。

1. 民主平等式企业文化的特点

民主平等式企业文化的特点，除了人本人性化文化所共有的之外，还有11个方面：

（1）强调企业组织成员每个人都值得尊重，承认企业组织整体是为成员个人服务的，而不是让个人利益无条件地服从整体利益。

（2）企业组织与成员个人平等，强调企业组织整体的发展需要损害成员个人的利益，必须给予充分补偿。

（3）员工之间不分等级，一律平等，任何一个成员个人的价值、尊严、地位的高低，也都完全取决于他为企业组织所作贡献的大小。

（4）企业组织内部有完善而健全的规章制度，并且所有规章制度也都是绝大多数成员表决认可的，不像在角色法权式企业文化中那样，是由上而下强加的。

（5）人与人之间发生矛盾和冲突，不是由权威人物来调解，而是借助于事先达成的约定——规章制度来调和，解决的途径办法公开、透明，不存在暗箱操作。

（6）推动成员个人进行行为选择的是系统完整的奖励、惩罚制度，对于任何一个人也都是有功就奖、有过则惩。

（7）企业决策速度比较快，通过少数服从多数的原则进行民主决策，总比通过磋商妥协达成一致意见要容易得多，因而对外部环境变化反应的速度也比较快。

（8）企业组织成员每个人的利益都与企业组织整体的利益存在高度的依存关系，每个人都会为了自身的利益而相互监督，相互监督弥补了专门监督的投入不足。

（9）每个人，只要有精力和能力，都有义务协助和支持他人专司职责的履行，每个人既是一个齿轮或螺钉，但又不限于一颗齿轮或螺钉发挥作用。

（10）企业组织相对稳定，重视对外合作，并能按照互利共赢的原则来处理合作事宜。为了保证长远利益，在与商务合作伙伴的相互关系上，不会通过欺诈谋求短期利益。

（11）其道德准则是：关系平等互利、行为自由自主、整体利益优先、维护个人利益。

2. 民主平等式企业文化的功能作用

民主平等式企业文化，可以成为很多企业的企业文化建设目标模式选择，因为它具有以下五个方面的功能作用：

（1）适用大规模的企业组织，通过完善、健全的内部管理规范，可有效地对大规模企业的不同部分和人员的行动步伐进行协调，保证衔接的精确和效益。

（2）企业组织成员之间的关系在少数服从多数的原则下实现了协调，每个人的利益都得到了保障，员工的积极性和创造性可以得到充分的发挥。

（3）通过少数服从多数的原则来统一众多成员的意志、步调和行动成为可能，使规模巨大的企业，也有可能全面、充分地调动企业组织每个成员的积极性和创造性。

（4）企业组织成员个人利益都可通过组织整体利益的实现来实现，并且没有人能搭便车获得自己努力和贡献之外的利益，每个人为企业组织发展努力作贡献的积极性都会很高。

（5）能保证比较快地作出决策，使对外部环境变化的反应速度得到大幅度提升，以抓住市场机会。

3. 民主平等式企业文化被选为企业文化建设目标模式模板的前提条件

民主平等式企业文化，也不是任何一个企业都可选为文化建设目标模式的，它必须满足以下五个方面的前提条件：

（1）要有发达先进的沟通交流技术提供支持，以使企业组织成员在运用少数服从多数原则进行表决前，能充分有效地进行沟通交流。否则，简单的民主投票方式，是不可能保证成员意志表达的充分性的。意志表达不充分，以及被简单的多数压制导致的压抑和分裂也就难以避免。

（2）成员个人的需求已全面发展，都有比较高的参与意识，不仅仅只是为了金钱物质利益而依存于企业组织。除了金钱物质利益之外，必须有相当一部分成员个人把企业组织作为自己成就事业，实现自我价值的舞台。这样才能保证企业组织成员不会轻易、草率地投票而造成企业组织力量的削弱。

（3）在企业组织内部不可能消除差别，但必须保证由差别引起的矛盾可以通过沟通交流实现相互理解来缓解。否则，仅仅依靠少数服从多数的原则，是不可能有效地解决由差别引起的分歧和矛盾的。

（4）企业产权占有分散，或者企业所有权与经营权实现了比较彻底的分离，没有人用产权来压制他人意志的表达。否则不平等的地位，必然会导致企业组织成员之间的分裂。

（5）规章制度，必须严密而科学，即在交由企业组织成员广泛讨论之前，必须进行系统的设计和论证。否则，任何形式的遗漏，都不免导致企业组织运行的低效益和混乱。没有事先的设计和论证，单由表决是不可能获得规章制度的严密性和科学性的。

图3-7 民主平等式企业文化的管理作用机理

八、公平竞争式企业文化

公平竞争式企业文化，强调组织整体利益对成员个人作用和贡献的依赖，只有让成员个人最大限度地发挥潜能，才能保障组织整体利益最大限度地实现。组织仅仅是成员个人的舞台，其作用在于创造和提供这种舞台，并且这种舞台的造就和提升也要依靠成员个人。组织仅仅是为成员个人提供了一套完整公平的游戏规则，让成员在这套游戏规则中，通过公平竞争来实现自己的价值、尊严、地位和个性。成员个人不能达到这一目的的，则由成员个人用“脚”投票——自己离开来解决矛盾。

1. 公平竞争式企业文化的特点

这一企业文化模式的特点，除了人本人性化文化所共有的之外，还有以下 17 个方面：

（1）个人英雄主义的价值取向，人人崇拜英雄，并且是成者英雄、败者狗熊，失败就等同于低能和无用。

（2）强调公平竞争的机会均等，强调游戏规则能为每一个成员个人提供竞技的均等机会，在这里失败者不会抱怨他人，在机会均等的条件下，失败是自己的无能。

（3）成员个人所要求的机会均等的游戏规则，也就是完善、健全而科学的管理制度，是企业组织实现发展的基础。

（4）完善、健全而科学的企业管理制度，相对于成员个人具有优先性，任何一个成员个人都只能用“脚”选择，选择加入就意味着认同了企业组织这一套游戏规则。

（5）企业组织主要是通过一套健全、完善、公平、公正而科学的企业管理制度来吸引人，它从不向成员个人保证什么，无论什么利益，都得通过自己的努力来争取。

（6）游戏规则的制定，并不是基于少数服从多数原则上的全体员工表决，而是把握了社会发展方向和企业发展规律的高层管理团队和外聘管理专家智慧的结晶。

（7）企业组织成员个人之间关系平等，但这种平等并不是游戏规则制定参与上的平等，而是在同一游戏规则面前的机会平等。

（8）人际关系的融合程度不高，企业组织成员个人彼此之间都只是在共同的游戏规则约束下竞技，谋求自己的利益与价值、尊严、地位和个性的实现。

（9）游戏规则高度透明，没有暗箱操作，成员个人行为光明磊落，人际关系简单，没有拉帮结派、钩心斗角的必要，在游戏规则之外要手段只会遭人唾弃。

（10）完善健全的游戏规则，构成了企业强有力的激励机制，任何一个人只要没有选择离开，都可最大限度地发挥自己的能动性和创造性，以在竞技中获胜。

（11）在这里有失败者，但不会有失败者的抱怨，每个人都能以一种积极的心态对待失败，不会有人气馁，对自己在竞技中失去获胜信心的人，只能选择逃离竞技场。

（12）企业决策的制定，按照游戏规则有明确的细分，不同时段、不同内容的决策分别由不同岗位员工负责，不需要烦琐的画圈和投票表决，速度比较快。

（13）游戏规则需要人维护，因而需要一支强大的裁判队伍，虽然这会增加管理费用的投入，但可以通过规模经济和运行效率的提升来弥补。

（14）在这里每个人都是活生生的主体人，不是齿轮或螺丝钉被人决定，每个人都只是根据自己的实际来选择岗位，也都有机会在竞技中实现自己的价值。

（15）这里也不缺少协作，但这种协作不是靠成员个人的品德修养来保障的，而是靠游戏规则把竞技者诱导约束到协作的行为选择上来。

（16）在这里，没有人能搭便车获得自己努力和贡献之外的个人利益满足，在这里不仅弄虚作假会很困难，而且还会被人看不起。

（17）其道德准则是：个人奋斗，公平竞争；努力成功，失败耻辱。

2. 公平竞争式企业文化的功能作用

公平竞争式企业文化也是一种让人非常向往的企业文化，它的功能作用，可概括为以下五个方面：

（1）科学、公平、公正的游戏规则，保证了企业组织强有力的激励机制对企业组织成员个人的行为选择的诱导作用，并充分地保证企业组织步调的协调和行动的统一，使大规模的企业组织，可以有效地避免发生大企业的通病而导致的低效率和低效益。

（2）强有力的激励机制，能让每个人把自己的潜能和积极性、创造性发挥到最大，组织运行节奏快、效率高。

（3）成员个人是通过竞技自动淘汰，企业组织可直接成为不断新陈代谢的生命有机组织，以此保障企业组织旺盛而持久的生命力。

（4）做什么，不做什么，主要是由员工个人自己选择决定，人际关系简单，个人自主程度高，不会被人际关系的矛盾分散精力，人际关系上的矛盾，不仅发生得少，而且也不会被积累起来。

（5）决策集中进行，制定速度快，能保证对外部环境变化的反应速度，不会因为决策缓慢而丧失市场机会。

3. 公平竞争式企业文化被选为企业文化建设目标模式模板的前提条件

尽管公平竞争式企业文化有很多让人动心的功能作用，但它要成为强势企业文化，必须满足以下六个方面的前提条件：

(1) 企业组织有一个强大的经营管理中枢，能对企业赖以存在的游戏规则提供有力的监护和优化。其构成人员要求素质高、相对稳定，而且其构成和变换也都依严格的游戏规则行事。经营管理中枢的构成是一个人，还是一群人，都无关紧要，关键是能对游戏规则的形成、贯彻和完善起到保护支持作用。

(2) 构成企业经营管理中枢的企业领导人，有较高的规划能力，能对企业的发展适时作出判断和设计，保证企业发展的方向正确无误。否则，企业组织没有一个让人向往的发展前景，仅仅一个公平的游戏规则，是很难引来“角斗士”的。

(3) 企业领导人能自主地克服自以为是的心态，并善于利用外脑服务于企业的发展规划的设计论证，以及企业组织运行游戏规则的不断完善和优化。否则，在企业发展方向的把握和游戏规则的制定上，稍有差错和挫折，就可能让企业组织成员失去信心，导致企业组织的瓦解。

(4) 企业规模足够大，能为成员个人提供多方面的展现其自我价值的机会和舞台，并且还要能保持稳定发展，以便能为成员个人提供发展机会。否则，企业组织凝聚力就不免下降，从而致使企业发展因为人心离散而发生危机。

(5) 表现为规章制度的游戏规则必须高度完善、健全，能为成员个人提供完善、健全、公平、公正、机会均等的竞技场。因为高度完善、健全、公平、公正的游戏规则是吸引和凝聚企业组织成员的核心引力之所在。

图3－8 公平竞争式企业文化的管理作用机理

(6) 企业领导层中的每个人都必须严格约束自己，保证不发生游戏规则制定人自我破坏游戏规则的事。游戏规则权威的丧失，也就是人心的丧失。没有具有权威的游戏规则，无论公平与否，都不会对他人产生吸引力。

九、企业文化建设目标模式模板选择必须注意的问题

可选做企业文化建设目标模式模板的七种企业文化模式，在功能作用上存在很大的差别，在文化建设过程中进行目标模式模板选择，首先必须准确把握这些差别，这是对应企业实际进行选择的根据。

可选做企业文化建设目标模式模板的七种企业文化模式不仅在功能作用上不同，而且能起到推动促进企业持续快速发展作用的约束条件也不同。也就是说，只有当它的约束条件全面满足，它才能起到推动促进企业持续快速发展的作用。这些约束条件也就成了该种企业文化模式能对企业持续快速发展全面起到推动促进作用的前提条件。因此，在文化建设的过程中进行目标模式模板选择，准确把握每一种可选企业文化模式对企业持续快速发展全面起到推动促进作用的前提条件，是对应企业实际进行选择的又一个重要根据。

因此，在企业文化建设目标模式模板的选择过程中，必须紧密关注这两个根据，并保证其所选择的模式模板与企业组织的实际充分对应吻合。否则，势必因为这一选择的失误而导致企业文化建设受挫或走弯路。

第三章

企业文化建设的要素构建实施方法

要保证所构建企业文化能对企业持续快速发展起到推动促进作用，实现企业文化的作用，企业文化建设的要素构建是关键。也只有当企业文化建设的要素构建，不仅充分满足所设计完善的目标模式的要求，而且其构成的各个层次的各个要素健全完整，它才可能起到推动促进企业持续快速发展的作用，企业文化对企业发展的作用最终要通过企业文化的各个构成要素的作用实现。

如果说企业文化建设目标模式设计完善是绘制了企业文化建设的蓝图，确立了作为企业文化构成元素复制因子的集合选择标准。那么企业文化建设的要素构建，则是按照蓝图进行企业文化建设工程的原料、构件的生产、构制，按照企业文化的构成层次和构成要素，对构成元素——复制因子进行选择、创构，确定企业文化集合的复制因子的内容和形式。任何一个工程，如果原料、构件不达标，其工程质量就是空谈，作为企业文化建设的企业基因工程也是如此。

如何才能保证企业文化建设原料、构件的生产、构制与目标模式要求相符，这是本章要讨论的问题。对这一问题的解答也就是对工程项目进行结构分解，明确工程项目的原料和构件的种类、数量、质量要求，并在确定其相互关系的基础上，把它们生产、构制出来。但这里的企业文化构成要素的设计、构建仅仅是其构成要素内容的文本文案的完成，还不是现实意义上企业文化构成要素的设计、构建完成。没有付诸运行的文本文案，无论内容如何完善，只要还没有转化为人的行为活动之前，也就只能是纸上谈兵。但这种纸上谈兵对于重大战役的组织实施，却是至关重要的，“谋定而后动”是兵家取胜之道。作为儒家宗圣的曾子在《大学》中特别强调：“知止而后有定，定而后能静，静而后能安，安而后能虑，虑而后能得。”只有明确了目标，才能坚定志向，才能心不妄动，才能安于所处而信守目标，才能把自己的潜能充分发挥出来，并有所作为。所以完成企业文化构成要素内容的文本文案，则是做“谋定而后动”，“安而后能虑，虑而后能得”的功夫。

一、企业文化的内部结构集合分析

1. 企业文化构成理论用做企业文化内部结构分解的条件

企业文化的内部结构分解工作可直接借助企业文化的构成理论完成。但并不是任何一种企业文化构成理论都可用做企业文化内部结构分解，能起这作用的企业文化构成理论必须满足以下四个条件：

（1）元素、要素、构成部分分解明确，就像建筑一座大桥一样，是用沙子、水泥、钢筋，还是木头或竹竿，以及由几个桥墩、桥梁构成，都必须有明确分析界定。

（2）能为实施的进程设计提供指导，即从何处动工，经过哪些环节，在何处完工，能从中找到明确的思路。

（3）结构层次关系清楚，就像建筑钢混大桥一样，能分成基础、构件、吊装、焊接几个大的阶段，能对企业文化建设的实施提供过程的阶段划分和过程控制的支持。

（4）各个构成部分在结构上的外延边界清晰，能确定各个构成部分的交接边界，明确各个构件在何处衔接及如何衔接。

本书在第一篇中介绍了四种企业文化构成理论，可以说都难以满足以上四个条件的要求。主要问题是都存在把文化载体与文化本身混为一谈的理论局限，把不是工程建筑原料和构件的内容也夹在其中，就像在平原上建一条高速公路，却设计为盘山而上，总不能让人把山当做原料、构件生产、构制出来吧。满足企业文化内部结构分解四个条件的企业文化构成理论，笔者在1997年出版的《管理学新原理——卓越管理的理论和方法》一书中作过分析，它包括四个层次、九个要素。如果把企业文化当做一个集合，这个集合就包括有四个一级子集、九个二级子集。一级子集就是企业文化的四个层次的结构，二级子集则是企业文化的九个构成要素，下面分别进行说明。

2. 第一个一级子集

第一个一级子集：企业文化核心层，它只有一个二级子集，即一个构成要素——价值观念。它是企业文化建设工程实施的开工起点，同时也是决定企业文化的性质和风貌的复制因子集。

3. 第二个一级子集

第二个一级子集：理论层，它是构成企业文化的第二个层次，这个层次的作用是对企业文化核心层的价值观念进行理论论证，由可赋予企业文化核心层的价值观念以征服人心的逻辑力量的复制因子构成。它包含两个二级子集，即伦理哲学和科学技术。

（1）伦理哲学，由论证、说明人与人之间应有关系的复制因子构成，其内容是解答价值观念所界定的各种关系性质的合理性和必然性何在，以及为什么会是这样的性质的问题。

（2）科学技术，由论证、说明人与物之间应有关系的复制因子构成，其内容是说明价值观念所界定的人与物之间应有关系性质的合理性和必然性何在，为什么会是这样的性质。企业的生产经营离不开物，只有科学技术才能说明企业生产经营过程中人与物的关系的合理性和必然性。

价值观念无所谓科学不科学、合理不合理，只要组织成员接受、认同、遵循即可，但要保证它能被组织成员长久地接受、认同、遵循，就必须有理论层的支持，只有充分的合理性和必然性才能给人以长久地接受、认同、遵循的理由。

4. 第三个一级子集

第三个一级子集：企业文化实体层，它是由企业文化理论层所论证的，具有充分合理性和必然性的价值观念，具体到企业内部的各个层次、各类人员行为活动标准和规则的复制因子构成。企业组织成员仅仅认识到价值观念的合理和必然还不够，必须把它变成所有人的行为规则，并且是具有可操作性的行为规则，企业文化核心层的价值观念才能形成管理作用。

它包含四个二级子集，即实体层的四个构成元素——流程标准、规章制度、伦理道德和风俗习惯。

（1）流程标准是指企业生产经营的具体方式，是企业组织运行的过程要求限定，是对企业组织成员在企业组织运行过程中的具体行为方式的界定，其内容由对应设定人的行为方式方法的复制因子构成。

（2）规章制度是用文字界定的企业组织成员的行为规则，它不仅要体现企业文化核心层的价值观念的要求，而且还必须界定违背其要求者的责任，其内容由对应说明行为规则违背责任的复制因子构成。

（3）伦理道德是价值观念具体化形成的人与人之间关系的弹性规范，是把不必用制度强行限定的行为，通过伦理道德进行限定的一种软约束，其内容由对应说明企业组织运行过程中应该有的伦理规范复制因子构成。

（4）风俗习惯是企业内部形成的相对固定的行事方式，是让行为主体不再感到约束存在的一种自我潜意识约束，其内容由已经进入行为主体潜意识的企业组织运行过程中应有的行事规则复制因子构成。

5. 第四个一级子集

第四个一级子集：表象层，它是企业文化的外在表现形式的存在层次，是把企业文化核心层的价值观念及其具体化的行为规则表现形象化、艺术化的复制因子集。其功能作用是把企业文化核心层的价值观念及其具体化的行为规则，转化为让人喜闻乐见，并能潜移默化地嵌入企业组织成员的潜意识之中。

它包含两个二级子集，即形象艺术和语言艺术。

（1）形象艺术是把价值观念及其具体化的行为规则用无声的语言表达形成的企业标志、徽章、建筑、环境、服饰、舞蹈、绘画、仪式、典礼等。

（2）语言艺术是把价值观念及其具体化的行为规则用具有感染力的语言表达形成的故事、诗歌、格言、标语、口号、歌曲等，是企业文化进入耳朵的语言。

二、价值观念集合的特征分析

价值观念是由对于现实中种种关系进行价值判断和善恶取舍的复制因子构成的集合，其构成元素数量极大，可以说是一个无限集。因为它涉及的关系范围广泛，而界定每一种关系性质的复制因子也会众多，并且在内涵上既有关联又有差别；它作为判断事物标准的价值观念必须对应于每种事物的每一种性质，事物多种多样，性质也就多种多样，而界定其性质又需要从多维度进行，所以其复制因子也就难以胜数了。由于不可能把它们都罗列出来，就有了归纳、整理、提炼的工作。这种归纳、整理、提炼工作就是精选，即把能突出特点、显化重点的复制因子精选出来。

一般情况下，价值观念归纳、整理、提炼的目的有两个：

（1）强化文化的管理功能，使之对企业组织成员能起到统一意志、协调行动、激发热情的管理作用。在这种情况下，其选择强调的是缺什么补什么，就像生病后的饮食调理一样，有针对性地显化和强化企业组织中模糊和淡化的事物评价标准。

（2）强化文化的个性和识别功能，使文化能起到强化个性特征，突出此企业与彼企业的不同的作用。在这种情况下，其选择就是什么能体现这个特定企业的不同就选择什么。这是 CIS 设计的思路。

当然这二者也可以统一起来，有所兼顾。所谓精选，强调的是所选择的复制因子的代表性和典型性，在文化建设思路中则是强化重点，以点带面，不尽其余，在 CIS 设计中则是突出特点，特意放大，抓住眼球。

价值观念的传播与企业文化的传播几乎是同一概念，价值观念的传播也直接是复制因子的再复制。因为复制因子传达了善恶取舍的信息，回答的是什么是对的、什么是错的、什么是善的、什么是恶的等问题，每一个问题的每一个回答方式都是一个复制因子。这种再复制不是简单地传递一个信息束，让传播对象认知这个信息束，而是要让传播对象认同这个信息束所传递的指令内涵，并遵从它行事。因此，价值观念传播的关键是与传播对象形成互动，以使所传播的体现特定价值判断和善恶取舍的复制因子能与他大脑里原有的复制因子形成共鸣。很显然，其前提是传播对象能把所传播的复制因子再复制到他的大脑里，让这个复制因子完整地在他大脑里印刻下来，即先知才可能行。

而一个人的价值观念一旦确立，便会自动趋于稳定，甚至形成偏执，所以在一般情况下一个人的一定观念受到指责和批判后，都会不由自主地进行辩护，甚至找不到理由辩护也要强词夺理编造谎言进行辩护。这就更不用说这种价值观念已经形成了与之对应的思维方式和行事习惯。相对于一个人，一定价值观念一旦形成了与之对应的思维方式和行事习惯，它也就成了他的人格体现和精神支柱，任何与之稍微相异的复制因子都会受到抵制。佛教社团中见诤难断的原因也就在此。佛家僧众的行为规范六和敬（注：六和敬是佛教徒修行的一种方法，其内涵：一是身和同住，平等共居，和合共住，在行为上，不侵犯人，相处和乐，同作佛事，身业清净，彼此互助、尊重、包容，相互照顾；二是口和无诤，在言语上，和谐无诤，语言亲切，共同信佛、赞法、敬僧，语业清净，说话恳切，言语柔和，和平共处；三是意和同悦，在精神上，志同道合，心胸豁达，共同追求佛法真理，不比较人我得失，不计较是非利害；四是戒和同修，在佛法面前，人人平等，进退有节，仪礼有据，行住坐卧之中，威仪庄严；五是见和同解，在思想上，建立共识，思想统一，如理通达，舍去分别执著，以求得共识为要；六是利和同均，在经济上，均等分配，不论是经济上的财利，或知识上的法利，大家受用均等）中的第五敬（见和同解）强调的就是在思想上，建立共识，能如理通达，舍去分别执著，彼此见解一致，但很多僧人仍总不免执著于自己对佛法的理解，否定他人理解的合理性，所以见诤不断。之所以如此，是因为价值观念是具有刚性的复制因子。它成为一定个人的价值观念后，就不再是一般意义上的复制因子了，不再仅仅是一种包含有确定内涵的信息束，而是作为事物判断标准践行过的信息束，甚至是构成其行为活动准则和依据的信息束。

就一定企业的共同价值观念而言，也是如此。企业不是一个空泛的概念，它是由一个一个的人组成的。尽管由于其组成成员的更替和环境的变化，其共同价值观念会随之不断变化，但是如果没有一定极具冲击性的事件发生，这种变化是非常缓慢的。因为相对于特定企业，共同价值观念直接是这个特定企业的灵魂。

三、企业文化核心层的价值观念必须涵盖的九大关系

要进行企业文化建设，很多人都明白要归纳、整理、提炼一些格言、警句以界定价值观念，作为企业组织统一的指导思想和行为规则。但这些价值观念究竟应该包括哪些方面的内容，没有人专门进行过这种研究，也没有一个统一的标准。企业是存在于一个大社会之中的一个小社会，这就使它处于一种关系错综复杂的地位。企业组织的四个内部环境活动主体和四个外部环境活动主体，共同构成了企业发展的关联主体，企业文化核心

层的价值观念的设计、构建就是对这八个关联主体的相互关系进行界定，确定性质，明确边界。就企业发展的利益关联主体之间的关系分析，最重要的概括起来有以下九个方面：

1. 投资者与劳动者的关系

这种关系也就是投资者与劳动者的关系。这里的劳动者仅仅是指一般员工，不包括经营管理人员，尽管经营管理人员也是劳动者，是承担更大责任的脑力劳动者。这种关系是一种相互依存关系，投资者必须通过劳动者的努力和贡献实现其资金的增值。劳动者又必须通过投资者为他们提供的劳动条件，进行现实的劳动以实现自我价值，包括获得养家糊口的经济收入。当这二者之间的关系失衡时，这种相互依存关系就会受到破坏，使双方的利益都蒙受损失。从各自的长远利益考虑，必须保持这种关系的平衡，这也就需要确定特定价值观念，对双方进行约束，以保证这种关系的协调。

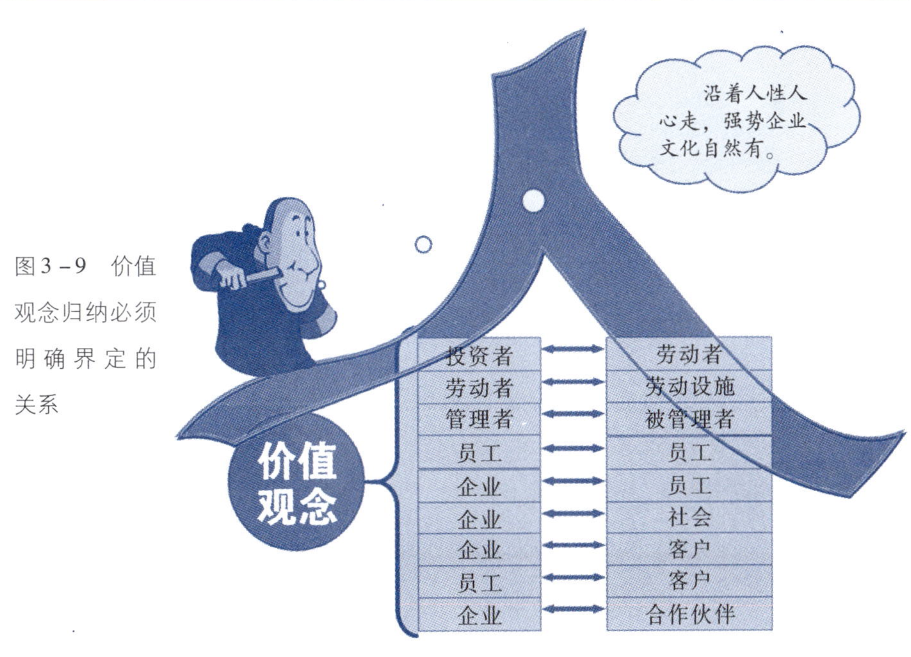

图3－9 价值观念归纳必须明确界定的关系

2. 劳动者与劳动设施的关系

这种关系也就是马克思所分析的劳动者和劳动条件的关系。劳动设施是投资者交由劳动者使用，并用以达成二者目的的手段和工具。一方面它作为一种投资，是投资者获得投资回报的手段；另一方面它作为劳动得以进行的条件，又是劳动者为投资者创造应有回报，并让他个人演绎人生，获得生存发展的手段。但在现实中，这种关系扭曲时，工人往往不免把对管理人员的不满转换为对机器设备的仇恨，因而破坏机器以泄恨。因此，必须有价值观念为协调这种关系提供准则。

3. 管理者与被管理者的关系

管理者的身份存在一种二重性，既是投资者所雇佣的劳动者，又是代表投资者利益的代理人。管理者必须通过被管理者来做好工作，一方面为投资者赚取足够多的投资回报，另一方面又通过被管理者做好工作来放大自己的能力，实现自我价值。因此，管理者利益的实现，必然依赖于被管理者积极性和创造性的发挥。被管理者也必须通过管理者的协调和组织来保证自己工作的有效性，并最终通过这种有效性来获得生存发展资料和实现自我价值。这种关系的失衡最终会让企业蒙受损失，所以必须有相应的价值观念来保证这种关系的平衡。

4. 员工与员工相互之间的关系

这种关系应该是一种平等合作的关系，可往往会因为员工个人的特殊利益而被打破。一部分员工或某个特定的员工因为所拥有技能的相对稀缺性而高估自己的作用和地位，进而把自己的利益凌驾于另一部分员工之上。当这种情况发生时，这类具有特殊地位的员工在工作中就会受到另外一部分员工的不合作及抵制，致使相互之间把更多的精力都用到算计对方上，进而给企业的持续快速发展造成阻碍。因此，必须确定协调这种关系的价值观念。

5. 企业作为一个整体与员工个人的关系

这种关系也是一种相互依存的关系。前者依赖后者，只有后者都圆满地履行了所充当角色的职责，前者才能获得成为整体和全局的地位。后者也依赖前者，后者所发挥的作用必须在前者这个全局、整体中体现，才会有价值。因此，必须有相应的价值观念来协调这二者之间的关系。

6. 企业作为一个整体与它所存在于其中的社会之间的关系

作为小社会的企业，发展所需要的资源，包括人力资源、资本资源、物质资源等，都得由小社会所存在于其中的大社会提供。大社会又需要小社会作为细胞为它带来活力。但这种关系在现实中，更多的表现为企业与政府之间的关系。这种关系的失衡也就是走向极端：或者是政府竭泽而渔，向企业进行不合理的摊派，掠夺企业的经营资源，造成企业经营的困难。或者是企业不为保障政府职能的实现提供应有支持，偷税、漏税等，致使企业赖以生存和发展的基础设施和物质环境无法改善，企业发展也受阻。由此可见，这二者之间是一种依存关系，从而也就必须有相应的价值观念来协调这种关系。

7. 企业作为一个整体与客户的关系

这种关系也是一种相互依存的关系，但它不是一种平等的依存关系。作为一个单个个体的客户除非拥有需求上的一定的垄断地位，否则不免会在这种关系中始终处于弱势。因此，总有企业生产假冒伪劣产品，坑害客户的事件发生。但企业对客户的欺骗，只能是暂时的，当客户被欺骗后对企业失去最基本的信任时，这个企业的末日也就来临了。因此，必须通过一定价值观念来协调这二者之间的关系，才能保证企业持续快速发展。

8. 员工个人与企业客户之间的关系

有一句企业老板和高管挂在嘴边的话，“客户是上帝”。客户是企业的上帝，是老板的上帝，不一定是员工个人的上帝。但客户所需产品或服务，往往是由企业的员工提供。员工却不直接依存于客户，尽管众多的企业老板和管理者不断向员工灌输“客户是衣食父母”之说，但要让员工真正把客户当做上帝，除了老板和管理者把员工的利益，直接与客户的利益关联起来之外，就必须有相应的价值观念来引导员工的行为，让员工把客户当成上帝。

9. 企业与供货商、经销商、银行等合作伙伴之间的关系

这一对关系，则完全是一种平等的依存关系，任何一种形式的欺诈都不会长久。为了相互之间的长久合作的利益，就必须有相应的价值观念来协调这种关系。

企业文化核心层的价值观念所涵盖的内容，如果细分，远远不止这九种，《企业文化核心层价值观念归纳、整理、提炼分析表》（见表 3－1）中就列出了 18 种。但企业文化核心层的价值观念的梳理、归纳首先必须对这九种关系的性质做出界定。

四、企业共同价值观念形成的四条途径

企业组织成员个人的价值观念，不等于企业文化核心层的价值观念。企业文化核心层的价值观念，是企业组织成员共同的价值观念。即使是企业老板，他个人的价值观念尽管可通过长期沉淀转化为企业文化核心层的价值观念，但只有当这个老板的权威和个人魅力充分大时，才能通过一定时间作用于员工，逐渐形成。

自主地进行企业文化建设，企业文化核心层的价值观念的归纳、整理、提炼，首先体现的是归纳、整理、提炼者个人的价值观念，当然包括企业领导人的价值观念。所以企业文化核心层的价值观念这一要素的设计、构建不是一个简单的归纳、整理、提炼的问题，而是在归纳、整理、提炼之后，如何实现由个人的价值观念向共同价值观念的转换问题。其达成转换的途径有四个：

1. 利益诱导

对某种价值观念的认同和遵循，必须对应给予所需价值满足的激励，来诱导更多的人认同和遵循这种价值观念。“楚王好细腰”是选入小学课本的一个历史典故。“昔者楚灵王好士细腰。故灵王之臣，皆以一饭为节，胁息然后带，扶墙然后起。比期年，朝有黎黑之色。”为什么朝中的大臣，惟恐自己腰肥体胖，都每天吃一顿饭以节制自己的腰身，每天起床后，整装时先抵制住呼吸，然后把腰带束紧，以致后来瘦弱得扶着墙壁才能站起来呢？因为楚灵王的好包含有利益，包括加官晋爵、财物赏赐、亲近输宠，所以楚灵王的价值观念，很快成了满朝文武大臣的价值观念了。

2. 榜样示范

在一定的社会中，地位相对较高的人的思想行为，往往使地位相对较低的人会不由自主地模仿效法。因为地位相对较高的人的思想行为代表一种成功的思想行为。因此，要把所归纳、整理、提炼的价值观念转化为共同的价值观念，企业老板、高管必须先念先行，把所归纳、整理、提炼的价值观念作为口头语时时讲，同时按照其要求行事，因为企业老板、高管相对于普通员工来说就是成功者。

3. 从众濡染

有一则幽默故事：一位石油大亨死后到天堂去参加会议，他进会议室时发现已经座无虚席，于是他灵机一动，大喊一声："地狱里发现石油了！"这一喊不要紧，天堂里的人纷纷跑向地狱。很快，天堂里就只剩下大亨自己了。这时，大亨心想，大家都跑向地狱，莫非地狱里真的发现石油了？于是，他也急匆匆地向地狱跑去。从众濡染就是这样实现的，甚至自己编造的谎言让众人信以为真后，他自己也会把它当成真。

4. 反复说教

被反复、重复灌输的思想观念，哪怕与事实对立也往往会被人当成真。"重"和"出"是两个会意字。重：由"千"加"里"构成，意指千里之遥，是出行了，应该念"出"；出："山"上加一"山"，意指重得不能再重了，应该念"重"。从六书会意的角度分析，这两个字肯定念错了，可当人们反复如此，错也成对。谬论重复一千次也就变成了真理，所以要实现由个人归纳、整理、提炼的价值观念向共同价值观念的转换，反复说教是重要途径。

五、企业共同价值观念形成的四个阶段

要让所归纳、整理、提炼的价值观念为企业组织成员所认同、接受、遵循，转化为企业共同价值观念，这不是一朝一夕的事，至少得经过四个阶段：

1. 归纳倡导阶段

即企业高层领导者对前面所分析九对关系有了一定认识之后，在自己的头脑中形成了协调相应关系的标准和要求，这就形成了他个人的价值观念。由他主导，把在他头脑中形成的协调这相应关系标准和要求的思想进行归纳、整理、提炼成格言、警句这样的复制因子，并由他不断地向他人讲这些格言、警句所体现的价值观念，以让他人认知、理解这些格言、警句复制因子所承载的信息指令，这就是倡导。任何一个价值观念都不会从天上掉下来，必须有人倡导，并且倡导者必须有一呼百应的影响力，否则只会有倡无导。这就决定了企业老板和高管在企业文化建设中的地位和

作用。

2. 宣传泛化阶段

这时企业的大多数人，已了解了企业高层领导者所倡导的价值观念，也大体把握了其内在含义，但怎样与自己的行为对应起来，没有明确的思路，更不知道怎样用来对事物进行评价和判断。这就需要把格言、警句复制因子所承载的信息指令，通过演绎，创造一系列的复制因子来注释说明这些格言、警句复制因子所承载的信息指令的要求，重点是通过典型事件的策划创构特定复制因子来泛化。海尔张瑞敏抡铁锤砸向质量不合格的冰箱，就是对质量是企业的生命这一价值观念的泛化。海尔砸冰箱也就成了一个极具影响力的质量意识宣贯复制因子。

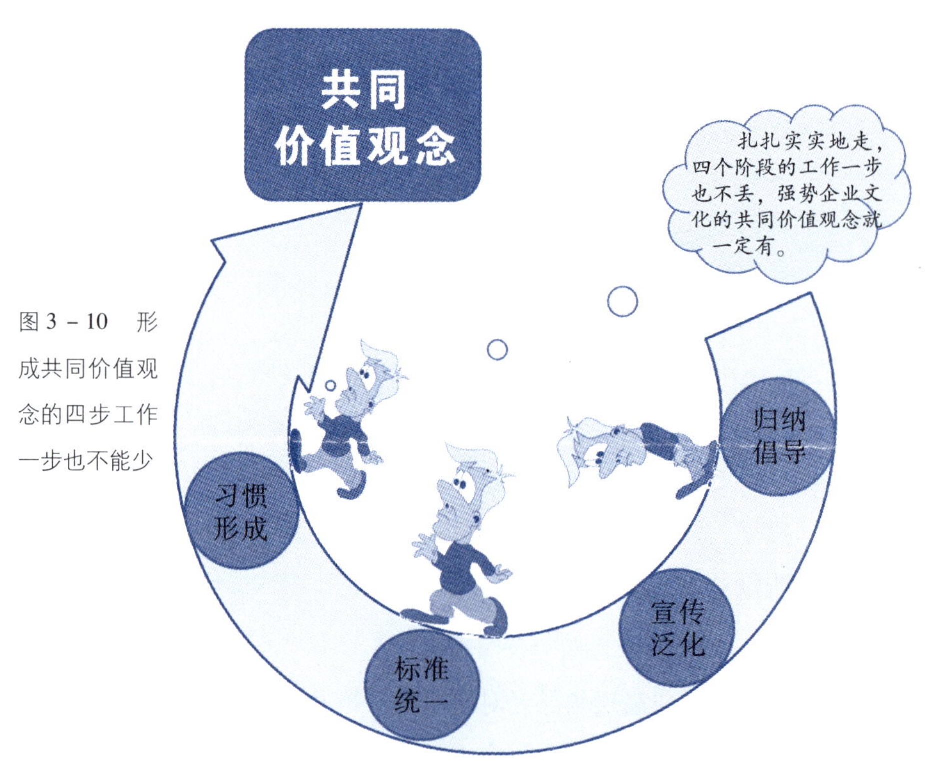

图 3－10 形成共同价值观念的四步工作一步也不能少

3. 标准统一阶段

标准统一阶段就是把由体现特定价值观念的格言、警句复制因子和典型事件复制因子所承载的信息指令具体化为企业组织成员行为活动的标准和要求复制因子，包括流程标准和责任制度。每一个流程标准和每一个责任制度都是一个复制因子，只有这种复制因子才能起到协调统一人的行为活动的作用。海尔砸冰箱只是砸醒了企业组织上下的质量意识，怎样把这种意识转化为统一的行为，则必须通过流程标准界定行为标准，并通过责任制度把流程标准落实到个人价值满足的得失上，形成一定的约束力才能形成管理作用。

4. 习惯形成阶段

习惯形成阶段就是让行为主体在流程标准和责任制度的复制因子所承载信息指令的基础上形成行为简化选择模式，固化成由潜意识驱动的“一……就……”行为选择模式。而这每一个“一……就……”行为选择模式，又是一个信息集约化的复制因子，它把人的行为选择过程简化，让他在与匹配的情境中，可不加思考地完成行为选择。当流程标准和责任制度的复制因子所承载的信息指令都形成了对应的“一……就……”行为选择模式，习惯化阶段的工作也就完成了。但这个过程是由行为主体自己主导完成的，无法从外面进入。其泛化工作的实施不过是对流程标准和责任制度的复制因子所承载的信息指令不断重复，并严格执行。习惯化也就是通过外在强制，把行为活动要求内化为行为主体的潜意识驱动的行为选择模式的过程。

六、企业文化核心层的价值观念设计构建的实施方法

企业文化核心层构成要素的价值观念构建，可直接在表3－1中分析，得到其基本思路后再补充完成。

表3－1 企业文化核心层价值观念归纳、整理、提炼分析表

序号	相互关系	应该有的性质内容描述	价值观念归纳整理
1	投资者与经营者		
2	投资者与管理者		
3	投资者与劳动者		
4	企业整体与投资者		
5	企业整体与经营者		
6	企业整体与员工		
7	企业整体与市场客户		
8	企业整体与社会公众		

续表

序号	相互关系	应该有的性质内容描述	价值观念归纳整理
9	企业整体与国家政府		
10	经营者与管理者		
11	经营者与劳动者		
12	管理者与下属员工		
13	管理者与管理者		
14	员工与员工		
15	员工与市场客户		
16	员工与合作伙伴		
17	员工与社会公众		
18	劳动者与劳动设施		
价值观念提炼（对归纳整理的价值观念进行合并，删去重复内容之后立即把应该有的内容确定下来）			

价值观念内容概括及转化为共同价值观念的共同化措施	序号	提炼语	共同化途径	达成共同化的措施方案提要
	1			
	2			
	3			
	4			
	5			
	6			
	7			
	8			
	9			
	10			

七、企业文化理论层构成要素设计、构建的实施方法

在企业文化建设中，理论层的设计、构建很少被企业所关注。笔者到企业进行培训和咨询，总会听到这样的话：“我们不要理论，我们要的是

方法和技术。”因此，很多企业的企业文化建设都主要是停留在格言、警句式的价值观念归纳上。而这种格言、警句所表达的价值观念，没有多少人真正认同、接受和遵循，其中一个重要的原因是这种格言、警句所表达的价值观念所界定关系的合理性和必然性，没有获得企业组织成员的认同、接受。也就是说，企业文化核心层的价值观念没有获得它应该有的逻辑力量，没有给出让人必须认同、接受和遵循的理由。

任何一种先进的价值观念，如果没有充分的理论论证，获得逻辑的力量，而仅仅作为一种信仰来传输，要让人认同、接受就不免存在困难。人是一个理性的存在，在行事的过程，他总会寻求其所认为的合理性和必然性，也正是这一特征才把人与动物区别开来。所以要让企业组织成员认同、接受一定价值观念，就必须通过理论层给予论证，提供逻辑力量的支持。

企业文化核心层的价值观念，也只有具有严密完整的理论支持，让它具有让人不得不信服的理由，才能通过其逻辑力量在企业内部传播和普及，让接触到它的任何人，即听、即信、即行。不可思议的现实事实，也可能难以让人当真，但有自圆其说的理论支持的空话、假话，却可能让人确信无疑。据2010年5月25日新京报《张悟本提“绿豆养生说”被指助推绿豆价疯涨》一文介绍，随着张悟本《把吃出来的病吃回去》一书上市并火爆：“用绿豆等杂粮养生的观念也快速地在社会中流行。新发地（北京市最大的农副产品批发市场——笔者注）粮油批发大厅一家杂粮店的老板娘说，不少老人家，直接拿着他的书，或者按他节目里介绍的方法来买杂粮。”“可以肯定的是，张悟本养生观念流行后，自然扩大了绿豆等杂粮的市场需求。”绿豆养生的观念一经张悟本的理论论证，谬论也被广泛接受了。

尽管企业文化核心层的价值观念并不是空话、假话，但它也仅仅是一种思想、一种意识，并不是确凿的事实。所以没有强有力的理论提供支持，虽然重复一万遍，也可能让人接受，但那可能要经过漫长的时间。并且重复的频率一旦降低，让人有思考的余地时，就会提出疑义。阶级斗争是个纲的价值观念，在“文革”结束后很快被否定，道理就是如此。

在企业文化理论层的两个构成要素——伦理哲学和科学技术中，企业伦理哲学是重点。它直接是对人与人之间特定关系性质要求的合理性和必然性的论证和说明，阐释的是价值观念所界定的特定人与人之间的相互关系，为什么会有这种性质要求，为什么置于这特定关系之中的人，必须以这种特定的态度和方式处理问题。人是一个理性的存在，要他改变或形成某种观点，或采取某种行动，没有让他信服的合理性和必然性的说明，是很难奏效的。即使一个傻瓜，也必须有一个让他犯傻的理由。科学技术，它是对在企业经营过程中发生的人与物之间关系的一种说明和界定。尽管在企业文化核心层的价值观念中，重点是界定人与人之间的关系，但人与物之间关系的性质又往往会影响和制约人与人之间关系的性质，并且这种关系也不需要花太大精力来论证。所以在企业文化建设实践中，企业文化理论层的设计、构建可以把伦理哲学和科学技术两个要素合并处理，统一进行企业经营管理理论的设计、构建。企业文化理论层的设计、构建，不是创构一个复制因子，而是创构由一系列复制因子构成的一个理论体系，论证价值观念的一定理论也是一个相对独立的复制因子，但它又是这个理论体系的一个部分。

图3－11 言行不一，只能建成相互欺诈的企业文化

企业伦理哲学的设计、构建一般选择内外相结合的途径实施，也就是由企业内部的理论家和企业外部相应专家结合起来完成。企业内部的理论家可以更多地从企业内部实际来阐述这种价值观念的合理性和必然性，而外部专家则是为这种论证进行修饰和完善，使其理论高度达到它必须有的水平，从而也赋予这种论证的权威性。

为了保证这种企业伦理哲学能真正成为企业文化理论层的构成要素，除了内外理论家结合作出论证说明外，更主要的是企业内部不同层次的管理人员，尤其是高层管理人员对这种伦理哲学要做到耳熟能详，并随口道来。只有这样，作为企业文化理论层，才不会与企业管理的现实隔离，成为两张皮。企业高层领导人不仅承担对企业文化核心层的价值观念的倡导责任，而且还承担对它进行论证说明、宣传普及的责任。通用电器的总裁韦尔奇认为企业最高领导人首先必须是企业文化核心层的价值观念和企业经营管理理论的布道人。

企业文化理论层构成要素——企业经营管理理论体系的设计、构建，可由表 3－2 分析得到其基本思路。

表 3－2 企业文化理论层——企业经营管理理论体系分析表

	序号	内容简述	对应应该有的行事标准要求
所面对的社会经济发展趋势	1		
	2		
	3		
	4		
	5		
	6		
	7		
	8		
	9		
企业面临的机遇和挑战	1		
	2		
	3		
	4		
	5		
	6		
	7		
	8		
	9		
企业现有的优势和劣势	1		
	2		
	3		
	4		
	5		
	6		

续表

<table>
<tr><td rowspan="11">行事标准要求与价值观念一致性分析</td><td>序号</td><td>内容简述</td><td>对应应该有的行事标准要求</td></tr>
<tr><td>7</td><td></td><td></td></tr>
<tr><td>8</td><td></td><td></td></tr>
<tr><td>9</td><td></td><td></td></tr>
<tr><td>10</td><td></td><td></td></tr>
<tr><td>序号</td><td>对应应该有的行事标准要求</td><td>对应价值观念内容</td></tr>
<tr><td>1</td><td></td><td></td></tr>
<tr><td>2</td><td></td><td></td></tr>
<tr><td>3</td><td></td><td></td></tr>
<tr><td>4</td><td></td><td></td></tr>
<tr><td>5</td><td></td><td></td></tr>
<tr><td></td><td>6</td><td></td><td></td></tr>
<tr><td></td><td>7</td><td></td><td></td></tr>
<tr><td></td><td>8</td><td></td><td></td></tr>
<tr><td></td><td>9</td><td></td><td></td></tr>
<tr><td></td><td>10</td><td></td><td></td></tr>
<tr><td>经营管理理论内容说明</td><td colspan="3"></td></tr>
<tr><td>理论模型概括</td><td colspan="3"></td></tr>
</table>

八、企业文化实体层构成要素设计、构建的实施方法

企业文化实体层是企业文化发挥管理作用的主体部分和依据。无论企业文化核心层的价值观念多么先进，无论企业经营管理理论阐述得多么完整，如果没有实体层刚柔相济的约束形成，企业文化建设也只能是理论，难有直接的企业发展价值的增值和积累作用。正因为如此，实体层的构成要素才成为企业文化发挥管理作用的实体。

企业文化实体层四个构成要素的设计、构建，其文本文案内容是否完整全面，可通过与价值观念分项进行对照分析，从落实途径的全面性和力度来判断其展开转化为“三个共同”的预期效果。其分析判断可在表 3 - 3 中完成。

表 3 - 3　企业文化实体层构成要素内容全面性分析表

构成要素	序号	标题及内容简述	对应价值观念内容及编号
流程标准内容	1		
	2		
	3		
	4		
	5		
	6		
	7		
	8		
	9		
	10		
	11		
	12		
	13		
	14		
	15		
	16		
	17		

续表

构成要素	序号	标题及内容简述	对应价值观念内容及编号
	18		
	19		
	20		
规章制度内容	1		
	2		
	3		
	4		
	5		
	6		
	7		
	8		
	9		
	10		
	11		
	12		
	13		
	14		
	15		
	16		
	17		
	18		
	19		
	20		
伦理道德宣传提纲内容	1		
	2		
	3		
	4		
	5		
	6		
	7		
	8		

续表

构成要素	序号	标题及内容简述		对应价值观念内容及编号
	9			
	10			
所梳理和拟倡导的风俗习惯内容	1			
	2			
	3			
	4			
	5			
	6			
	7			
	8			
	9			
	10			
刚性约束中体现不充分的价值观念内容及原因	序号	没有和缺少刚性约束贯彻落实的价值观念内容	原因分析	弹性约束的补救措施思路
	1			
	2			
	3			
	4			
	5			

九、企业文化表象层构成要素设计、构建的实施方法

企业文化表象层构成要素的设计、构建，可通过表 3－4 进行分析规划实施。为了服务于企业发展的阶段性特征，其内容可在企业发展不同阶段、不同时间选择不同的重点，每次从每个构成要素中选择不少于十个方面的内容，进行艺术化的演绎表达。但基本内容必须保持稳定，即一些基本内容每次都必须进行艺术化的演绎表达。

表3－4 企业文化表象层构成要素构建规划分析表

构成要素	序号	标题或内容简述	表象层展现的规划设计（说明采用何种艺术形式进行表现及表现方法）	已付诸实施的内容	尚未付诸实施的实施计划	
					形式	时间
价值观念	1					
	2					
	3					
	4					
	5					
	6					
	7					
	8					
	9					
	10					
理论体系内容要点	1					
	2					
	3					
	4					
	5					
	6					
	7					
	8					
	9					
	10					
关键性的流程标准	1					
	2					
	3					
	4					
	5					
	6					
	7					
	8					
	9					
	10					

续表

构成要素	序号	标题或内容简述	表象层展现的规划设计（说明采用何种艺术形式进行表现及表现方法）	已付诸实施的内容	尚未付诸实施的实施计划	
					形式	时间
关键性的规章制度	1					
	2					
	3					
	4					
	5					
	6					
	7					
	8					
	9					
	10					
重要伦理道德内容	1					
	2					
	3					
	4					
	5					
	6					
	7					
	8					
	9					
	10					
重要风俗习惯内容	1					
	2					
	3					
	4					
	5					
	6					
	7					
	8					
	9					
	10					

第四章

企业文化建设融合实施的方法

企业文化与企业组织另外四个构成部分的融合关系，决定了这种规范化管理之间存在着同一性。企业文化建设直接是企业组织运行管理规范化的实施，通过对企业文化集合与企业组织运行融和的方式分析，进行企业文化与企业目标体系、组织架构、岗位员工及运行流程的融和实施，得出企业文化与企业组织运行过程融和的检验分析。

一、企业文化建设直接是企业组织运行管理规范化的实施

正是企业文化与企业组织另外四个构成部分的融合关系，决定了企业文化建设与企业组织另外四个构成部分的规范化管理之间存在着同一性。也就是说，企业文化建设直接等同于企业组织运行管理规范化的实施。

企业文化与企业组织另外四个构成部分之间的融合关系，是一种有机统一的关系。这种有机统一的关系不仅存在于企业文化与企业组织另外四个构成部分的关系之中，而且企业组织另外四个构成部分相互之间也存在着这种有机统一的关系。就构成企业目标体系的决策制定而言，这种决策又是分散在组织架构、岗位员工、运行流程和企业文化的具体内容的取舍选择之中。选择就是决策。而组织架构、岗位员工管理、运行流程管理、企业文化建设的决策，又都是在企业组织之内完成的，并且直接表现为企业的组织运行。岗位员工是企业组织运行活动的具体主体，没有具体的岗位员工，也就不可能有企业组织运行的任何活动。这就决定了企业的任何

一个方面的活动都不能脱离企业的岗位员工。而企业运行流程管理又不仅仅局限于某一个方面的流程管理，而是对企业组织运行过程中所有活动的流程管理。它既包括决策的流程、组织架构的流程，也包括对岗位员工管理的流程……

尽管企业组织五个构成部分是一个有机整体，在此却只能重点分析企业文化相对于企业组织另外四个构成部分之间的依存融合关系。因为企业文化的存在缺乏基本的独立性，脱离了企业组织另外四个构成部分，也就无法把握企业文化的内涵和性质要求。因此，不得不把它与企业组织另外四个构成部分结合起来加以分析，并确定相互之间实现融合的思路和方法。

二、企业文化集合与企业组织运行融合的方式分析

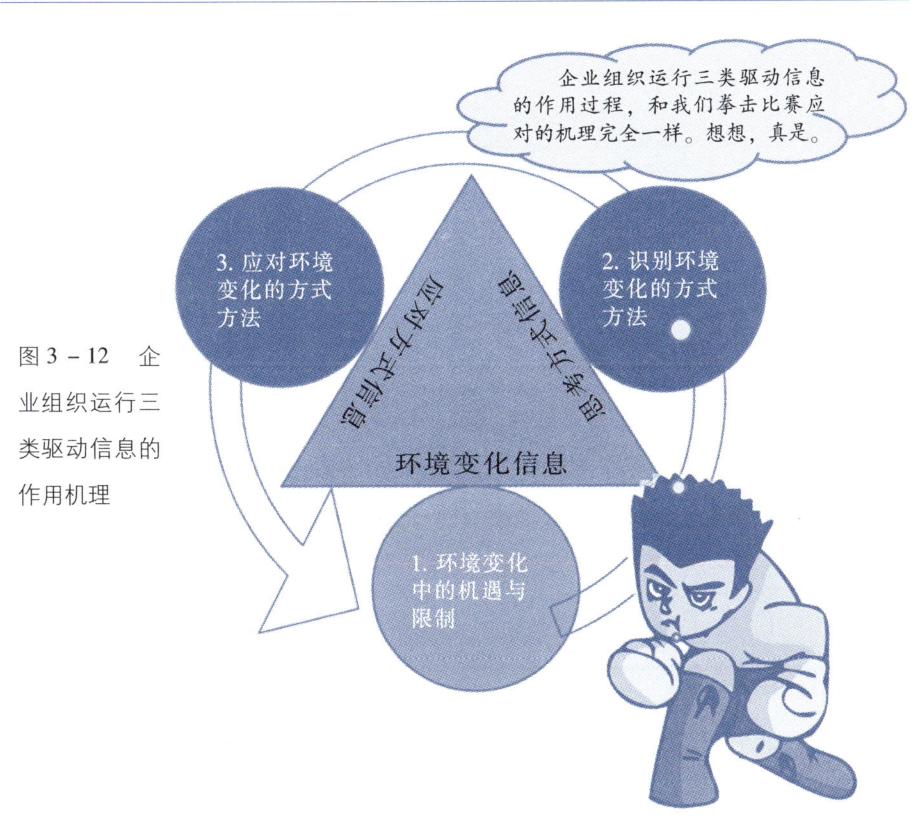

图 3－12 企业组织运行三类驱动信息的作用机理

企业文化是由承载信息指令的复制因子构成的集合，企业组织运行是

由特定信息驱动的，二者在性质上的同一性是实现融合的前提。企业组织是由人构成的社会，其活动——企业组织运行也都是人的活动。而人之所以有某种活动，是因为人在接受某种信息之后，让他感觉到必须采取某种活动应对，才能保证自身的发展，才能维护和提升自己所寻求的价值满足。

1. 企业组织运行的驱动信息

企业组织运行的活动不同于单个人的活动，是这个组织作为一个整体对内、外部环境发展变化的反应。在这种活动中包含企业组织运行的三类驱动信息：

（1）外部环境发展变化的信息。这种信息中或包含有助于企业发展的机遇，或者包含制约企业发展的限制。如果没有这类信息驱动，企业组织运行调整就没有方向，是按部就班地进行，还是有所调整，以及向何处调整等问题都无法得到解答。

（2）企业组织整体识别外部环境发展变化性质的方式方法信息。这种信息使识别企业外部环境发展变化的性质成为可能。如果没有这类信息驱动，就无法识别或者准确识别外部环境发展变化的性质，企业组织运行的调整就无法确定方向，或者方向失措。

（3）应对外部环境发展变化的策略和方法信息。这种信息决定了企业组织应对外部环境发展变化的行为方式和方法。如果没有这类信息驱动，企业组织运行的调整就无法实现，调整总得有一个具体的调整实施方式方法。

2. 企业文化集合与企业组织运行驱动信息的关系

如果把企业组织运行驱动信息作为一个集合，三类信息就构成了它的三个子集。那么，企业文化集合的复制因子所承载的信息指令，就与它的第二和第三两个子集的信息存在部分交叉。企业组织运行驱动信息集合的第二个子集——识别外部环境发展变化性质的方式方法信息中，包含企业文化集合的第二个一级子集——理论层的复制因子所承载的信息指令。识别外部环境发展变化性质的方式方法不外乎伦理哲学和科学技术的方式方法。论证企业文化核心层的价值观念的伦理哲学和科学技术的方式方法，在此也可能直接是识别外部环境发展变化性质的方式方法。企业组织运行驱动信息集合的第三个子集——应对外部环境发展变化的策略和方法信息，包含企业文化核心层的价值观念子集和实体层的流程标准子集的复制因子所承载的信息指令。价值观念子集的复制因子所承载的信息指令提供应对外部环境发展变化的宗旨和方向。流程标准子集的复制因子所承载的信息指令提供应对外部环境发展变化的具体策略和方法。

也正是因为企业文化要素集合与企业组织运行驱动信息在形式上的同一性，在内容上的关联性，直接为企业文化集合融合到企业组织运行过程中铺平了道路。实现这二者的融合也就是进行二者的对接，即对照企业文化要素集相关子集的复制因子的指令要求，清理企业组织运行驱动信息中与之不相溶的内容，并分析这些不相溶的内容中企业文化要素集相关子集的复制因子的指令要求的可行性，以及对于推动促进企业持续快速发展的作用，然后进行取舍，消除不相溶的内容。只有实现了这种融合，自主构建的企业文化才能发挥作用。否则，若是两张皮，即企业文化是企业文化，企业组织运行是企业组织运行，自主实施的企业文化建设也就失去了意义。

3. 企业组织运行的内部过程

企业组织是由目标体系、组织架构、岗位员工、运行流程和企业文化五个部分构成的。企业组织运行也就是这五个部分相互推动，作为一个整体不断对外部环境发展变化做出反馈应对的过程。在这个过程中，起点是目标体系的确立和调整——企业组织运行方向、目标、措施、过程的决策制定和决策调整修改，终点是运行过程的信息沉淀固化，并由这种信息沉淀固化形成企业文化，而企业文化又作用于企业目标体系的形成。

而企业组织运行又都是在目标体系的框架之内进行的，构成企业组织运行驱动信息集合的三个子集（外部环境发展变化的信息，企业组织整体识别外部环境发展变化性质的方式方法信息，应对外部环境发展变化的策略和方法信息）实际上都汇集在企业组织构成的目标体系的子集中，而组织架构、岗位员工、运行流程和企业文化的运行又都是目标体系运行传递出来的信息推动的。

所以企业组织运行驱动信息集合，就变成了一个由目标体系、组织架构、岗位员工、运行流程和企业文化等五个一级子集构成的信息束集合。第一个一级子集——目标体系，含有外部环境发展变化的信息，企业组织整体识别外部环境发展变化性质的方式方法信息，应对外部环境发展变化的策略和方法信息三个二级子集。组织架构、岗位员工、运行流程和企业文化子集也分别有自己的子集。

三、企业文化与企业目标体系的融合实施

企业文化建设的落地实施也就是把要素构成阶段所完成的企业文化建设要素构建的文本文案投入到企业组织目标体系、组织架构、岗位员工、运行流程的管理过程之中来运行。

目标体系是企业发展的起点，它的形成、变更和完善都是由企业组织所制定的决策完成的。所以目标体系管理，也就是决策制定管理。因此，企业文化构成要素的内涵和性质要求，首先就必须体现在决策制定管理过程中。

决策就是选择。而选择必然有其现实客观条件的限制，是客观现实对可能的选择作了范围上的限定，使之只能在客观现实所允许的范围内进行选择。此外，还有一个自我设定的选择限制，这就是选择人的价值观念约束。在众多的可能中，选择一个可能付诸实施，这不仅仅是一个价值满足最大化的问题，而且还包含一个对价值满足内涵的选择评价问题。对价值满足内涵进行选择评价，也就是价值观念的设定，即设定什么有价值，什么具有更大的价值的问题。选择人的价值观念在决策中起着关键性的作用，具有不同价值观念的人，即使面对完全相同的现实，也可能作出截然不同的选择。因此，形成任何一个企业目标体系内容要求的决策的制定，也都包含有决策者的价值观念的设定。这也就决定了企业文化构成要素必然会首先融合在企业决策制定及其管理活动之中，成为企业决策制定的一个重要且不可逾越的约束条件。

在这里要求与企业目标体系的形成过程——决策制定过程实现融合的企业文化构成要素，主要是核心层的价值观念、理论层的伦理哲学和科学技术或者综合为一体的经营管理理论体系。在企业决策制定过程中，决策参与者除了要受到所确定的价值观念的约束外，还要受到理论层的复制因子所承载的信息指令约束。前者是具有更大的价值的条件约束，后者是从思考问题的角度、立场和方法上对决策参与人的思考判断方式方法进行设定。如果企业文化核心层和理论层这两个子集的复制因子已经在决策参与人大脑中被激活，他就会直接按照所承载的信息指令要求进行决策分析和

论证，这也就是实现了融合。如果企业文化核心层和理论层两个子集的复制因子在决策参与人大脑中没有被激活，甚至根本就不存在，决策参与人仅仅依靠自己原有的事物评价判断标准和思考问题的角度、立场及方法完成决策活动。这就需要通过决策制定的流程标准和责任制度的健全完善来推动融合的实现。

这种融合的要求主要有两个：

（1）根据决策问题的性质，对应确定决策制定的组织实施流程标准，要求对应企业文化核心层的复制因子所承载信息指令进行分析，使由价值观念集合中复制因子所承载的信息指令要求直接成为决策制定的条件约束，不满足就不否决。同时对应制定决策制定责任管理制度，通过责任的跟踪的问责兑现，促使决策参与人严格按照决策制定的组织实施流程标准完成决策制定工作。这就要求在决策制定的过程中，必须通过流程标准，确定对照企业文化核心层的价值观念对决策内容和方向进行评价判断的方式方法，以及发现矛盾后，按照价值观念的要求修改调整的方式方法。通过责任制度确定造成矛盾的责任分辨和责任兑现的办法。

图 3 – 13　企业文化是这样体现到企业组织架构中来的

（2）根据决策问题的性质，对应确定决策制定的组织实施流程标准，把由企业文化理论层的复制因子所包含思考问题的角度、立场和方法信息指令要求，作为决策制定过程中进行讨论分析的过程控制约束。在决策制定管理流程中，确定对照企业文化理论层的复制因子所包含思考问题的角度、立场和方法信息指令要求，对决策过程进行分析的流程标准，保证决策制定过程严格与企业文化理论层的复制因子所包含思考问题的角度、立场和方法信息指令要求一致。通过经营决策审计制度的落实发现其不一致，并分辨失当责任和责任人，兑现责任。

企业文化构成要素能否实现与企业目标体系管理的融合，直接决定着企业文化建设的有效性。不能对企业目标体系形成的决策制定过程构成约束的企业文化，它也就只能是一个标签，不能成为主导企业组织发展的基因密码。

这一融合的实施，必须把握以下七个要点：

（1）对企业的大小决策，都必须事先明确其与企业核心价值观念一致的指导思想，明确企业文化核心层的价值观念在决策中的约束作用。

（2）企业经营宗旨和经营方针的决策，必须是直接对企业核心层的价值观念在企业经营方向和方式定位上的表述，不能有丝毫的背离和差距。

（3）企业决策所涉及的范围，不外乎企业文化核心层的价值观念所要调整的九大关系。因此，企业组织的任何一个方面的决策，都必须对应于企业文化核心层的价值观念所界定的九大关系的性质要求，直接以价值观念所界定的性质要求为约束，不能有任何形式的弹性。

（4）强势企业文化强调，在决策管理上，要充分体现崇尚科学的价值观念。在企业决策的制定过程中，既要选用科学的决策分析方法，又要依科学的程序来组织决策，以彻底消除各种形式的拍脑袋决策或愚昧的抽签决策。

（5）强势企业文化强调，要崇尚民主。把下属员工广泛地吸纳到决策过程中来，避免独断专行的决策。

（6）强势企业文化强调，要尊重人的价值。在决策最终形成之前，必须听取或征求决策贯彻执行人的意见，并充分考虑决策贯彻执行人的意志意愿。

（7）强势企业文化强调，要崇尚社会责任。在决策中，要充分体现对社会、客户、员工、投资者、合作伙伴的利益的尊重和责任心，不允许有任何形式的欺骗。

四、企业文化与企业组织架构的融合实施

企业文化构成要素与组织架构管理的融合，主要是企业文化核心层的

价值观念在组织架构过程中得以展现，并保证后者不与前者存在任何形式的矛盾。这就是强调组织架构，必须充分体现企业所选择确定的企业文化核心层的价值观念内涵，使所归纳、整理、提炼，并经理论层论证过的价值观念，能直接通过组织架构具体化。

这也就是强调在组织架构过程中，必须确定一个流程活动环节，对照企业文化核心层的价值观念对组织架构的思路和方法进行评价判断，如果发现存在矛盾，必须按照价值观念的要求修改调整，以保证二者的一致性。同时如果发现最终确定的组织架构与价值观念存在矛盾，不仅必须立即调整纠正，而且还要通过责任制度跟踪兑现组织架构主持人的责任。

这一融合的实施，必须把握以下七个要点：

(1) 企业组织架构中的组织架构模式选择，必须与企业文化对应起来。比如，对应于权本等级型文化，就只能选择等级控制模式；对应于诚信友爱式企业文化，就只能选择弹性组织架构模式。

(2) 企业文化核心层的价值观念所界定的内部关系的五项内容，都必须在组织架构中，通过单位、部门的设置和权责的界定予以明确，不能相互矛盾。

(3) 在工作标准界定上，必须实行弹性标准，这就是倡导互助互爱的价值观念。实行刚性工作标准，则是奉行一种个人英雄主义的责任观念。究竟如何选择，不能仅仅根据所选择的企业文化的内涵和性质要求决定，必须保证与企业所面对的客观实际相吻合。

(4) 强势企业文化，都崇尚发展、创新。因此，必须对企业组织架构进行定期或不定期的调整改造，以避免使组织架构发展出过多的刚性。组织架构本身就是一个为达成企业特定目标而选择的工具，绝不能让工具来限制所服务的目标。

(5) 强势企业文化，都崇尚科学。因此，在企业组织架构上，不能由企业领导人随心所欲，而必须借助一些重要的科学分析工具，如目标功能树分析模型，在组织架构和选择上贯彻体现崇尚科学的价值观念。

(6) 强势企业文化，都崇尚理性。因此，企业组织架构和调整，必须有稳定的依据和标准，不允许有任何随心所欲的行为。

(7) 尊重人，充分发挥人的主观能动性，是强势企业文化的一个具体要求。因此，企业组织架构也就必须避免选择高尖的多层次的等级控制模式，而尽可能选择扁平、大跨度、有弹性的组织架构。

五、企业文化与企业岗位员工的融合实施

对岗位员工的管理，对应于管理学第三原理——管理成事定理中所界定的让人做好工作，做成事的六个条件中的前三个主观条件——能力素质、意志意愿、热情耐心，其管理对应包括能力素质管理、意志意愿管理、情感情绪管理三大内容。能力素质管理又包括招聘选用管理、培训开发管理和自我发展管理三个方面的工作；意志意愿管理包括愿景设计管理、沟通交流管理、授权支持管理、跟踪考核管理和激励兑现管理五个方面的工作；情感情绪管理包括尊重人实施管理、信任人实施管理、关怀人实施管理、情绪发泄管理和情绪诱导管理五个方面的工作。在这 13 个方面的工作中，每一个内容都与企业文化核心层的价值观念子集的复制因子所包含的指令信息存在遵循与被遵循的关系。因此，其融合的实现就是通过岗位员工管理 13 个方面的工作在确定流程标准的基础上，通过责任制度落实标准贯彻责任来实现。

岗位员工管理的 13 个内容，如果是成规模的大型企业都应该有流程标准和责任制度；如果是不成规模的中小型企业，也至少有管理控制的原则。这种融合的工作并不是确定管理实施的流程标准和责任制度或管理控制的原则，而是根据企业文化核心层和理论层两个子集的复制因子所承载信息指令的要求，对管理实施的流程标准和责任制度或管理控制的原则进行对照梳理分析，找出不相吻合的内容进行调整修改，并且确定专门的流程标准和责任制度，管理控制这种梳理分析和调整修改工作的实施。

这一融合的实施，必须把握以下七个要点：

（1）对于岗位员工实施管理的方式方法，必须与企业文化的内涵和性质要求相吻合，不能有任何违背，以保证企业文化的内涵和性质要求对岗位员工管理的约束的有效性。

（2）企业文化核心层的价值观念中关于企业内部五种关系的界定，是岗位员工管理的具体指导思想，必须通过岗位员工管理把它们具体化，落到实处。否则，企业文化的相应内涵和性质要求也就成了空话。

（3）强势企业文化，强调人与人之间关系的平等和个人的独立性。因此，岗位员工管理中必须承认人的平等地位和个人的独立性，并重视通过

员工发展管理以成就人来诱导被管理者，以保证其在实现自我发展的同时，更好地履行其职责。

（4）强势企业文化，强调能力领先的地位。因此，岗位员工管理必须重视合乎岗位履职条件要求的人员选择，把履职条件放在用人选择的首位，避免以那种属于皇帝新衣的无条件忠诚为标准取人。

（5）强势企业文化，重视岗位员工履职能力的培养。因此，岗位员工管理必须重视对岗位员工的各种履职能力的培养，并且不能仅仅是简单地对知识和技能进行培训，而且要求通过综合性的履职能力的培养，来保证岗位员工能更好地履行其职责。

（6）强势企业文化，强调维护个人的尊严、地位、价值和个性。因此，岗位员工管理必须重视通过提供均等的选择机会，以及企业激励机制的建设来诱导岗位员工进行自主选择，避免单纯地通过强权进行约束、惩处来限制岗位员工的行为。

（7）强势企业文化，高度重视企业组织对员工的凝聚力，提升其归属感。因此，岗位员工管理一方面必须重视对岗位员工的情感诱导管理，并通过尊重人、信任人和关怀人来增强下属员工的归属感和对企业组织整体的爱，以使之更好地履行职责。另一方面又必须重视对岗位员工的情绪诱导管理，并通过提供沟通交流机会来释放下属员工的种种情绪。

六、企业文化与企业运行流程的融合实施

运行流程管理也就是通过对做事的方式方法进行选择和优化，以提升工作效率和企业组织运行的效率。人作为一个有自我意识的存在物，不仅做什么，必须通过他的意识进行选择，怎么做，也必须通过他的意识进行选择，尽管这种选择往往可能是非完全意识的。企业组织运行的任何一个活动都必须以一定的方式方法来完成，无论是否有明确的文字界定，都不例外。对这种特定方式方法的直观形象界定，就是流程图描绘。对这种特定方式方法的文字标准界定，就是在流程图描绘基础上具体化为流程标准的拟订。如果以共同的心理契约来界定，这种界定就是风俗习惯；如果以大家自觉遵守的非强制性道德规范来实现，这就是伦理道德。

如果说企业文化集合与企业组织运行过程的融合都是通过流程标准和

责任制度的管控，把企业文化核心层和理论层两个子集合的复制因子所承载的信息指令要求落实到其运行管理过程中来，那么这里的运行流程与企业文化实体层的流程标准这个二级子集之间又是什么关系？

如果企业文化要素集合与企业组织运行的方式方法达成了融合，二者就是一种同一关系。企业文化实体层是对企业文化核心层和理论层两个子集的复制因子所承载的信息指令在具体行为标准要求上的展开，描绘企业组织运行方式方法的流程如果都是按照企业文化核心层和理论层两个子集的复制因子所承载的信息指令进行梳理分析和修改调整形成的，二者也就是同一个内容。但问题往往在于：企业文化实体层子集中的流程标准子集，是不是严格依照企业组织所面对的内外部环境的实际，由企业文化核心层和理论层两个子集展开的？描绘企业组织运行方式方法的运行流程是不是充分体现了企业文化核心层和理论层两个子集的复制因子所承载信息指令的要求？如果这两个问题的答案都是肯定的，同一关系也就实现了。反之相反。

图 3－14　老板行为举止留下的影子，会直接成为这个企业的企业文化

为获得所述两个问题的肯定解，确定专门的流程标准对描绘企业组织运行方式方法的运行流程标准形成过程进行控制，在企业运行流程分析优化过程中确定一个专门的流程活动，对所梳理优化的企业运行流程，在内容上是否与企业文化核心层和理论层两个子集的复制因子所承载的信息指令要求全面吻合作出评价和判断，并修改调整不能达成全面吻合的内容。同时制定专门的责任制度，对这一标准的贯彻落实进行跟踪检查和责任兑现。这些就是必由之路。

这一融合的实施，必须把握以下四个要点：

（1）企业文化核心层的价值观念必须成为企业运行流程管理中的主线。在企业运行流程管理所寻求的价值实现途径选择上，本身包含特定价值观念的内涵。这种价值观念内涵必须与企业所选择确定的核心价值观念相统一，不允许有任何形式的背离。

（2）界定人际关系活动的流程，必须直接是企业规章制度的重要内容，流程组织管理所界定的内容，也必须直接是规章制度中所界定的责任内容，以保障二者之间的统一。

（3）伦理道德虽然并不直接表现为特定的流程标准，但只要是涉及人际关系的流程标准，就必须保证与伦理道德所界定的内涵和性质要求相统一。

（4）强势企业文化强调，要通过人使用机器来发挥员工的能动作用。因此，作为流程标准体现的操作规程，必须直接是人利用机器设备等物实现特定目标的流程界定，不能让人成为机器设备的附庸。

七、企业文化与企业组织运行过程融合的检验分析

企业文化与企业组织运行过程融合情况的检验分析可通过表 3－5 分析实现。

表 3－5　企业文化集合与驱动企业组织运行的信息融合统一情况分析表

一级系统名称	二级系统名称	对应运行流程标准建设及贯彻情况		对应责任制度建设及贯彻情况	
		应该有的流程标准名称	有/无/贯彻	应该有的责任制度名称	有/无/贯彻
信息决策系统	信息收集				
	信息运用				

续表

一级系统名称	二级系统名称	对应运行流程标准建设及贯彻情况		对应责任制度建设及贯彻情况	
		应该有的流程标准名称	有/无/贯彻	应该有的责任制度名称	有/无/贯彻
	信息生成				
	信息传递				
	信息反馈				
	信息固化				
人流组织系统	能力素质管理				
	意志意愿管理				
	情感情绪管理				

续表

一级系统名称	二级系统名称	对应运行流程标准建设及贯彻情况		对应责任制度建设及贯彻情况	
		应该有的流程标准名称	有/无/贯彻	应该有的责任制度名称	有/无/贯彻
	行为协调管理				
	关系融合管理				
	保障服务管理				
物流营销系统	市场开发管理				
	品牌打造管理				
	客户关系管理				
	物料购配管理				

续表

一级系统名称	二级系统名称	对应运行流程标准建设及贯彻情况		对应责任制度建设及贯彻情况	
		应该有的流程标准名称	有/无/贯彻	应该有的责任制度名称	有/无/贯彻
资金财务系统	现场作业管理				
	产品销售管理				
	资金财务系统				
	包括财产防损管理				
	资产监控管理				
	成本控制管理				
	财务控制管理				

续表

一级系统名称	二级系统名称	对应运行流程标准建设及贯彻情况		对应责任制度建设及贯彻情况	
		应该有的流程标准名称	有/无/贯彻	应该有的责任制度名称	有/无/贯彻
	审计控制管理				
	权益维护管理				

第五章

企业文化建设落地实施的管控方法

由上述分析可知，要让企业文化建设要素构建所完成的企业文化构成要素文本文案，转化为主导企业组织运行的基因密码，就必须实现企业文化集合的复制因子所承载信息指令与驱动企业组织运行信息的融合统一。这种融合统一的实施都是通过一定的流程标准，把企业文化核心层的价值观念文本文案和理论层的企业经营管理理论体系文本文案，作为企业运行流程梳理优化分析的两个约束条件，对企业运行流程标准以及确立过程的梳理优化分析进行控制，把企业文化核心层和理论层子集的复制因子所承载的信息指令要求，全面落实到企业组织运行的流程标准和责任制度中来，实现企业文化实体层的复制因子所承载的信息指令与企业组织运行驱动信息的统一。要保证这一工作的成效，必须强化管理监控。管理监控的实施也就是建立一个由流程标准加责任制度加跟踪表单的三位一体的管控体系。下面就这三者的基本内容作一讨论。

一、流程标准管控

企业文化建设落地实施管控的流程标准至少必须包括以下五个方面的基本内容：

（1）管控实施目标要求：以企业第一责任人——老板或董事长的名义，直接把达成企业文化核心层、理论层、实体层的复制因子所承载的信息指令，与企业组织运行驱动信息统一的要求明确作出界定。这可通过流程图的流程活动起点进行界定。

（2）管控实施活动主体：说明达成企业文化核心层、理论层、实体层的复制因子所承载的信息指令，与企业组织运行驱动信息统一的活动责任主体。这可通过纵向流程图第一行（横向流程图的第一列）的职能岗位的设定进行界定。

（3）管控实施活动内容：说明达成企业文化核心层、理论层、实体层的复制因子所承载的信息指令，与企业组织运行驱动信息统一必须完成哪些活动。这可通过流程图的流程活动进程框中设定的内容进行界定。

（4）管控活动时间界定：说明达成企业文化核心层、理论层、实体层的复制因子所承载的信息指令，与企业组织运行驱动信息统一的管控实施活动必须在什么时候启动。这可通过流程图的流程活动进程框中所设定活动内容的先后顺序进行界定。

（5）管控活动关系界定：说明在达成企业文化核心层、理论层、实体层的复制因子所承载的信息指令，与企业组织运行驱动信息统一的管控实施过程中的活动衔接关系。这可通过流程图的流程活动的相互关系连线进行界定。

界定企业文化建设落地实施管控方式方法的流程标准，可以用流程图和流程标准两种形式完成，也可以仅仅用流程图界定。因为管控实施的五个基本内容都可通过流程图直观地界定出来，如图 3－15（1）。

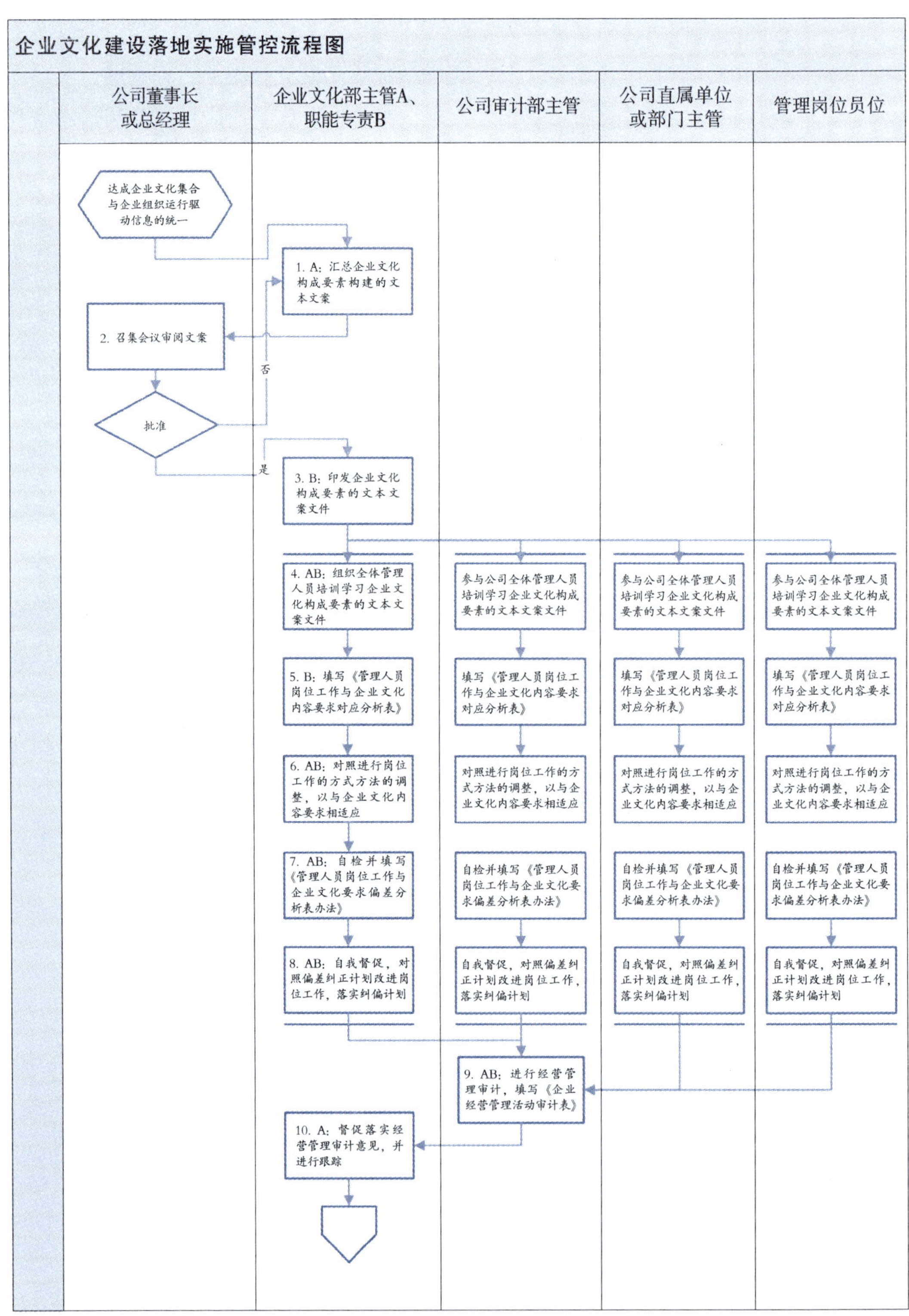

图3－15（1） 企业文化建设实施落地管控流程图

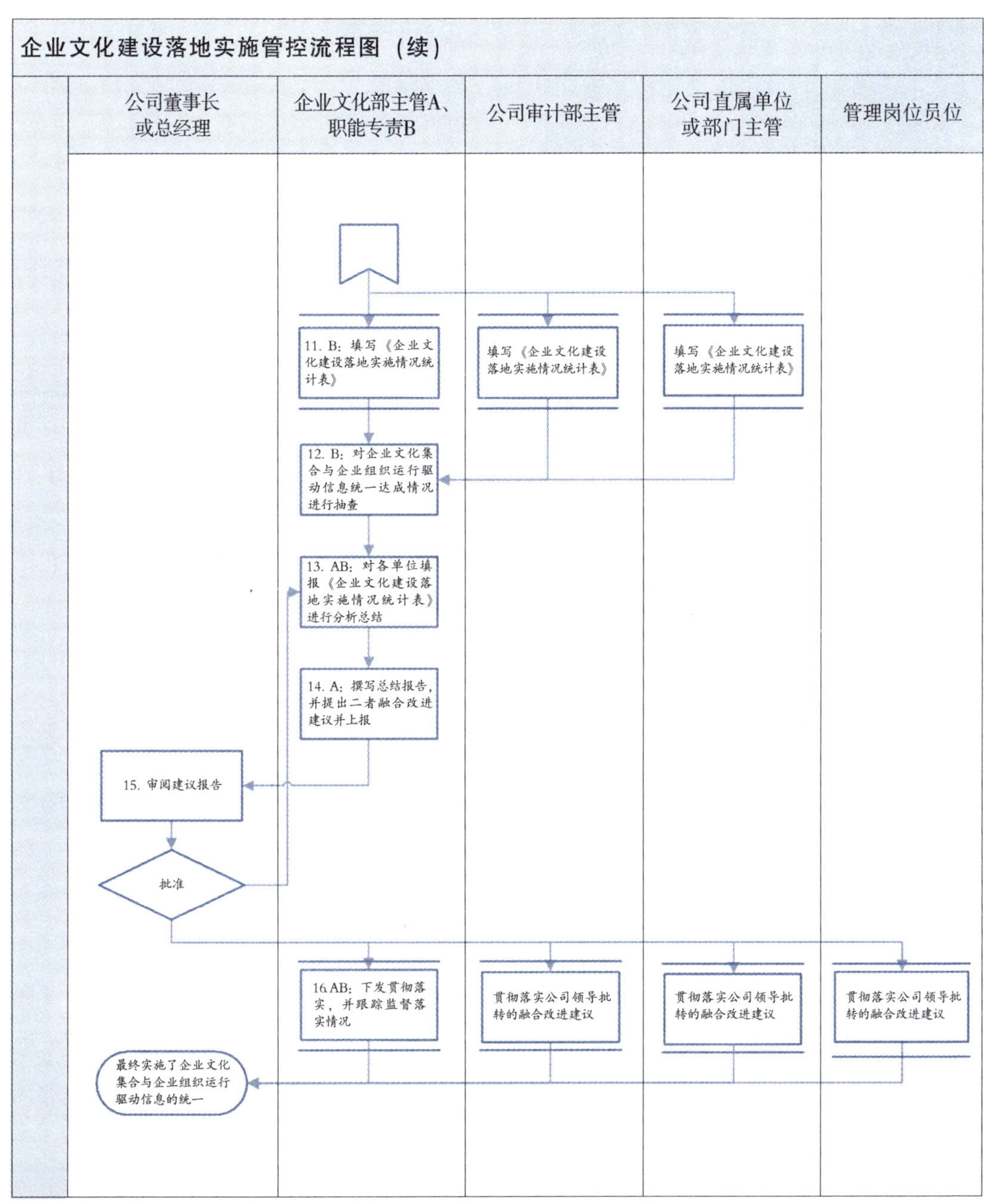

图3-15（2） 企业文化建设实施落地管控流程图

二、责任制度管控

企业文化建设落地实施管控的责任制度至少必须包括以下十个方面的内容：

（1）制订目的：达成企业文化核心层、理论层、实体层的复制因子所承载的信息指令，与企业组织运行驱动信息统一，形成能推动促进企业持续快速发展的由共同价值观念、共同思维方式、共同行事习惯“三个共同”构成的企业文化。

（2）司掌跟踪：承担企业文化建设管理的职能部门。

（3）责任对象：在企业组织运行中承担企业目标体系管理、组织架构管理、岗位员工管理和运行流程管理工作职责的各级管理人员。

（4）责任活动：把企业文化建设要素构建所确定的企业文化核心层的价值观念、企业经营管理理论体系的思想要求，贯彻落实到其所负责的企业组织运行子系统及其相应环节的工作之中；把企业文化建设要素构建所确定的流程标准、规章制度、伦理道德、风俗习惯四个要素的文本文案，对应贯彻落实到其所负责的企业组织运行子系统及其相应环节的工作之中。

（5）责任界定：在其所负责的企业组织运行子系统及其相应环节的工作之中，把没有贯彻落实企业文化建设要素构建所确定的企业文化核心层的价值观念、企业经营管理理论体系思想要求；把没有把企业文化建设要素构建所确定的流程标准、规章制度、伦理道德、风俗习惯四个要素的文本文案要求，对应贯彻落实到其所负责的企业组织运行子系统及其相应环节的工作之中。

（6）责任承担：对应于责任的大小，做出给予扣减绩效考核得分、扣减工资奖金、罚款、警告、记过、降职、降级，直至除名等方式的问责标准界定。

（7）责任监督：由企业审计部通过经营管理审计，发现责任人的责任履行偏差。

（8）免责条件：如果没有达成统一的原因是由直接上司的强制性干预所致，则可免除被干预者的责任。如果不是强制性干预所致，但有直接上司干预的证据，则只能免除其部分责任，责任兑现折半执行。

（9）制度修订：在组织架构调整，责任关系发生变化之后的当月。

（10）制度生效：企业行政办公会议讨论通过，由董事长或总裁签字正式印发公布。

三、跟踪表单管控

企业文化建设落地实施管控的跟踪表单至少必须包括以下四个：

1. 管理人员岗位工作与企业文化核心层的价值观念要求对应分析表

管理人员岗位工作与企业文化核心层的价值观念要求对应分析表（见表3－6），对应说明管理岗位所负责企业组织运行子系统及其相应环节的工作应该与企业文化核心层的价值观念要求对应的具体内容简介。

表3－6 管理人员岗位工作与企业文化核心层的价值观念要求对应分析表

<table>
<tr><td colspan="2">岗位名称</td><td></td><td>岗位人姓名</td><td></td><td>到岗时间</td><td></td><td>填表时间</td><td></td></tr>
<tr><td>工作项目编号</td><td>工作项目的流程编号</td><td colspan="3">工作项目内容简述</td><td colspan="2">企业文化核心层的价值观念要求编号</td><td>企业文化核心层的价值观念要求说明</td><td>备注</td></tr>
<tr><td>1</td><td></td><td colspan="3"></td><td colspan="2"></td><td></td><td></td></tr>
<tr><td>2</td><td></td><td colspan="3"></td><td colspan="2"></td><td></td><td></td></tr>
<tr><td>3</td><td></td><td colspan="3"></td><td colspan="2"></td><td></td><td></td></tr>
<tr><td>4</td><td></td><td colspan="3"></td><td colspan="2"></td><td></td><td></td></tr>
<tr><td>5</td><td></td><td colspan="3"></td><td colspan="2"></td><td></td><td></td></tr>
<tr><td>6</td><td></td><td colspan="3"></td><td colspan="2"></td><td></td><td></td></tr>
<tr><td>7</td><td></td><td colspan="3"></td><td colspan="2"></td><td></td><td></td></tr>
<tr><td>8</td><td></td><td colspan="3"></td><td colspan="2"></td><td></td><td></td></tr>
<tr><td>9</td><td></td><td colspan="3"></td><td colspan="2"></td><td></td><td></td></tr>
<tr><td>10</td><td></td><td colspan="3"></td><td colspan="2"></td><td></td><td></td></tr>
<tr><td>11</td><td></td><td colspan="3"></td><td colspan="2"></td><td></td><td></td></tr>
<tr><td>12</td><td></td><td colspan="3"></td><td colspan="2"></td><td></td><td></td></tr>
<tr><td>13</td><td></td><td colspan="3"></td><td colspan="2"></td><td></td><td></td></tr>
<tr><td>14</td><td></td><td colspan="3"></td><td colspan="2"></td><td></td><td></td></tr>
<tr><td>15</td><td></td><td colspan="3"></td><td colspan="2"></td><td></td><td></td></tr>
<tr><td>16</td><td></td><td colspan="3"></td><td colspan="2"></td><td></td><td></td></tr>
<tr><td colspan="2">直接上司主管审核意见</td><td colspan="7"></td></tr>
<tr><td colspan="2">公司直属单位/部门主管审核意见</td><td colspan="7"></td></tr>
</table>

2. 管理人员岗位工作与企业文化核心层的价值观念要求偏差分析表

图 3－16 “三位一体”的管控技术示意图

管理人员岗位工作与企业文化核心层的价值观念要求偏差分析表（见表3－7），对应说明管理岗位所负责企业组织运行子系统及其相应环节的工作实际与企业文化核心层的价值观念要求对应存在的偏差内容，以及对应自我调整的计划安排。

表3－7 管理人员岗位工作与企业文化核心层的价值观念要求偏差分析表办法

自第××－××－××－××号

岗位名称		岗位人姓名		到岗时间	填表时间	
序号	存在偏差的工作项目编号	工作偏差内容简述	偏差纠正措施计划		偏差纠正措施落实时间计划	备注
1						
2						
3						
4						
5						
6						
7						
8						
9						

续表

10					
11					
12					
13					
14					
15					
直接上司主管审核意见					
公司直属单位/部门主管审核意见					
企业文化管理职能部门主管审核意见及签字					

3. 企业经营管理活动审计表

企业经营管理活动审计表（见表3－8），对应说明企业审计部对各级管理岗位所负责的企业组织运行子系统及其相应环节的工作实际，相比企业文化核心层的价值观念要求存在的差距情况及其问责标准内容。

表3－8　企业经营管理活动审计表

自第××－××－××－××号

<table>
<tr><td>被审计岗位名称</td><td></td><td>被审计岗位人姓名</td><td></td><td>审计实施时间起至</td><td></td></tr>
<tr><td>序号</td><td>存在偏差的工作项目编号</td><td>企业文化核心层的价值观念要求编号</td><td colspan="2">工作偏差内容简述</td><td>备注</td></tr>
<tr><td>1</td><td></td><td></td><td colspan="2"></td><td></td></tr>
<tr><td>2</td><td></td><td></td><td colspan="2"></td><td></td></tr>
<tr><td>3</td><td></td><td></td><td colspan="2"></td><td></td></tr>
<tr><td>4</td><td></td><td></td><td colspan="2"></td><td></td></tr>
<tr><td>5</td><td></td><td></td><td colspan="2"></td><td></td></tr>
<tr><td>6</td><td></td><td></td><td colspan="2"></td><td></td></tr>
<tr><td>7</td><td></td><td></td><td colspan="2"></td><td></td></tr>
<tr><td>8</td><td></td><td></td><td colspan="2"></td><td></td></tr>
<tr><td>9</td><td></td><td></td><td colspan="2"></td><td></td></tr>
<tr><td>10</td><td></td><td></td><td colspan="2"></td><td></td></tr>
</table>

续表

11	
12	
13	
14	
15	
问责依据 及标准说明	
被审计人认同 意见及签字	
审计实施人 意见及签字	
企业文化管理职能部门 跟踪落实意见及签字	

4. 企业文化建设落地实施情况统计表

企业文化建设落地实施情况统计表（见表3－9），分单位部门对应统计企业文化核心层的价值观念要求在各级管理岗位所负责企业组织运行子系统及其相应环节的工作中贯彻落实情况。

表3－9 ××××单位/部门企业文化建设落地实施情况统计表

单位/部门职责内容简述						
负责人姓名		单位/部门所属岗位名称及职位数				
序号	存在偏差的工作项目编号	企业文化核心层的价值观念要求编号	工作偏差内容简述	发现方式（自查/审计）及其编号	发现时间	纠正情况
1						
2						
3						
4						
5						
6						
7						
8						
9						

续表

10						
11						
12						
13						
14						
15						
单位/部门自订整改纠偏措施计划						
负责人意见及签字						
企业文化管理职能部门主管跟踪指导意见及签字						

第六章

企业文化发展完善的实施方法

企业文化建设是一项系统工程，必须严格根据企业组织内、外部环境的发展变化而不断优化调整。相对于企业文化这个由复制因子构成的集合而言，企业文化建设的与时俱进，就是按照企业组织内、外部环境发展变化的实际，对作为企业文化集合构成元素的复制因子进行不断地增减、修补、调整，以保证企业文化相对于企业持续快速发展的推动促进作用不衰减。

一、企业文化必须与时俱进

企业文化建设是一项系统工程，但这个工程远不是一劳永逸的，必须严格根据企业组织内、外部环境的发展变化而不断优化调整。否则，把企业文化固化，不仅起不到推动促进企业持续快速发展的作用，相反，还可能制约阻碍企业的发展。企业文化是企业发展的一个支持力量，是为企业发展服务的，不能唯文化而文化，把文化本身当成企业的目标。企业作为一种社会经济组织，其本质是实现企业投资的增值和积累，企业文化也必须服务于这一本质的实现。尽管如《基业长青》作者所言，企业核心理念的稳定是企业基业长青的一个条件。但绝不能颠倒条件为目的，把基业长青的条件当做长青的内容固守。

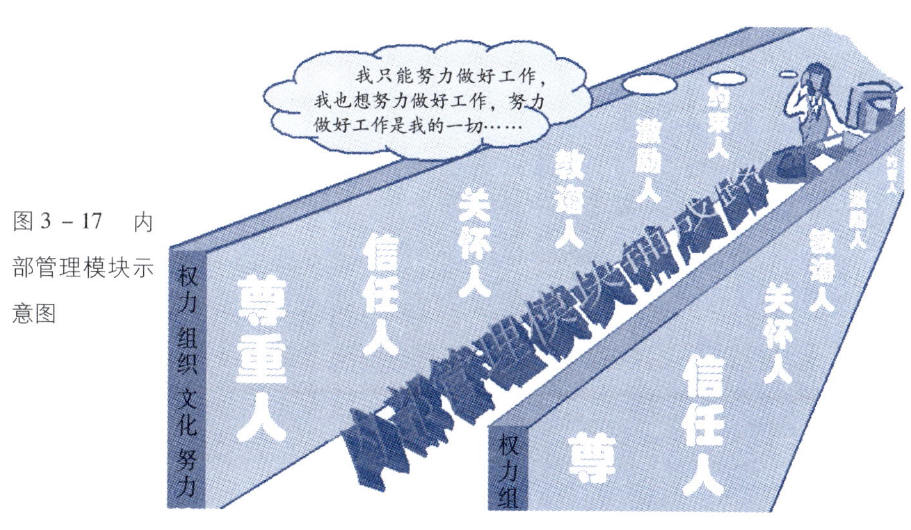

图 3－17 内部管理模块示意图

因此，企业文化建设不仅仅是构建一个能在一定时期内对企业持续快速发展起推动促进作用的共同价值观念、共同思维方式和共同行事习惯，而且要适应企业组织发展内、外部环境的变化，不断完善优化，与时俱进。

相对于企业文化这个由复制因子构成的集合而言，企业文化建设的与时俱进，就是按照企业组织内、外部环境发展变化的实际，对作为企业文化集合构成元素的复制因子进行不断地增减、修补、调整，以保证企业文化相对于企业持续快速发展的推动促进作用不衰减。从这一意义上讲，如果把企业文化比做一个大树，企业文化建设的与时俱进则是对企业文化进行理枝、摸芽、除病和去腐的管理。如果把企业文化比做一栋大楼，企业文化建设的与时俱进也就是对企业文化这个已竣工大楼进行功能性修补、完善和改造。所以从狭义的企业文化建设的角度分析，企业文化建设的与时俱进，也就是企业文化管理的实施。

二、企业文化管理是企业文化建设的一个阶段

企业文化，对很多企业来说就是“面子”工程，所以是有建设，没有管理，有重新建设，没有完善改造。往往是在建设完成的企业文化对企业发展造成制约阻碍作用时，才想到企业文化大厦必须推倒重建了。这不仅

造成了企业文化建设的投入浪费，更重要的是造成了企业发展的振荡，把企业置于波动不稳的间歇式发展的过程中，导致众多重大发展机遇的丧失。企业文化建设与企业文化管理，二者之间存在着紧密联系，但远不是同一概念。

企业文化建设，强调的是企业集中一段时间，规划设计一个企业文化的目标模式，并按照这种目标模式把它构建出来。企业文化建设目标模式投入运行时，企业文化建设即宣告完工。就像盖楼一样，业主验收入住即告竣工，后续发生的所有问题，都交由物业负责。

就狭义的企业文化建设而言，企业文化建设到企业文化建设目标模式投入运行也就是大功告成。它只要完成了三个阶段的工作，就算完工了。

第一阶段的工作是把企业文化建设目标模式设计确定下来；第二阶段的工作是把企业文化的共同价值观念、共同思维方式和共同行事习惯的基本规范和标准要求的文本文案确定下来；第三阶段的工作是把企业文化的共同价值观念、共同思维方式和共同行事习惯的基本规范和标准要求的文本文案运用于企业组织运行过程。这三个阶段的工作是一个连续完整的过程。

如果说企业文化建设是强调规划设计一个企业文化的目标模式，并把它建构出来，那么企业文化管理则是强调不断发展完善，以确保企业文化能对企业持续快速发展起到力度不衰的推动促进作用。不管企业文化建设盖的是茅草屋，还是钢混楼，企业文化管理就是要让它们功能更强大，使用更经久，其目的在于维护和加强企业文化对于企业持续快速发展的推动促进作用。

企业文化有强劣势之分。强势企业文化才是能对企业持续快速发展起到推动促进作用，劣势企业文化也可能不仅没有这种推动促进作用，相反还可能有制约阻碍作用。劣势企业文化不一定一开始就对企业发展有制约阻碍作用，而是由强势企业文化退化而来的。因此，对劣势企业文化进行改造，通过对已有企业文化进行梳理，消除具有制约阻碍作用的内容，强化具有推动促进作用的内容，这也是一种企业文化管理工作。

三、企业文化建设目标模式可以通过企业文化管理管出来

有人可能会问："如果没有企业文化建设的实施，那么企业文化能不能发展成为对企业持续快速发展起推动促进作用的企业文化?"

答案是：否。

前面曾经作过分析，企业文化不是只有投入资源在建设上做过主观努力才有的，只要当企业组织连续存在三五年，其企业文化也就形成了，只不过这种企业文化是不是企业发展所需要的，还不能确定。企业文化是企业组织运行中有关价值观念、思维方式、行事习惯的复制因子在不断复制传播的过程中，积累沉淀下来，形成的为企业组织大多数成员所共同拥有的价值观念、思维方式、行事习惯。不做企业文化建设的专门努力，也只不过是没有在共同价值观念、共同思维方式和共同行事习惯的形成上自主地投入资源实施。通过企业文化管理也可以把企业发展所需要的企业文化建设目标模式管出来，这与自主完成了企业文化建设后又退化衰变，不得不进行改造更新一样。正是从这个意义讲，企业文化建设与企业文化管理之间没有不可逾越的鸿沟，企业文化管理也是企业文化建设。

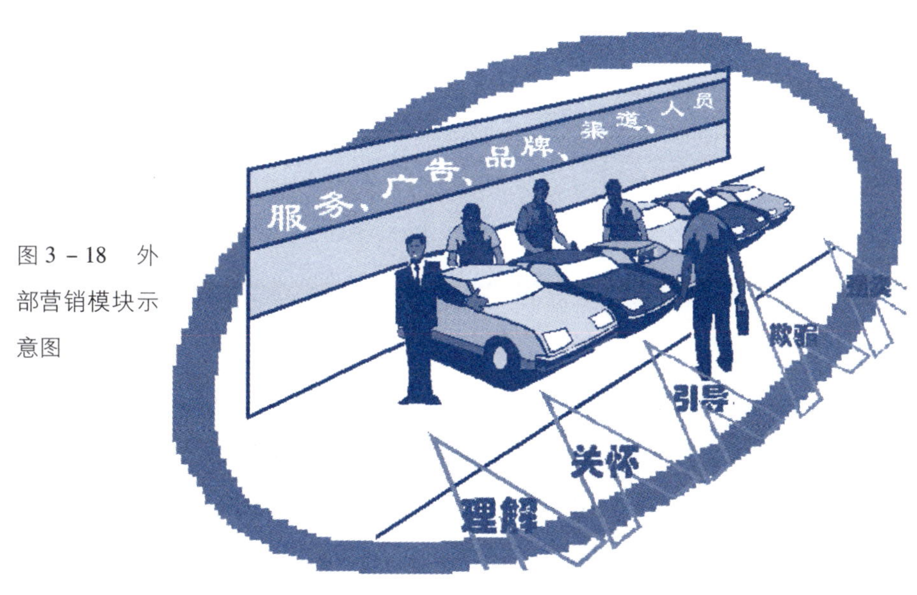

图 3－18　外部营销模块示意图

企业文化管理的目的，是不断发展完善为企业组织大多数成员所共同

拥有的价值观念、思维方式、行事习惯，以确保对企业持续快速发展的作用得到强化。因此，只要企业文化能适应企业发展的需要，能起到推动促进企业持续快速发展的作用，该企业文化就是强势企业文化。如果它不再适应企业发展的需要了，不再起到推动促进企业持续快速发展的作用了，该文化就退化了，也就必须通过管理，消除其造成制约阻碍企业发展的内容，更新、发展、强化其推动促进企业发展的内容。

四、通过文化管理管出强势企业文化的条件

能推动促进企业持续快速发展的强势企业文化，也可以通过企业文化管理，把它管出来，即通过企业文化管理，渐次调整企业文化集合的构成元素，以逐渐向确保企业持续快速发展的企业文化建设目标模式靠近。不过，如果这样实施企业文化建设，不免存在所需时间过长的问题。要保证目标一定能达成，还要求企业老板和高管长久地关注，持久地投入精力。更重要的是，通过企业文化管理把企业文化建设目标模式管出来，尽管不会造成企业组织内部人员思想意识大调整的波动和冲突，但往往会以企业发展的机遇丧失为代价。

当企业文化已经对企业发展构成一定制约阻碍时，每缓一天进行企业文化的变革更新，就会给企业发展带来一天的损失。市场机会又是转瞬即逝的，企业往往没有那么多的时间等待渐进式地通过渐次调整修补实现企业文化的更新发展，所以往往会集中投入精力，把企业发展所需的企业文化快速地构建出来。

一个不合时宜的建筑物，尽管它的存在价值还不是零，但无法在保证它尚有价值得到继续运用的情况下，一块砖一块砖地进行替换，以最终全面改变这一建筑物的总体特征和功能。在建筑史上曾经有过为保护极具历史价值的建筑物而又不妨碍城市整体规划的措施，即把原有建筑物原封不动进行水平移位，但没有一块砖一块砖地进行替换以改变特定建筑物的总体特征和功能的施工记载。因此，当企业文化已经不适应企业发展的需要时，全面实施企业文化建设是没有选择的选择。

既然企业文化建设的实质是集中力量在相对较短的时间内构建出企业发展所需的企业文化。那么与之相对应的企业文化管理的实质，则是不断

地强化、完善已有企业文化推动促进企业持续快速发展的作用。尽管通过企业文化管理渐进式地改造原有企业文化，把能全面推动促进企业持续快速发展的企业文化建设目标模式渐次地创造出来，但必须满足四个条件才有意义，才能达到目标。

（1）原有企业文化还没有严重地制约阻碍企业的发展，只是其推动促进企业持续快速发展的作用在某些方面已开始弱化。否则，企业文化还没有渐次改造完成，企业就可能已经被残酷的市场淘汰出局了。

（2）企业老板或领导人能总体把握企业文化渐次改造的进程，并且具有充分大的耐心，不会因为企业老板或领导人的失控而使企业文化推动促进企业发展作用的衰减速度，快于企业文化管理实施以完成改造发展的速度。否则，企业文化就会逐渐加大与企业发展的不相适应的程度，进而制约阻碍企业的发展。

（3）企业组织内部拥有企业文化建设管理方面的内行专家，能保证企业文化管理的实施全面按照企业文化发展变化的特有规律，推进企业文化的改造和发展。否则，企业文化管理造就企业文化建设目标模式的资源投入则可能过大，甚至让企业老板和中高层管理人员失去信心。

（4）企业所在行业的发展相对稳定，不会发生突飞猛进式的发展变化。否则，市场格局的变化可能在完成企业文化改造之前就把企业淘汰出局。

企业文化建设与企业文化管理不仅在内涵上不同，而且在实施方式上也有差别。企业文化建设是通过企业文化建设目标模式框架选择、要素构建、落地实施，加上本质属于企业文化管理的与时俱进四个阶段的工作才能完成的一个系统工程，而企业文化管理则是强调对应于企业组织内、外部各种关系进行渐次的梳理、优化、调整和定型。所以在实施方式上企业文化管理强调把企业文化分为不同的模块来渐次推进，避免拆东墙、补西墙的无序实施带来的低效和浪费。企业文化管理的功能本来就是通过对企业组织内、外部各种关系的性质和处理方式的调整、确立和定型来实现的，所以它的实施必须对应这诸多方面的关系，在分类的基础上进行调整、变革。

企业文化首先是对企业组织内部各种关系的调节，因为企业市场竞争能力的维护和提升，是以其内部关系的和谐为前提的。所以企业文化管理要关注的第一个模块就是内部管理模块。只有当企业文化管理把内部管理模块所涵盖的关系和谐了，才能统一意志迎战市场竞争。

企业是在市场中存在，并通过竞争存在的。所以必须对企业组织在市场竞争中结成的各类关系达成和谐，这就需要通过外部营销模块的管理理顺这种种关系。只有当企业文化管理把外部营销模块所涵盖的关系理顺了，才能获得生存和发展的空间。

而企业面对的市场是多种多样、复杂多变的，任何一个企业都很难独立地通过自我滚动发展积累资源以满足其发展需要，世界企业发展史中没有哪家成规模且有影响力的企业完全是通过自我滚动积累资源发展起来的。因而必须通过种种方式的合作，借力整合其他企业或社会经济组织的资源就成了企业实现跨位、跨越式快速发展的必由之路。这就使企业不可避免地会与各类企业或社会经济组织结成合作关系。这也就是企业文化管理的第三个模块——商务合作模块管理。只有当所有的商务合作关系都和谐了，企业才可能实现跨位、跨越式发展。

图3－19　商务合作模块示意图

企业文化管理的三个模块，彼此之间都可以相对清晰地画出边界。同时这三个模块所体现的三组关系又具有相对的独立性。这就为企业文化管理的实施提供了操作上的方便。在讨论企业文化管理的操作实施前，首先对这三个模块的内容作一简述。

五、企业文化管理三个模块的功能作用

1. 内部管理模块的功能作用

内部管理模块的功能作用，是协调企业发展内部四个利益关联主体——投资者、经营者、管理者、劳动者之间的相互关系，其范围仅仅限于企业组织运行过程中在企业内部发生的种种关系。它所面对的问题是如何协调、融合企业发展内部四个利益关联主体两两之间的关系，以调动每一个利益关联主体的积极性。在这里，企业组织内部投资者、经营者、管理者、劳动者四者两两之间关系的个数等于从四个不同的元素里，每次取出两个元素构成的组合数，总计有六种，加上企业组织作为一个整体与员工个人的关系，则为七个方面。这七个方面的关系，都是企业内部管理模块必须涵盖的内容，必须从统一的角度和立场作出界定和说明。

2. 外部营销模块的功能作用

外部营销模块的功能作用，是协调企业与国家政府、社会公众及市场客户之间的相互关系，它所面对的问题是如何诱导客户的行为选择，以使之认同企业组织及其产品。外部营销模块所要协调关系的对象有企业组织作为一个整体与国家政府、社会公众及市场客户之间的关系，以及企业组织成员个人与社会公众及市场客户之间的关系，总计五个方面，这些都是外部营销管理模块所必须涵盖的内容。

3. 商务合作模块的功能作用

商务合作模块的功能作用，是协调企业与已经或可能成为商务合作关系的企业和社会经济组织之间的关系，诱导它们为企业的发展提供支持和帮助。这种关系也就是企业与供货商、经销商、银行等方面的关系。这也就要求把这种种关系的性质和特征，从统一的角度和立场进行界定，形成协调这种种关系的规范。每个企业都有自己独立的利益，都想在需求方主导的市场竞争中独立地战胜对手，所以如何协调好企业上、下游之间的关系，与经销商、供货商珠联璧合，与银行等经营资源拥有主体之间达成和谐关系，也就成了超越竞争对手，实现跨位、跨越发展没有选择的选择。企业之间的竞争，归根结底是资源的竞争，谁支配的资源越多，谁就拥有

越多的话语权。因此，整合资源的能力，也就是最大的竞争力。整合资源，就是广泛地与多种多样的企业和社会经济组织结成合作关系，以借他人的资源为企业发展所用。

六、三个模块之间的关系

内部管理模块、外部营销模块、商务合作模块三个部分作为一个整体构成了一个完整的企业文化。如果从集合的角度分析，它是以另外一种方式集结的集合，但集合的构成元素并没有改变。从集合的构成元素分析，内部管理模块、外部营销模块、商务合作模块三分式结构的集合，与四层次九要素结构的集合，以及共同价值观念、共同思维方式、共同行事习惯三分式结构的集合，都是相等的，不同的仅仅是集合中的元素的组合方式。

图 3－20　企业文化管理的三个模块展开示意图

内部管理模块、外部营销模块、商务合作模块三个部分，尽管彼此之间有明确的边界，但彼此并不是孤立的，而是相互紧密地联系在一起，相互作用。所界定的协调某个特定关系行为标准的性质，会直接制约限制协调其他相应关系行为标准的性质，彼此之间不可能分割和独立。一般而论，有什么样性质的内部管理模块，也就会有什么样性质的外部营销模块和商务合作模块，因为它们最终面对的都是人与人之间的关系。比如，以什么样的方式对待下属员工，也就会以什么样的方式对待外部客户和合作伙伴。反过来也一样，以什么样的方式对待外部客户和合作伙伴，也就会以什么样的方式对待下属员工。因此，三个模块中任何一个模块所涵盖的关系在性质上的发展改变，也都必然会带动其他两个模块所涵盖的关系在性质上的发展改变。

七、三个模块发展完善的实施方法

企业文化三个模块发展完善实施的方法，可分别概括为《内部管理模块发展完善分析表》（见表3－10）、《外部营销模块发展完善分析表》（见表3－11）、《商务伙伴模块发展完善分析表》（见表3－12）。依表中内容分析，也就达成了发展完善的目的。

表3－10　内部管理模块发展完善分析表

选择顺序	顺序选择的管理方式	选择理由（对应企业实际）	实施的主要措施办法		对应管理工具及所需资源投入分析
			序号	内容说明（具体说明通过什么措施办法来实施）	
1			1		
			2		
			3		
			4		
			5		
2			1		
			2		
			3		
			4		
			5		
3			1		
			2		
			3		

续表

选择顺序	顺序选择的管理方式	选择理由（对应企业实际）	实施的主要措施办法		对应管理工具及所需资源投入分析
			序号	内容说明（具体说明通过什么措施办法来实施）	
			4		
			5		
4			1		
			2		
			3		
			4		
			5		
5			1		
			2		
			3		
			4		
			5		
6			1		
			2		
			3		
			4		
			5		

表 3－11　外部营销模块发展完善分析表

选择顺序	顺序选择的营销方式	选择理由（对应企业实际）	实施的主要措施办法		对应营销工具及所需资源投入分析
			序号	内容说明（具体说明通过什么措施办法来实施）	
1			1		
			2		
			3		
			4		
			5		
2			1		
			2		
			3		
			4		

续表

选择顺序	顺序选择的营销方式	选择理由（对应企业实际）	实施的主要措施办法		对应营销工具及所需资源投入分析
			序号	内容说明（具体说明通过什么措施办法来实施）	
			5		
3			1		
			2		
			3		
			4		
			5		
4			1		
			2		
			3		
			4		
			5		
5			1		
			2		
			3		
			4		
			5		

表 3－12 商务伙伴模块发展完善分析表

选择顺序	顺序选择的合作方式	选择理由（对应企业实际）	实施的主要措施办法		对应合作工具及所需资源投入分析
			序号	内容说明（具体说明通过什么措施办法来实施）	
1			1		
			2		
			3		
			4		
			5		
2			1		
			2		
			3		
			4		
			5		

续表

<table>
<tr><th rowspan="2">选择顺序</th><th rowspan="2">顺序选择的合作方式</th><th rowspan="2">选择理由（对应企业实际）</th><th colspan="2">实施的主要措施办法</th><th rowspan="2">对应合作工具及所需资源投入分析</th></tr>
<tr><th>序号</th><th>内容说明（具体说明通过什么措施办法来实施）</th></tr>
<tr><td rowspan="5">3</td><td rowspan="5"></td><td rowspan="5"></td><td>1</td><td></td><td></td></tr>
<tr><td>2</td><td></td><td></td></tr>
<tr><td>3</td><td></td><td></td></tr>
<tr><td>4</td><td></td><td></td></tr>
<tr><td>5</td><td></td><td></td></tr>
<tr><td rowspan="5">4</td><td rowspan="5"></td><td rowspan="5"></td><td>1</td><td></td><td></td></tr>
<tr><td>2</td><td></td><td></td></tr>
<tr><td>3</td><td></td><td></td></tr>
<tr><td>4</td><td></td><td></td></tr>
<tr><td>5</td><td></td><td></td></tr>
</table>

第七章

人性化管理模式的具体实施方法

随着社会经济的发展，人的主体地位越来越强化，从而使剥夺下属员工的主体性，以等级权力为推动力的科层等级管理越来越变得低效和无效，人本人性化文化越会得到普及。进而强化价值认定激励，推进人性化管理模式的实施，必须细查自己企业的管理行为，把尊重人、信任人、关怀人实现的价值认定激励提升为内部管理模块的首要内容。通过检查、改正、行动、规范四个步骤推进，才能取得预期的效果。

下面就其具体实施的方法略作分析。

一、一件真正的奇案

2001年辽宁省鞍山市发生了一件奇怪的诉讼案。鞍钢集团的一个中层管理人员状告鞍山某一高校的老师诈骗罪。但事实是这位老师不仅没有从原告那里获得任何经济利益，相反还倒贴了2万元。

世界上真会有如此行骗的人？

人们也许会猜想：是他手段低劣，偷鸡不成，反失了一把米？是他行骗未遂？

其答案却都不是。

事情的原委是这样：作为被告的这位高校的老师，一向被认为是交际面广、活动能量大、有通天本领的大能人。作为原告的这位鞍钢集团的中层干部，有一个儿子在北京上大学，希望毕业之后留北京工作，但他自己苦于没有这方面的关系而求上了这位老师。这位老师感觉到鞍钢集团这位中层干部能够求到自己，感到自己很有面子。尽管这件事他毫无把握，他也硬着头皮揽下了这件事，并满口承诺，“没问题，没问题。”通过联络，他把所有的关系都用上了，但这件事仍无着落。但碍于面子，他自始至终都没有提及这事对他来说的非现实性。相反还吹嘘，他在国家教委有一个同学，“在他那里，只不过是一句话的事。”鞍钢集团的这位中层干部也当他有能力办成此事，把全部希望都寄托在他身上，三番五次地登门拜访。这位老师说：

“我已联系过，此事没有问题！但需要用钱打点，并且钱少了不顶事，没有万把块钱是难以成事的。”

鞍钢的这位中层干部就先后凑了8000元钱送给他。

原告的儿子已临毕业，但这位老师却仍是想不出一点办法。最后自己掏钱在首钢家属院内为他租了一间房子，并每月为他发800元钱的工资。说工作单位已落实，就是首钢集团，只因为单位正在开展减员增效活动，不便于公开新增人员。所以由人事处作了安排，先住下，并发给基本工资，待时机成熟时再安排具体职务。

原告听后非常高兴，是千谢万谢。也由衷地感到这位老师的能耐，这位老师也因此得到更多的人佩服和尊重，甚至这位老师的顶头上司也不得不对他刮目相看。这位老师是能人的名声传得更火了。

但原告的儿子，一等就是两年多。这位大学生没有上班，住着首钢的“免费”房，拿着不用上班就有的“基本工资”。开始他也还感觉不错，但时间一长，职务没有最后落实，与人交流总感觉到缺点什么。他越来越沉不住气了，就直接跑到首钢人事处询问具体职务的安排情况，什么时候才能落实。这就一下露馅了。

鞍钢的这位中层干部告这位老师诈骗钱财，并耽误了他儿子近三年的黄金年华。但这位老师拿的8000元钱连房租都不够，他不仅掏自己的辛苦钱为原告跑路，而且为他儿子发工资。前后相加，少说也为原告倒贴了2万元。

法庭问被告为什么会这样做。他说不愿意让他大能人的形象为此事而受损。

图3－21 虎、猴、龟比福

尽管这件案子是一个特例，不具有普遍性。但像这位老师一样的行为选择，一般人都不会，但对“能”的价值需求满足的渴求却是每个人所共有的。因此，能激发这种价值需求，并提供这种价值需求的满足，也就可以对人的意志行为产生激励诱导作用。

从这个奇怪的诉讼案中，我们可以得到以下四点启示：

（1）自我价值的被认定，也就是自我社会价值和意志价值的实现，所以人人都会看重自我价值的被认定。

（2）人需要尊重、信任和关怀。一旦他人得到这种自我社会价值和意志价值的满足，他就会尽最大努力来维持被认定的价值，从而使对人的尊重、信任和关怀，产生莫大的管理作用。

（3）要激励人不一定非要用金钱，如果价值认定激励运用得当，甚至可以让他人掏出钱来。

（4）通过非经济福利的价值认定激励实施管理，不仅管理实施投入少，而且可稳定地获得员工对企业组织的忠诚。

在影响下属员工意志行为的六种管理方式中，尊重人、信任人、关怀人三种管理方式都具有激发这种价值需求，并提供这种价值需求满足的作用。

但在一般企业的管理中，这种价值认定激励远远没有受到普遍重视，甚至好多企业老板和高管根本没有这种意识。价值认定激励，不仅仅作为管理实施的一个措施，而是作为人性化管理模式的一个核心内容，其实施则涉及所有管理人员，因此，只有通过检查、改正、行动、规范四个步骤推进，才能取得预期的效果。下面就这四个步骤的工作，作一讨论。

二、检查

所谓检查，就是检查，在自己的企业现实管理中，是否存在不尊重人、不信任人、不关怀人的问题。如果存在这类问题，则难免使企业拿钱买来的一点岗位员工工作积极性，被管理人员的“三不”所抵消，使涨工资、发奖金的劳动投入白白浪费。根据赫茨伯格的双因素理论分析，工资只能起保健作用，加工资、发奖金才具有激励作用。当所加的工资和所发的奖金构成员工收入的一个稳定部分之后，它又成了只起保健作用的一个因素，而尊重人、信任人、关怀人却直接具有激励的作用。尽管不尊重人、不信任人、不关怀人并不会造成像拖欠工资、克扣奖金一样的遭受员工的抱怨，但也会直接挫伤下属员工的积极性、创造性，消磨其归属感和忠诚度。

因此，要强化价值认定激励，推进人性化管理模式的实施，首先就必须细查自己企业的管理行为中，是否存在不尊重人、不信任人、不关怀人的行为。

1. 不尊重人的行为判断

有下列行为者，视为不尊重人。

（1）在没有调查和核实事件真相之前，就随意批评训斥人。

（2）批评人不讲场合，很小一件事，也当众大嚷大叫。

（3）批评人不注意用语，用侮辱人格的话指责、训斥下属。

（4）批评下属，不是批评下属所做的事有问题，而是评价，甚至贬低下属的人格。

(5) 下达指令，气使颐指，与差狗唤猪一般。

(6) 仅仅告诉下属要做的事的内容，不讲明白做此事的价值和意义，以一种“民可使由之、不可使知之”的心态驱使人，把下属员工当工具使唤。

(7) 涉及下属员工利益的事，不与下属员工讨论，独断专行。

(8) 与下属员工正面相遇，仰首它顾，当下属员工为不存在。

(9) 检查下属员工的工作，不先确定标准要求，随意根据自己的意断指责下属员工。

(10) 与下属沟通讨论问题，不事先与下属约定，随意打断下属的正常工作秩序。

(11) 指令多变，让下属应接不暇，不知所从。

(12) 不分场合，随意议论下属员工的短处缺点。

(13) 对下属员工的绩效考核打分，仅凭臆断，不负责任。

(14) 对下属员工的绩效得分，强作评断，不给解释。

(15) 视己为高人一等，谋取特权，享有特权。

(16) 在工作之外的生活中实行等级控制，把下属员工分为高下三等。

(17) 随意干涉下属员工的私人生活。

2. 不信任人的行为判断

有下列行为者，视为不信任人。

(1) 企业管理中大小决策，独断专行，神神秘秘，不让下属员工参与。

(2) 主管人员办公室大门常闭，似乎有永远不能终结的秘密活动。

(3) 让人做事又不授以做事的权力，随意瞎指挥。

(4) 交付一件工作，不等工作完成，又毫无理由的中途换人。

(5) 不给机会让下属员工解释自己的行为，或者怀疑员工的正当解释。

(6) 下属员工初犯某种错误，不给他改正错误的机会。

(7) 以低下的动机度量人，对下属员工的一点儿小过失也上纲上线，甚至由此指责下属员工的人品。

(8) 有意与下属员工保持一定距离，不愿与下属员工同处、同行。

3. 不关怀人的行为判断

有下列行为者，视为不关怀人。

（1）见下属员工有愁容，不过问，视而不见。

（2）下属员工工作偶有不会的地方，也不指导、不教练，一味指责。

（3）与下属员工谈工作，只问结果，不关心过程，只要他贡献，不关心他的个人牺牲和付出。

（4）下属员工发生不幸，或有灾、有难，不关心、不抚恤。

（5）下属员工有伤、有病，不关心、不问候。

（6）下属员工有意见、有想法，也不愿听取，甚至找上门了也支吾拒绝。

（7）只盯住下属员工的工作效果，不关怀下属员工的个人发展。

（8）只要求下属员工努力贡献，不考虑下属员工个人价值需求的满足。

三、改正

所谓改正，就是针对企业管理中已存在的不尊重人、不信任人、不关怀人的行为，进行整改，防范和杜绝“三不”行为的延续和重复发生，以消除这种对下属员工起负面作用的行为。

图 3－22 严查“三不”行为的意义

改正“三不”行为，其工作可从五个方面开展：

（1）对管理人员的行为进行规范。这也就是把“三不”行为作为评价管理人员素质的一个标准，并在它们的岗位责任标准中明确作出要求。把没有“三不”行为纳入绩效考核的范围，对有“三不”行为的管理人员，按次扣减考核得分，使每个管理人员一方面从自我意识上认识到“三不”行为对企业发展的不良影响和危害，另一方面让不严格约束自己行为，发生“三不”行为的管理人员在个人利益上付出代价。

（2）把影响面广的“三不”行为，明确界定为劣根陋行予以杜绝。“三不”行为在很多企业广泛存在，甚至习以为常。有些管理人员甚至自己也不觉得这种“三不”行为有什么大的危害。在这种情况下，要扭转轻视价值认定激励作用的局面，把影响面广的“三不”行为，明确界定为管理人员的劣根陋行，行文明确杜绝，并用公示牌在企业内部醒目的地方标示出来，让员工进行监督。

（3）企业老板和高管带头约束自己。一般而言，职位层次级别越高，越是会有种种理由放纵自己的“三不”行为。因此，只有企业老板和高管带头约束自己，对自己不经意的违犯，通过自罚以警戒其他管理人员，这才能缓解“三不”行为的泛滥，否则就难以形成价值认定激励的力量。

（4）像抓考勤一样严抓“三不”行为。“三不”行为泛滥的企业，即使开始意识到其危害，也难以消除这一痼疾。要想在短时期内见到成效，必须针对明显而严重的“三不”行为制定出与惩戒迟到、早退、睡岗一样的惩戒办法。

（5）设置“三不”行为杜绝奖。制止杜绝“三不”行为，除了进行负强化——惩戒外，从正面进行诱导也很重要。因此，定期评选远离“三不”行为的管理者并予以奖励，也就非常必要了。

四、行动

所谓行动，就是企业管理人员不仅要杜绝“三不”行为，而且要在尊重人、信任人、关怀人上有所行动、有所实践。只有管理人员都杜绝了“三不”行为，并且都身体力行地尊重人、信任人、关怀人，才能使价值认定激励在企业组织激励机制中发挥作用，以稳定员工忠诚，统一员工意志，激发员工积极性。

1. 确立尊重人、信任人、关怀人的意识

行动的前提是意识。要让每个管理人员都有尊重人、信任人、关怀人的意识，这就成为价值认定激励有效实施的前提。要让企业管理人员具有这种意识和观念，除了在改正这一环节上从反面给予禁止外，更重要的是要不断地向企业各层管理人员灌输尊重人、信任人、关怀人的观念，使每个管理人员都树立这种意识，尤其是让每个管理人员都确信：

（1）每个下属员工都有伟大之处，都有自己独特而合理的个性，值得尊重，也必须尊重。

（2）每个下属员工都有一颗善良的心，只要不存在利益上的对立和冲突，都值得信任，也完全也可以信任。

（3）每个下属员工相对企业发展都是重要的，值得去关怀，也必须去关怀。

具体灌输的途径包括四个方面：

（1）由企业高层主管联系自己的实际，身体力行地为下属进行培训讲解，让每个管理人员明确其意义和作用。

（2）把这个内容作为专门的培训课程，组织培训，外请专家从对企业管理的作用和影响及实施办法进行培训、示范、演练，并组织讨论，拓展管理人员实施价值认定激励的思路和办法。

（3）把具有普遍性的尊敬人、信任人、关怀人活动以制度规则的形式定型下来，以使每个管理人员都遵照执行。

（4）在企业文化理念中，突出尊重人、信任人、关怀人的内容，以此引导企业各层管理人员按照强化的人的主体性，承诺人的价值理念去思考、去行动并约束自己，进而推进人本人性化的企业文化建设实施。

企业开始实施价值认定激励的时候，不能一下子把它弄得太复杂，而只能循序渐进，让各级管理人员从简单的行为规范入手。价值认定激励实施的简单有效的行为规范，可由微笑、交流、问候三个环节构成。

2. 强化微笑管理

微笑服务的作用和意义，大多数企业都已领悟，但微笑管理却没有受到多少人的重视。对客户需要通过微笑服务来温暖客户的心，使客户感到被尊重和关怀。下属员工就不需要？可以说更需要。

下属员工不能受到应有的尊重、信任、关怀，怎么能笑得出来？下属员工笑不出来，是否仅仅由老板做微笑服务？显然不行。因此，首先必须让下属员工都能笑得出来。要让让下属员工都能笑得出来，岗位员工的上司主管必须对他们微笑。

所谓微笑管理，就是要求管理人员，只能以微笑面对下属员工，不能有事无事板着面孔，一张冰冷的脸洒向下属员工，让下属员工整天让这张冰冷的脸堵在心里，付出没有任何必要的紧张和压抑，影响情绪，降低工作积极性和创造性。

为了强化这种微笑管理的实践，可要求管理人员每天进行一次总结：

（1）我今天对下属员工微笑了吗？

（2）对哪位下属没有微笑？

（3）为什么没有微笑？理由充分吗？

微笑是一个不费钱、不费力的活动，但作为上司主管对下属的一笑，却包含十分丰富的内容，有尊重，有信任，也有关怀。相反，一张冰冷的脸却是表示对人的不尊敬、不信任、不关怀。微笑，在改变和诱导人的意志行为中有非常重大的作用。中国有一句俗话，“相视一笑泯恩仇”。微笑就有这种力量，它可以化解很多内心的不快和矛盾，让人感到鼓励和力量，让人压抑的心得到释放，产生信心、产生希望，所以世界上成功的管理大师，总是笑容可掬的。

图3－23　实施价值认定激励神仙也动尘心

3. 强化交流管理

交流是上司主管主动把自己的思想观点和设想，讲出来和下属一块讨论。这种交流是一种信息通报，表示的是一种信任；向对方征求意见，这是一种尊重；如果这种意见、观念或计划，与下属的利益相关，这又是一种关怀。交流就是沟通，就是通过沟通达成上下之间的相互理解、相互认同。

这也可以作为一个普遍化的规范，要求每个管理人员在一天工作结束之后进行总结：

（1）向下属员工讲了他们所承担的工作的意义作用了吗？讲清楚明白了吗？

（2）没有清楚明白地对下属员工讲明他们工作的意义作用，原因何在？

（3）自己在管理上的新想法、新观点向下属员工讲明了吗？为什么没有讲明？

人和牛马不一样，你牵着它的鼻子走，赶着它走，它不会问你为什么要向这个方向走。但人却会，当他不知道这个原因之前，迫使他在不理解的情况下行动，这会使他感到痛苦、压抑，甚至自卑，从而会扼杀他的积极性和创造性。

即使是你自己管理上的新观点、新想法，通过交流不仅可以让下属员工理解、认同，以增加他们工作的热情和积极性，而且还可以丰富完善你的这种新观点、新想法。不要以为下属员工都是阿斗，愚者千虑还有一得，况且下属员工并非都是愚者。管理人员在管理上的新观点、新想法最终都得由下属员工来实践，如果下属员工不理解、不认同、不支持能有效地实施吗？

4. 强化问候管理

问候就是关怀。谁都知道，没有把对方装在自己心中，就绝不会关心对方的行为和现状，更不会通过问候来了解他的现状，了解他的要求和感觉。这种问候是对他人根本利益和切身利益的一种关心。在文明程度高的社会和国家，人们彼此见面，都会问候。这种问候尽管并不包含什么实际意义，但却是表达的一种相互关爱和尊重。

但这种问候不是寻查别人的隐私，使别人感到窘迫和不安，而是通过这种问候了解和把握别人关注的问题与所遇到的困难，是为对方减少忧虑，让对方获得宽慰，感觉到自己受到重视、受到关怀、并不孤立，没有陷入绝境。从而使他产生力量，也产生信心和希望。

问候，也可以作为一个基本行为规范，让各级管理人员付诸实施，让每个管理人员在每天工作结束之时，也都问一问：

（1）我今天问候了所见下属员工吗？

（2）没有问候，原因何在？

为了保证这种简单的行为能够落到实处，可以制作一个简表，让管理人员每天下班前填写。

填写《管理人员价值认定激励实施行为规范自我日结表》（见表3－13），可有助于本人反思，提升其价值认定激励的实施自觉性。此表可在第二天上班后一小时内收集起来，并挂到各自直接下属能清楚看到的地方，以此作为监督。将《管理人员价值认定激励实施行为规范自我日结表》的总结作为考核的一项内容，在绩效得分中有所体现。

表3－13 管理人员价值认定激励实施行为规范自我日结表

姓名		任职部门		职务	
微笑	在相遇相处的下属员工中，对哪位没有微笑？为什么？				
交流	对哪些岗位员工没有说明其工作价值和意义？为什么？				
	自己的新想法、新观点与下属员工交流了吗？为什么？				
问候	在所见下属员工中，没有问候哪些人？为什么？				

一谈要引进一种新的管理方法或思路，有些企业老板和管理人员马上会问：有实施技巧吗？能把种技巧传输给我吗？尊重人、信任人、关怀人的实施，有什么技巧，这也是很多人关心的问题。回答是：有，这种技巧就是不能用技巧。尊重人、信任人、关怀人的实施，没有技巧，每日三省即可见成效。尊重人、信任人、关怀人的实施，没有技巧，其关键在于心诚。相反，过多地应用技巧，还会使这种活动变得虚伪不实，失去应该有的作用。只要管理人员有了真正尊重人、信任人、关怀人的诚心，任何时

候、任何地方都可以找到最恰当的表达方式。

要通过价值认定激励来强化企业激励机制作用，仅仅有微笑、交流、问候这三种简单有效的行为规范的贯彻是不够的，把尊重人、信任人、关怀人的信念注入到每个管理人员的潜意识之中，并实施对管理行为选择之前都自觉地问一问自我：

（1）这种处理方式是对他人的尊重吗？

（2）这种处理方式是对他人的信任吗？

（3）这种处理方式是对他人的关怀吗？

让每个管理人员在实施管理的行为选择之前，都在对这三个问题作出肯定的回答之后再付诸实施。尊重人、信任人、关怀人也就自然而然地落实到管理人员的管理行为的每一个细节上了。这样，基于价值认定激励实施的人本人性化管理模式也就形成了。

五、规范

所谓规范就是强调把尊重人、信任人、关怀人这种理念及其转化的实际行动变成能为企业管理人员普遍接受，自觉实践的制度规则。

实施价值认定激励，推进人本人性化管理模式的形成，必须对管理人员的行为进行规范。这里的规范，包括三个方面的内容：

（1）让企业管理人员的思想观念在价值认定激励实施上达成共识，能自觉地按照价值认定激励实施的理念和思路实施管理。这一规范也就是直接把尊重人、信任人、关怀人的价值观念转化为企业文化的核心内容。

（2）对企业管理行为作出统一的行为要求，对“三不”行为施以一定的惩处。因为每个人都存在一定的惰性，任何事情，仅仅有正面的倡导是不够的，必须有相应的处罚措施进行约束，让人的惰性不能膨胀。比如，海尔的最初十三条管理制度让人觉得非常不可思议，但在海尔发展到今天，已有非常完善而严密的管理规则的情况下，仍然有人违犯当初十三条中的“不准上班喝酒”的制度。这说明企业管理的约束惩戒规则在任何时候也是不可或缺的。

（3）对企业管理人员实施尊重人、信任人、关怀人的典型行为措施作出统一的要求，让每个管理人员，按照企业对管理人员的统一要求实施管理，以保证尊重人、信任人、关怀人在企业管理中成为一种风尚。

但价值认定激励的具体实施方式又不能作出统一规定。否则，会失去其应有的激励作用。比如，如果用制度规定员工生病住院三天，由企业买给价值50元的慰问品。当一个员工生病住院的时候，他就会把这50元的慰问品作为一种福利来享有，而不会认为这是公司对他的一种尊重和关怀。

如果他住了三天院，企业没有及时送给慰问品，他还会因此而不满。因为他认为这50元的慰问品，依制度规定是他应该享有的，没有得到就是对他的歧视和不公。同时，甚至还会把事情弄得更复杂，某个员工住院不止3天，而是6天或者9天。如果没有重复送第二次或第三次慰问品，他也会感到是一种不公。这往往就会把一件好事弄成一件引起抱怨和不满的不愉快事。因此，尊重人、信任人、关怀人的实施，强调根据各层管理人员的实际随机实施，不能一刀切。

比如，在海尔张瑞敏在家时，员工的集体生日晚会，他一般都会亲自到场祝贺。如果特别忙抽不出身来，或者出差在外，员工的集体生日晚会他不能出席，这些员工也不会因此而抱怨。如果专门作为制度规定，员工集体生日晚会必须由哪一级领导人到场祝贺，这就会使这一活动失去激励作用。所谓不能一刀切，也就是不能在制度上作出死规定。

第八章

三种常用管理方式的运用方法

六种管理方式，我们在《企业规范化管理系统实施方案·岗位员工管理》的第二篇中讨论情感管理的标准时，已经全面作过讨论分析，在此仅就其余的教诲人、激励人和约束人三种方式的具体运用加以分析。教诲人，可以改变被管理者的意志行为，是实施管理的一个重要途径。构筑能激励人的边际情境，才能驱除人的惰性，让人发掘潜能，帮人成就事业。通过约束人这一管理方式的作用，抵制了人的惰性，这也可以帮助人成就事业，实现其自我价值。

一、教诲人管理方式的内涵和实施技巧

通过教诲人，改变被管理者的意志行为，是实施管理的一个重要途径。它是站在被管理者的立场上，在为被管理者的利益着想的前提下，让被管理者改变其行为选择，以与管理者的希望相一致的一种管理方式。为什么要教诲人，以及如何教诲人，下面略作分析：

1. 人在四种情况下不免做傻事，必须有人教诲

在缺少信息时，他人给予教诲，提供信息，任何人都可能会心怀感激地接受。在以下四种情况下，人会变得非常愚蠢，更需要有人给予教诲，但通常又难以自主地接受他人的教诲。

（1）即刻的需求满足。

即刻的需求满足总是比久远的利益更具有吸引力，从而往往使人为了即刻短期的利益而忘记根本利益和最大利益，去做傻事。吸毒、酗酒、吸

烟、嫖娼的人即是。他们因为即刻的肌肤之利的诱惑，变得愚蠢至极，为了片刻的飘飘如仙的感受和兴奋，使他们忘记和放弃了自己的健康和尊严。健康和尊严是每个人都向往，并且永远向往的根本利益和最大利益所在。

（2）僵化的思维模式。

僵化的思维模式和一成不变的价值观念，总是坑陷人，让人做傻事。思维模式就是一个人反应周围世界和思考分析问题的路线和方式。事物在变化，世界在变化，社会也在变化。一个人的思维方式若不变，按照既定的思维模式思考已发展变化的世界，必然导致愚蠢的行为。刻舟求剑让人觉得愚蠢之极，实际上，他只不过是把船已经行离这一变化忽略了。人的思维模式是由过去的经验、经历沉淀形成的。一朝被蛇咬，十年怕井绳，讲的就是人的思维模式形成发展的过程。但一朝被蛇咬，就是怕井绳。

（3）一成不变的价值观念。

所谓价值观念，实际上是人的偏好的一种反映，表现的是一种判断和取舍。它无所谓对与错、是与非。对同一事物，是好是坏，是善是恶，是美是丑，各有评说，其依据仅仅是他过去的经验和体会。没有人会觉得蛇漂亮，但它却可以是蛇专家心目中的天使。时代变化了，若价值观念不能反映外部环境的变化，不能与时俱进，永远停滞在过去，死守陈规陋习，也必然会做蠢事。在电已经相当普及的今天，若谁坚持一定要用松明照明，他一定会被人强制性地送进精神病院。中共十四大确立了社会主义市场经济的体制，有忠诚于计划经济的大学教授跳楼，以其身为计划经济殉葬，也就是如此。

（4）沉迷不拔的感情。

沉迷不拔的感情总是误人，让人做傻事。人是有感情的动物，没有感情不如禽兽，只有感情也不如禽兽，是愚蠢得不如禽兽。我所工作的大学，曾发生了这样一件事：有一个女孩子，不仅长得漂亮，而且智商还算较高。她以相当高的分数考上了这所大学的一个热门专业，但却因为感情使她变得比驴还愚蠢，做出了连驴也决不会做的事。她因为所爱的一个男同学，追求事业，做报考研究生的准备，冷淡了与她的热恋关系。她认定是他不再爱她而找的借口，因此选择跳水库自杀了。即使这个男生不爱她，她也没有必要选择自杀。世界上好男人多的是，非其不嫁，甚至去死，这就是愚蠢得连驴也不如。为什么愚蠢？就是太爱了，爱得太深了。

这也就是让感情把人弄愚蠢了。如果对一个不再爱自己的人却爱得为之去死，相反，却于含辛茹苦，把自己从小养育大，并怀着全部希望送自己上大学的父母而不顾，世界上还有比这种人更愚蠢的人吗？

人陷入这四种迷茫之后，尽管没有人从旁教诲，他自己也有可能从挫折中醒悟，不再继续做傻事，但会在什么时候醒悟却不确定。他人的教诲至少可加快他醒悟的速度，让他少受挫折。

2. 人非圣贤，做管理者的责任重大

人人都会陷入这四种愚蠢之中。如何才能使人从这四种愚蠢之中摆脱出来？唯一的途径就是有人给予教诲。所以，做管理工作的和做领导的不知怎样去劝说和教导他人，他也就不能算是一个称职的管理人员和领导者。人一旦陷入四种愚蠢之后，除了做傻事，绝不可能做好工作。所以做老板或主管的，还必须是一个优秀的传教士。作为管理人员以下四项工作必须作为自己义不容辞的职责履行。

（1）随时随地分析和告诫外部环境的变化，并不断提醒下属员工的已有经验，可能与已变化的外部环境不再相适应，搬用、套用过去的经验必须慎重。

图 3－24　约束不一定是坏事

（2）随时随地把自己的思想观念反反复复、不厌其烦地灌输给下属员工，让他们接受其价值判断和选择，这样他们才会按照其要求把工作做好。

（3）准确地把握下属员工的长远利益和最大利益，并且不断地讲说，使之摆脱即刻得利的诱惑，理性选择，少做傻事。

（4）及时发现下属员工的感情陷阱，并及时循循善诱地把他从感情的迷途中拯救出来。

3. 忠言要不逆耳，教诲人要有技巧

尽管人人都需要他人的教诲，并且只有他人在自己需要教诲时，及时给予教诲，才会少做蠢事和傻事，但人却又讨厌他人的唠叨和说教。孔子能以七岁的项橐为师，这是圣人的选择，也是古今中外少有的美谈。正是因为远不是每个人都能像孔子一样，所以教诲人必须掌握一定的技巧，以使良药不苦口，忠言不逆耳。

教诲人的技巧概括起来，主要有以下八个方面：

（1）以关心而诲。准确地把握下属员工的长远利益和最大利益，真正站在下属员工的立场上来教导下属员工，让下属员工感觉到教诲完全是出于对他的关怀，并且分析说明要尽可能简洁明了。

（2）以夸人长处而诲。通过夸奖下属员工尽管细小但却符合企业发展需要的行为，诱使他按照企业发展的目标要求方向行事。夸奖其长处和优点，就会使其长处更长，优点得以发扬光大。

（3）以批评自我的短处缺点而诲。批评自己的短处，使他人自省，明白管理人员所不期望的行为和作风是什么。

（4）以行而诲。即通过自己的行为带领下属员工，让他们从自己的行为举止中学习。榜样的力量是无限的。

（5）以向对方学习而诲。即拜对方为老师，使对方从教中学，实现教学相长。

（6）多用比喻诲说。让人从简单的故事中明了深刻的道理，并让他人自己做结论，以避免让人感到是上司主管把意志强加于人，使忠言不逆耳。

（7）通过环境诲说。近朱者赤，近墨者黑。为之创造一个特别的环境，使他受到众多人的感染而改变自己的意志行为。

（8）不以师长的口吻教诲。以师长的口吻教诲，则会让人有受屈辱的

感觉，使之产生逆反心理，对很好的意见也听不进去。

二、激励人管理方式的内涵和实施技巧

人在可以懒和勤劳无益时，就不会不懒，而又是懒使人的很大一部分智慧和潜能没有被发掘、发挥出来。把人置于生与死、荣与辱、升与降、得与失的边际情境之中，激励他，他的潜能才可能发挥到最大。

有些人相信人本善，另一些人相信人本恶；有些人认定人是积极主动的存在物，另一些人却认定人是被动懒惰的存在物。其实人既不善也不恶，既不是积极主动的，也不是被动懒惰的，关键是他所处的情境。积极主动非常有益时，他会积极主动；能够散漫懒惰时，他就会散漫懒惰。这一切都是依周围情境而选择的。所以构筑能激励人的边际情境，才能驱除人的惰性，让人发掘潜能，帮人成就事业。

散漫懒惰浪费掉人的很大一部分潜能，使人的潜能大部分都一直处于潜在状态，最终也没能发挥出来而白白浪费掉了。有人作过测算，人的智力潜能一般人大约只发挥了5%，爱因斯坦也只发挥了30%；体力潜能一般人发挥不到50%。一个跳高冠军所跳过的高度早已突破了2米，但普通成人跳跃的高度平均不到1米。

要充分发挥人的潜能，就必须把人置于一种边际情境之下。而人的潜能又只有处于一种生与死、荣与辱、得与失、升与降的边际情境之时，才能发挥到最佳状态。古时候，军事家背水列阵，把士兵置于生与死的情境，使士兵不得不奋勇向前，从而创造了以少胜多的战例。运动员创造最好记录也都是在全世界，至少是在全国的大型比赛中。为什么？道理很简单，在大型比赛时，他们被置于了一种边际情境。要么得冠军，名扬天下；要么，成绩平平，一辈子默默无闻，让几年，甚至十多年的训练都有付诸流水，白白浪费了自己的青春光阴。因此，要想发挥发掘人的潜能，让人创造性地工作，就必须随时随地为下属员工构筑欲懒不能的边际情境。

求生、求升、求荣、求得，是人的本能和天性，只要被置于生与死、升与降、荣与辱、得与失的边际情境之中，人就会本能地积极奋发努力，使潜在的能力显现出来。因此，所有包含比赛性质的活动都具有激励作

用。事先通过制度约定了的批评、表扬，奖励、惩罚，升迁、贬职也都有激励作用。比赛即使没有任何形式的奖品，胜负本身也包含荣辱、得失。有了奖励，就更加重了它的荣辱、得失等的边际效果。通过制度事先约定什么行为和结果给以表扬、奖励、调升职务，什么行为和结果给以批评、惩罚、贬降职位，也就把荣辱、得失、升降摆出来了，让人自己选择意志努力的方向和努力的程度，尤其是当这种制度已取信于人，能按照预先约定的条款不折不扣地兑现时，更是如此。

三、约束人管理方式的内涵及实施技巧

无际荒漠中的孤独游人不会感到自由。绝对的自由等于绝对的无知，它只会让人恐惧。约束人，让人在制度规范之内活动，信步曲廊也不一定不是一种享受。通过约束人这一管理方式的作用，抵制了人的惰性，这也可以帮助人成就事业，实现其自我价值。因此，并不是所有人都拒绝外在约束。但实施约束必须避免引起被约束人的逆反心理，造成对立。如何实施约束人，下面略作分析：

1. 没有约束就不足以消除人的散漫懒惰习气

《史记·孙子吴起列传》记载了一个历史故事：

孙武以他的兵法去进见吴王。吴王看了兵书后，问孙武能不能用妇人来试一试，孙武说可以。吴王让人从宫中调出美女 800 人。

孙武把她们编为两队，并由吴王的两个宠姬分别统领。孙武先讲解了训练的步骤，问宫女对如何训练听明白没有。当宫女都明白之后，下达了训练约束的规章，并设刀斧手，三番五次申告约束规章。

于是，开始击鼓进行训练。宫女们听到军鼓声，嘻嘻哈哈，没有人按规则进行训练。

孙武说：“约束不明，申令不熟，是作统领的罪过。”

三令五申之后，再次击鼓开始训练。宫女们仍是嘻嘻哈哈。

孙武再次说：“约束不明，申令不熟，是作统领的罪过。”

于是，拿下两队统领，要依军令处斩。

吴王从台上看见，急忙派人告诉孙武说：“我已经知道将军会用兵了。如果没有这两个爱姬，我就食不甘味，请不要处斩。”

“我已受命为将，将在军中，君命有所不受。”孙武说。

于是斩杀了吴王的两个宠姬。然后分别从两队中选出两人作为统领，再击鼓训练。这时，宫女们都能按照兵书所要求的步骤移动，再也没有人出声。

这时孙武派人向吴王报告说：“兵士行动已经整齐，大王可以下来观看，大王什么时候调用，要她们赴汤蹈火都没有问题。”

吴王的宠姬自负有吴王的恩宠呵护，没有人敢对她们怎样，所以根本没有把孙武放在眼里，对孙武的号令就视若儿戏，散漫依旧，嘻嘻哈哈。如果是一般士卒或普通宫女，也就不敢轻视吴王的近臣，对孙武的号令也就不会置若罔闻。而孙武依军令斩了吴王的两个宠姬之后，宫女们甚是悚惧，知道其军令约束不是儿戏，必须慎重对待，所以没有人再敢不守军令了。在这种严明的约束下，平时散漫随便的宫女，也在很短的时间内训练成可冲锋陷阵的兵士。

尊重人、信任人、关怀人、教诲人、激励人，这五种管理方式都是从正面进行诱导、吸引。但人性中存在着散漫懒惰的一面，只要能懒时，不会不懒，所以必须有从反面进行约束的手段和方法。不守规矩就施以严厉的惩处，从外部施加压力，使之只能按照要求行事。而散漫懒惰习气本身又会毁灭人生，自古豪门少伟男，就是因为豪门子弟自恃有高官强权的支撑，并且又锦衣玉食，什么外在的压力也没有，若不仗势欺人、无恶不作，仅仅散漫懒惰、游手好闲，也就算是君子了。如此无所作为，怎么会有伟男长成呢?

2. 约束的目的不同，其性质也不同

相对于被约束人的利益关系，有两种性质完全不同的约束：

（1）为了被约束者的长远利益而施加的约束。约束是人成其为人所不可缺少的一个条件。一个孩子长到上学的年龄，他的父母把他带到学校交给老师，总是一再请求老师严加管束，为的就是要把他调教成材。玉不琢，不成器；人不教，难成事。这是人所共知的道理。这种约束完全是为了被约束者自身的利益。这种约束是不具对立性质的约束。

（2）为了把工作做好而施以的约束。在这里，约束的目的是使之按照上司主管的意志要求去行动，只做有利于做好工作的事，其利益首先是上司主管的。被约束人会不会从约束中获得利益，这种利益是不是被约束者的根本长远利益，却是不确定的。这种约束往往可能带有一定的对立

性质。

3. 约束的性质与实施约束遇到的抵制程度相关

约束人总会引起被约束人的抵制，使约束的实施总是难以成为一件愉快的事。约束的性质不同，其约束实施所遇到的抵制程度也不同。前一种约束是为了被约束者自身的根本利益和长远利益，而后一种约束却主要是为了管束者的利益。前一种约束容易被人接受，即使被约束人当时不理解，但随着时间的推移，他也会慢慢理解。做老师的严格约束学生，学生当时也许会不高兴，但当他懂事之后，又会心存万分感激之情。因此，不听话调皮的学生长大成人之后，无论是否成就事业，他们都会对老师保持比较深厚的情义。相反，听活的学生反而会忘记老师的管教。后一种约束往往使人难以有发自内心的认同和接受。你若鞭打了一个上班迟到的工人，这个工人很难原谅你。

图 3－25　慢藏诲盗，是对盗贼的不仁

4. 消除被约束人抵制情绪的途径

为了做好工作而施与的约束，却容易造成利益上的对立，使约束人与被约束人往往形成矛盾和对抗，遭到被约束人的抵制。建立在利益对立上约束，实际上也就变成了压迫与被压迫的对立和斗争，这就是这种约束会受到抵制的原因所在。但为了做好工作而施与的约束，却又是企业管理过程中必不可少的。我们要讲的约束，也主要是这种约束。

为了减少这种约束造成的对抗，实施这种约束必须满足一个前提条件，这就是员工做好工作之后必须能得到他所最希望的价值需求满足。有了这个前提，约束也就转化为为了被约束人的利益而实施的约束，从而也就可以消除被约束人的抵制情绪。

5. 实现有效的约束的13个技巧

有效地实施约束最关键的一点是，把建立在利益对立上的约束，转化为利益一致基础上约束。明确了这一点，下面的13个技巧也就容易理解了。

（1）律之有道。即约束要合情、合理、合法，使被约束人理解这种约束的意义，认同这种约束。

（2）自我立法。即让被约束人参与约束制度条款的制定，使之感到这种约束并不是外部强加的，而是自我约束。因而可起到减少被约束人逆反心理的作用，进而减少被约束人的抵制情绪。

（3）有禁有罚。约束仅仅靠一般的号召是难以起作用的，没有相应的处罚也就不会有真正的禁止。

（4）法必有司。任何一种约束性的制度都必须有人负责监督实施，否则，这种制度也就会形同虚设，有和无一样。

（5）详略得当。规章制度太粗略，则会出现漏洞，让人钻空子；太详细又会失去控制，因为即使无论怎么详尽的制度条文，也难免有未能包纳进来的情况，使之找不到行使处罚的依据。

（6）罚必有据。实施惩罚，必须有事先制定的制度条文作为依据，否则很难服人。有事先制定的制度条文依据，并且他又明白这个制度条文的限制内容和违背受罚内容，他仍有所违背，则是他咎由自取，他也就不会有太大的怨言了。

（7）罚后施怜。罚是针对特定行为和后果的，但造成这种行为和后果的原因却有善恶之分。可以疾恶如仇，却不能疾错如仇。对非恶意的行为和后果就必须在施罚的同时，给予一定的怜悯。这正是诸葛亮挥泪斩马谡的原因所在。

（8）罚不责众。众人受责罚，则是规章制度定得不当或不明。众人都受到责罚，必然会引起众人的反对和抵制，从而使责罚约束制度难以贯彻实施。

（9）罚不有避。罚的依据是事先订立的规章制度，如果有人敢践踏规章制度，这种规章制度也就不再具有权威性。不具有权威性的约束就不会有人严格遵守。

（10）明罚暗罚相结合。明罚是一种加倍的责罚，小过则予以明罚，不仅不能儆百，相反，还会使众人对受罚者萌生怜悯之心，对约束规章集体性地产生反感和抵制情绪。

（11）律之无形。建立在利益对立基础上的约束规章，不能天天讲，让人明了就足够了。天天讲，让约束成为有形的枷锁，则会让人倍生逆反心理。对不肯改悔的罪犯，天天向他叨念“坦白从宽，抗拒从严”是必要的，但对下属员工却不能如此。

（12）律之无晦。规章制度一定要让被约束人充分明白其内容，不容有半点含混不清的地方。不知不为罪，知法犯法，则是自己的选择，受罚则理所当然。

（13）律之有情。执行规章制度必须严格无情，但行罚必须有情。罚的目的是诱导、规正人的意志行为，只有对受罚人带有情感才能唤醒受罚人的良知。海信的大老板周厚健所说的“无情的管理，有情的实施”，就是讲的这个道理。

参考文献

［1］马克思．德意志意识形态．北京：人民出版社，1979.

［2］舒化鲁．拥抱辉煌的六根魔杖——企业规范化管理实施方案．北京：中国人民大学出版社，2003.

［3］舒化鲁．企业规范化管理标准体系．北京：中国人民大学出版社，2004.

［4］舒化鲁．中国式管理系统实施方法．北京：经济管理出版社，2006.

［5］舒化鲁．为企业文化建设正本．长春：吉林大学出版社，2010.

［6］钱穆．宋明理学概述．北京：九州出版社，2010.

［7］斯宾诺莎．伦理学．北京：商务印书馆，1983.

［8］费希特．人的使命．北京：商务印书馆，1982.

［9］黑格尔．精神现象学（上、下）．北京：商务印书馆，1979.

［10］威廉·詹姆士．实用主义．北京：商务印书馆，1979.

［11］约翰·罗尔斯．正义论．上海：上海译文出版社，1991.

［12］乔治·H. 米德．心灵、自我与社会．上海：上海译文出版社，1992.

［13］克莱尔·克朋．组织环境：内部组织与外部组织（第二版）．北京：经济管理出版社，2011.

［14］约翰·格莱德希尔．权力及其伪装．北京：商务印书馆，2011.

［15］彼得·圣吉．第五项修炼．上海：上海三联书店，1994.

［16］劳伦斯·E. 卡洪．现代性的困境：哲学文化和反文化．北京：商务印书馆，2008.

［17］王光荣．文化的诠释——维果茨基学派心理学．济南：山东教育出版社，2009.

［18］克利福德·格尔茨．文化的解释．凤凰出版传媒集团，译林出版社，2008.

［19］上海市企业文化研究会．面向21世纪的企业文化．上海：上海社会科学院出版社，2000.

[20] 张德，刘冀生．中国企业文化——现在与未来．北京：中国商业出版社，1991.

[21] 石伟．组织文化．上海：复旦大学出版社，2004.

[22] 刘光明．企业文化．北京：经济管理出版社，2001.

[23] 阎焕东．企业文化与企业现代化．银川：宁夏人民出版社，1999.

[24] 露丝·本尼迪克特．文化模式．北京：三联书店，1988.

[25] 乔安妮·马丁，沈国华．组织文化．上海：上海财经大学出版社，2005.

[26] 金·S. 卡梅隆，罗伯特·E. 奎因．组织文化诊断与变革．北京：中国人民大学出版社，2006.

[27] E. 海能．企业文化——理论和实践的展望．北京：知识出版社，1990.

[28] 埃德加·沙因．公司文化与领导．中国友谊出版公司，1989.

[29] 威廉·A. 哈维兰．文化人类学（第10版）．上海：上海社会科学院出版社，2006.

[30] 特雷斯·E. 迪尔，阿伦·A. 肯尼迪．企业文化．上海：上海科学技术文献出版社，1989.

[31] 菲利普·巴格比．文化：历史的投影．上海：上海人民出版社，1987.

[32] L. A. 怀特．文化的科学．济南：山东人民出版社，1988.

[33] 罗伯特·F. 墨菲．文化与社会人类学引论．北京：商务印书馆，1991.

[34] 齐格蒙特·鲍曼．作为实践的文化．北京：北京大学出版社，2009.

[35] 欧内斯特·盖尔纳．理性与文化．贵阳：贵州人民出版社，2009.

[36] 克拉克·威斯勒．人与文化．北京：商务印书馆，2004.

[37] 约翰·P. 科特，詹姆斯·L. 赫斯克特．企业文化与经营业绩．北京：华夏出版社，1997.

[38] 杰斯帕·昆德．公司精神．昆明：云南大学出版社，2002.

[39] 威廉·大内．Z理论．北京：中国社会科学出版社，1984.

[40] 刘鹤玲．所罗门王的魔戒——动物利行为与人类利他主义．北京：科学出版社，2008.

[41] 爱德华·托尔曼．动物和人的目的性行为．北京：北京大学出版社，2010.

[42] 苏珊·布莱克摩尔．谜米机器．长春：吉林人民出版社，2001.

[43] 丹尼尔·丹尼特．意识的解释．北京：北京理工大学出版社，2008.

[44] 皮亚杰．意识的把握：年幼儿童的动作和概念．济南：山东教育出版社，1990.

[45] 福尔克·阿尔茨特，伊曼努尔·比尔梅林．动物有意识吗．北京：北京理工大学出版社，2004.

[46] 斯特凡·克莱因．幸福之源．北京：中信出版社，2007.

[47] 特里·伯纳姆，杰伊·费伦．欲望之源．北京：中信出版社，2007.

[48] 达契尔·克特纳．生而向善——有意义的人生智慧与科学．北京：中国人民大学出版社，2009.

[49] 稻盛和夫．人为什么活着．北京：中国人民大学出版社，2009.

[50] 维克多·弗兰克．活出意义来．北京：三联书店，1998.

[51] 罗洛·梅．爱与意志．北京：中国人民大学出版，2010.

[52] 广松涉．存在与意义——事的世界观之奠基．南京：南京大学出版社，2009.

[53] 古斯塔夫·勒宠．乌合之众．北京：新世界出版社，2010.

[54] James W. Kalat，Michelle N. Shiota. 情绪．北京：中国轻工业出版社，2009.

[55] 迪迪埃·埃里蓬．权力与反抗——米歇尔·福柯传．北京：北京大学出版社，1997.

[56] 爱德华·O. 威尔逊．社会生物学——新的综合．北京：北京理工大学出版社，2008.

[57] 兰德尔·柯林斯．互动仪式链．北京：商务印书馆，2009.

[58] 维克多·特纳．仪式过程：结构与反结构．北京：中国人民大学出版社，2006.

[59] 休斯顿·史密斯．人的宗教．海口：海南出版社，2006.

[60] W. 理查德·斯科特．制度与组织：思想观念与物质利益》（第3版）．北京：中国人民大学出版社，2010.

[61] 约翰·博德利．人类学与当今人类问题》（第5版）．北京：北京大学出版社，2010.

[62] 乔治·E. 马尔库斯、弗雷德·R. 迈尔斯编，阿嘎佐诗、梁永佳译．文化交流：重塑艺术和人类学．南宁：广西师范大学出版社，2010.

[63] 阿兰·巴纳德．人类学历史与理论．北京：华夏出版社，2006.

[64] 戴维·迈尔斯．直觉——你所不知的潜力与危害．北京：中国人民大学出版社，2008.

[65] 许量和．一看就懂的神奇催眠术：原来催眠可以这样用．北京：中国妇女

出版社，2011.

[66] 戴维·迈尔斯．社会心理学．北京：人民邮电出版社，2006.

[67] 贝特·萨勒．行为背后的心理奥秘．北京：中国人民大学出版社，2008.

[68] 马斯洛．科学心理学．昆明：云南人民出版社，1988.

[69] M. W. 艾森克，M. T. 基恩．认知心理学．上海：华东师范大学出版社，2009.

[70] 玛丽·乔梅多，理查德德·卡霍．宗教心理学．成都：四川人民出版社，1990.

[71] David H. Barlow，V. Mark Durand. 异常心理学．北京：中国轻工业出版社，2006.

[72] W. D. 拉蒙特．价值判断．北京：中国人民大学出版社，1992.

[73] 斯达克．信仰的法则：解释宗教之人的方面．北京：中国人民大学出版社，2004.

[74] 迈克尔·A. 豪格．社会认同过程．北京：中国人民大学出版社，2011.

[75] 克里斯托弗·彼得森，史蒂文·迈尔，马丁·塞利格曼．习得性无助．北京：机械工业出版社，2011.

[76] 埃德·里格斯比．合作的艺术．北京：中信出版社，2003.

[77] 唯高．恶性管理．北京：中国华侨出版社，1999.

[78] 巴斯卡，艾索斯．日本的管理艺术．台北：经济日报出版社，1982.

[79] 松下幸之助．经营的本质．海口：南海出版公司，2010.

[80] 江口克彦．我在松下三十年：上司的哲学下属的哲学．海口：南海出版公司，2010.

[81] 汤圣平．走出华为．北京：中国社会科学出版社，2004.

[82] 查尔斯·加斯帕里诺．华尔街的污点：华尔街股票分析师欺骗一代投资者的惊人内幕．北京：中国社会科学出版社，2008.

[83] 张继伟，徐可．谁葬送了华尔街．北京：中信出版社，2009.

后　记

《企业规范化管理系统实施方案》系列书是作者积累二十余年研究的一个体系化总结，其中甚至还能看到三十多年前作者在一所农村中学担任负责人时的管理思考痕迹。管理是一门相对独立的科学，无论是企业管理，还是学校管理、医院管理、行政机关管理，乃至协会管理、学生管理，都有其共通性。因为都存在一个如何通过他人做好工作的问题，所不同的仅仅是工作内容。作者的研究和思考，从一开始就没有受源于西方国家 MBA 课程专业理论框框的限制，因为那时源于西方国家的 MBA 课程专业理论还没有输入进来。但如何通过他人做好工作的问题早已存在，甚至在伏羲一画开天画八卦时，就开始面对如何通过他人做好工作的问题。所以，从八卦中就可找到人类早期圣哲们关于这一问题的思考。作者很幸运，超越源于西方国家的 MBA 课程专业理论的企业管理研究刚刚在理论方法上形成体系，就遇上了急需这种理论方法体系的新时代的来临。

这新时代的开端，虽然无法确定具体年月日，但大体可以说就在新的千禧年来临之际。新的千禧年的来临，似乎注定要改换一个时代。因为一是从新的千禧年开始，西方经济发展就陷入停顿，至今无人在原有社会制度框架中找到补救的良方；二是从新的千禧年开始，包括美国在内的众多西方国家中有影响的企业一而再、再而三地暴出经营管控上的丑闻，显示出已有的法人治理和经营管控体系已不再适应新时代的社会经济发展的需要；三是始于 2011 年夏末的占领华尔街运动一浪高过一浪，并且已经蔓延到所有发达国家，说明西方发达国家的社会经济矛盾已经积聚到将要摧毁已有社会经济制度的程度。这一系列事件的发生对于无人怀疑的西方经济学和管理学的理论，不啻是一种暗示，它们存在偏颇，尽管现在还不能说已经敲响了它们的丧钟。

这里无暇讨论源于西方国家的现主流管理学，在理论上缺少严密的概念、定理体系，陷于“头痛医头、脚痛医脚”的肤浅中难以自拔的问题，而仅仅分析讨论 MBA 课程专业理论相互独立、壁垒相隔的缺陷如何弥补的问题。

MBA 课程专业理论人为地划出鸿沟把企业组织运行管理分隔为封闭的孤岛，使从事企业管理的人看不到企业。企业管理因此变成了战略管理、营销管理、财务管理、人力资源管理、生产管理、技术管理等诸多因素的堆砌和拼接。不仅企业借以存在和发展的关系协调有效性难以获得，而且只能由关系协调有效性创造的效益也难以产生。因此，从整体全局把控企业组织运行就成了公司 CEO 一个人思考的事。更糟糕的是，从整体全局把控企业组织运行的知识和技能还得靠 CEO 从经营管控实践中一点一点地体悟、积累。这就使得能成为杰出 CEO 的人才，甚至勉强能胜任 CEO 岗位要求的人才，稀缺得不能再稀缺了。也正是这种稀缺让他们奇货可居，一方面攫取了不应该由他们占有的利益，另一方面他们又凭借这种稀缺的知识和技能，忽悠企业发展的其他利益关联主体。结果就像安然公司前总裁肯尼斯·莱一样，CEO 自己春风得意，名利双收，最后却把公司送进了火葬场。

我不明白，研究企业管理的专家学者，为什么不超越于 MBA 课程专业划出的鸿沟把企业组织作为一个有机体进行分析研究，以全面揭示其发展的内在规律，并在此基础上建立企业管理理论呢?

笔者坚信，《企业规范化管理系统实施方案》系列书所开创的研究，会有越来越多的专家学者加入进来。我期待对此有兴趣的专家学者与我联系，以共同丰富和完善这一研究。

《企业规范化管理系统实施方案》得以出版，北京语言大学管理学院副教授赵涛博士做了大量的工作，在此深表感谢。感谢张杰楠先生仔细而认真的编辑工作，他为提高书稿质量付出了很大努力。同时也要感谢电子工业出版社的大力支持。

舒化鲁

2011 年深秋于大运河畔

联系电话：13911126299

电子信箱：harold. s@ 163. com

交流网站：www. hwaaaaa. com

举报电话：(010)88254396；(010)88258888

传　　真：(010)88254397

E - mail：　dbqq@ phei. com. cn

通信地址：北京市万寿路173信箱

电子工业出版社总编办公室

邮　　编：100036